das neue buch
Herausgegeben von Jürgen Manthey

Klaus Staeck
Die Reichen müssen noch reicher werden
Politische Plakate

Herausgegeben von Ingeborg Karst
Mit einem Vorwort von Dieter Adelmann
und einem Gespräch zwischen Klaus Staeck,
Lothar Romain und Hanno Reuther

das neue buch
rowohlt

Erstausgabe
Veröffentlicht im Rowohlt Taschenbuch Verlag GmbH,
Reinbek bei Hamburg, Dezember 1973

1.-8. Tausend Dezember 1973
9.-13. Tausend März 1974
Umschlagentwurf Christian Chruxin und Hans-Gert Winter
unter Verwendung eines Plakates von Klaus Staeck
Gesamtherstellung Clausen & Bosse, Leck/Schleswig
Printed in Germany
ISBN 3 499 250 40 3

Inhalt

Gespräch zwischen Klaus Staeck, Lothar Romain und Hanno Reuther

H. R.: Klaus Staeck, wenn man deine Existenz sozusagen gut bürgerlich auf einen Beruf, auf eine Profession fixieren sollte, käme man in einige Schwierigkeiten. Man müßte mindestens vier Berufe bei dir angeben, nämlich – ich nenne sie einmal, ohne damit schon Schwerpunkte markieren zu wollen: Anwalt, Politiker, Künstler und Galerist. Wo liegt für dich unter diesen Berufen die Priorität? Und wie kam es, wenn es eine solche gibt, dazu?

St.: Prioritäten gibt es eigentlich nur rein zeitlich. Ich habe keine reinen Prioritäten, was die Berufe anbelangt, denn ich habe immer alles parallel gemacht und bewußt parallel gemacht. Das ist nur eine Frage der Ökonomie. Es ist nicht so, daß ich das eine als Vorwand, als Alibi für was auch immer gemacht habe, das war für mich immer alles gleich wichtig. Alle drei, vier Tätigkeiten, die ihr genannt habt, sind für mich gleich wichtig gewesen und greifen auch ineinander. Allerdings hat es eine Zeit gegeben, in der das nicht so war. Das führte schließlich bei mir fast zu einer persönlichen Katastrophe, weil ich diese Dinge nicht miteinander vereinbaren konnte. Sie hatten sich teilweise richtig auseinander entwickelt, das hat dann zu einer regelrechten persönlichen Krise geführt, weil ich alles relativ ernst gemacht habe, sämtliche Sachen. Aber es gab Konflikte zwischen den Beschäftigungen, indem ich nämlich eine Zeitlang Kunst gemacht habe, die sich nicht mit der Politik vertrug, auch wenn es immer eine Parallelentwicklung gegeben hat: Plakate, Flugblätter und Karikaturen für den AStA, Studentenzeitungen und Jugendgruppen. Nur als das wieder zusammenging, begann auch meine erfolgreiche Arbeit, und ich konnte Prioritäten setzen, die nachher rein zeitlich bedingt waren. Der Anwaltsberuf wurde ein bißchen zurückgedrängt, als ich begann, Plakate zu machen, und ich glaubte, daß ich auf diesem Gebiet mich am besten verwirklichen könnte. Das hat aber nichts damit zu tun, daß mich der Anwaltsberuf nicht mehr interessierte, nein, ich habe das immer offengelassen. Ich war immer darauf bedacht, Anwalt zu bleiben, und habe das im Laufe der Zeit auch regelrecht als Arbeitsmittel eingesetzt.

Die Tatsache, daß ich in kein Schubfach ganz, in viele aber halb passe, das macht die Leute ganz konfus. Es sind immer wiederkehrende Fragen:

Was sind Sie denn nun eigentlich? Sind Sie nun Anwalt, sind Sie Künstler, Politiker, sind Sie Händler? Ich habe gemerkt, daß das die Leute manchmal mehr beschäftigt als das, was ich unmittelbar mache. Das ist eine ganz interessante Erfahrung gewesen, und ich habe dann ganz bewußt diese Fragestellungen oder diese Verwirrung als Arbeitsmittel eingesetzt.

L. R.: Ehe wir so weit ausholen, erst noch eine Frage. Aus welchen Motiven bist du zur Kunst gekommen? Aus rein privaten künstlerischen Neigungen oder durch ein gesellschaftliches Engagement, das sich ein Medium suchte?

St.: Ich glaube zunächst mal aus rein privaten künstlerischen Neigungen, blumig ausgedrückt.

Kunst war mein Lieblingsfach in der Schule seit jeher, weil es für mich das einzige war, wo ich das machen konnte, was ich wollte. Ich bin in der DDR zur Schule gegangen, und da gab es damals nicht so einen großen Spielraum für das, was man heute kühn «Persönlichkeitsverwirklichung» nennen würde. Der Kunstunterricht war eigentlich der einzige Unterricht, wo ich eine relative Freiheit hatte, Dinge zu machen, die der Phantasie noch den meisten Raum ließen. Als in der 10. Klasse dann eines Tages unser Kunstlehrer verschwand, trat ich noch als Schüler wie selbstverständlich seine Nachfolge an. Ich habe sonst nie in meinem Leben auch nur einen Tag eine Akademie von innen gesehen. Ich bin wie man so schön sagt ein «reiner Autodidakt», und ich habe mir alles auch allein erarbeitet mit der Konsequenz, daß ich auch durch alle Scheiße durchgegangen bin. Es gibt die sonderbarsten Bilder von mir, die ich mal früher gemacht habe. Damit haben mich manchmal schon Leute lächerlich machen wollen. Ich habe ohne irgendwelche Lehrer die sonderbarsten Metamorphosen durchgemacht, durch alle Stile hindurch.

Ich habe also fast alles gemacht – unbewußt natürlich –, bis ich mein Ausdrucksmittel gefunden hatte. Damals war aber nicht das Politische im Vordergrund.

H. R.: Aber irgendwann muß es doch mal dazugekommen sein. Und vielleicht sollten wir dieser Frage hier einmal nachgehen; denn mir scheint ja nicht von ungefähr in deinen Berufen die Kombination Anwalt/Künstler, insbesondere engagierter Künstler zu bestehen. Wir reden jetzt nicht mit Klaus Staeck, der, sagen wir, ein Fernsehtechniker und nebenher auch ein Künstler sein könnte. Wir reden über deine bestimmte Berufskombination, die mir sehr interessant zu sein scheint, auch im Hinblick auf die Frage, wieso ein Engagement für bestimmte Dinge? Wie kommt man zu einem solchen Engagement? Was braucht einer, um ein Engagierter zu sein? Muß er ein Moralist sein? Leidet er an oder wird er herausgefordert von den Ungerechtigkeiten der Zeit?

St.: Das ist einer der wichtigsten Punkte überhaupt für meine ganze Entwicklung, wo man sehr gut auch meine anfänglichen Schwächen sehen kann. Moralist würde ich sagen, ja. Alle Künstler, die engagiert arbeiten, sind letztlich Moralisten.

Leute, die mich näher kennen, haben mich oft auch – ohne jetzt von der Kunst auszugehen – etwas abwertend einen Gerechtigkeitstyp genannt. Für mich ist die Ungerechtigkeit unerträglich. Darunter leide ich. Die einzige Möglichkeit, mich von diesem persönlichen Druck zu befreien, damit fertig zu werden, ist, dagegen anzugehen mit den bescheidenen Mitteln, die ich habe. Wie ich schon vorhin sagte, führte das schon einmal zu einer persönlichen Krise, als ich eine Zeitlang nicht in der Lage war, in meiner künstlerischen Arbeit diesen Druck aufzufangen und mich zu befreien. Es war unmöglich in den «schönen» Sachen, die ich lange Zeit gemacht habe, das, was ich tun wollte, weiterzugeben, das führte dann zu einem Konflikt, den ich eines Tages als Konflikt erkannt habe, und dann begann ich, meine künstlerische Arbeit in Einklang zu bringen mit meiner politischen Arbeit. Das war ein sehr langwieriger, mühsamer Prozeß.

Ein anderes Problem war dann wieder, von dem künstlerischen Anspruch, den man irgendwann an sich selber gestellt hatte, von diesem ganzen Künstler-Image, das von außen an einen herangetragen wird, wieder herunterzukommen, da es sich nicht mit der politischen Arbeit verträgt. Das war eine ganz wichtige Sache, zu sagen: «Ich pfeife auf den ganzen Kram, ich pfeife auf den komischen Originalitätswahn der Künstler, diese und jene Farbkombination erfunden zu haben, dieses Motiv als erster angegangen zu sein», einfach mal zu sagen: «Das kümmert mich einen Dreck».

Ich versuche jetzt wirklich, meine politischen Ambitionen – die seit meiner DDR-Jugend immer da war, da gibt es eigentlich keinen Bruch – in künstlerische Arbeit einfließen zu lassen. Das geschah zunächst einmal recht dilettantisch. Ich habe mir Sachen von anderen Leuten angesehen, die Ähnliches versuchten, was mich aber auch nicht unbedingt befriedigt hat. Bestimmend war für meine Arbeit schließlich die Begegnung mit der Arbeit John Heartfields. Leider sind die meisten seiner Arbeiten erst spät – Ende der sechziger Jahre – neu veröffentlicht worden. Ich habe dann versucht, von den Holzschnitten, die ich seinerzeit machte, runterzukommen, indem ich zunächst einfach Klischees reingedruckt habe. Das war ein solcher Ablösungsprozeß. Bis ich dann sagte, wozu überhaupt noch die Holzschnitte, wozu überhaupt noch diesen sogenannten «Kunstanspruch». Warum muß man vor einem Kunstkritiker bestehen können? Wofür ist das wichtig? Erst in dem Augenblick, da es mir nicht mehr wichtig war, was ein

Kunstkritiker zu meinen Sachen sagt, war ich «frei». Auch das war ein ganz mühsamer Prozeß, wirklich damit Ernst zu machen und nicht nur immer vom Anspruch der Gesellschaft zu reden, wie das viele Künstler ständig tun.

L. R.: Laß mich da gleich einmal einhaken, um das zu präzisieren. Wie verträgt sich denn der Wille zur Ästhetik, also der künstlerische Anspruch mit dem Bemühen um eine konkrete politische Aussage? Schlägt da nicht ständig die Kunst, der Versuch zu ästhetisieren, die politische Bekundung tot? Oder umgekehrt auch: wird Kunst nicht in letzter Konsequenz der politischen Bekundung geopfert?

St.: Das ist mit die wichtigste Frage gewesen, eigentlich immer. Ich habe versucht, diesen Konflikt - der scheinbar da ist - auf meine Weise zu lösen, indem ich versucht habe, eine Bildsprache zu finden, die nicht die Politik ästhetisiert.

Im Grunde wird doch gar nichts geopfert. Ästhetik ist ja für sich noch nichts von vornherein Negatives. Mit jeder ernsthaften bildnerischen Arbeit entsteht von alleine ein selbständiger ästhetischer Wert. Von Opfern reden meist nur jene Interpreten, die fälschlich immer nur den rein dekorativen Charakter der Ästhetik sehen und überbetonen. Es gibt allerdings Künstler - ohne jetzt Namen zu nennen -, bei denen das wirklich zutrifft. Wo einfach die Politik ästhetisiert wird. Das ist allerdings eine schlimme Sache. Walter Benjamin hat ja schon sehr früh diese Gefahr erkannt und vor den Konsequenzen gewarnt. Ich habe versucht, meine Bildsprache zu finden, die zunächst ganz einfach ist, ohne aber jetzt bewußt auf ästhetische Kategorien zu verzichten. Meine ersten Arbeiten in dieser Richtung, die würde ich auch noch unter die mißglückten Versuche einordnen. Einige davon sind auch in diesem Buch, um zu zeigen, wie die Entwicklung gelaufen ist, wie schwer es war, davon wegzukommen. Da gibt es noch Beispiele von ästhetischen Spielereien, die die Politik überdecken.

Was ich mir zur Aufgabe gestellt hatte, war, eine bildnerische Lösung zu finden, bei der die Politik im Vordergrund steht. Wie ich glaube, ist das, soweit man es von den Reaktionen her beurteilen kann, auch gelungen. Die Leute fragen jetzt zunächst mal nach dem Inhalt.

Das bedeutet natürlich nicht, daß ich mir nicht maximale Mühe gebe, solche Bilder zu machen, denen man sich nicht entziehen kann, die sogar auch gelegentlich eingefahrenen Sehgewohnheiten entgegenkommen. Ich will ja nicht schon wieder eine bestimmte Kunst machen, in der Form, daß ich bewußt eine Antiästhetik betreibe. Das ist das schreckliche Dilemma, in dem man sich bei jedem Plakat immer wieder neu befindet.

Ist es jetzt doch wieder nur Kunst, oder steht wirklich der politische Gehalt im Vordergrund, kommt der an?

Ich habe die Erfahrung gemacht, daß beim Plakat an der Litfaßsäule der Vorbeigehende eben gerade nicht fragt, «ist das Kunst oder ist das keine Kunst», sondern er setzt sich unmittelbar mit dem Inhalt auseinander. Das setzt wiederum voraus, daß der Inhalt rein optisch ankommt. Es nützt gar nichts, einen guten Slogan zu erfinden und ihn dann ästhetisch so schlecht zu bringen, daß er von keinem wahrgenommen wird. Aber auch die entgegengesetzte Erfahrung haben wir ja alle gemacht, daß es in der Regel mit der politischen Wirksamkeit vorbei ist, wenn etwas nur noch als Kunst gesehen wird. Das ist diese Gratwanderung, die ich auch jedesmal von neuem beschreiten muß: dieses Abwägen von politischem Inhalt und ästhetischer Gestaltung.

H. R.: Wir sind von deiner vierphasigen Existenz ausgegangen, nämlich Anwalt, Künstler, Kunsthändler bzw. Galerist und Politiker. Jetzt sind wir an einer Stelle, wo du sehr bestimmt den Politiker herausstreichst. Glaubst du aber nicht auch, daß vieles, was mit deiner Produktion geschieht, deshalb so geschieht, weil sie in der Öffentlichkeit noch immer als Kunst goutiert wird? Ich glaube sogar, das Buch, für das wir dieses Gespräch führen, käme nicht zustande, wenn man dich nicht sehr dezidiert auch als Künstler sähe.

St.: Das kann sein. Im übrigen kann man gar nicht so pauschal sagen, daß ich generell gegen die Kunst sei. Gegen die traditionellen Vorstellungen von Kunst und Künstlern schon, aber ich bin kein Bilderstürmer. Ich habe nur meine eigenen Vorstellungen von Kunst. Die Kunst kann durchaus eine große emanzipatorische, eine soziale Aufgabe haben. Kunst, wie ich sie verstehe, ist immer Kommunikation, ist Freiheit. Insoweit bin ich natürlich auch ein Künstler.

Ich habe nur etwas gegen den Typ des Künstlers, der sich elitär gebärdet. Es kommt nur entscheidend darauf an, eine andere Kunst zu machen, eine andere inhaltliche Bestimmung vorzunehmen. Ich habe schon gesagt, daß ich aber gerade auch die Frage «Ist das noch Kunst?» ganz bewußt einsetze. In dem Augenblick, da gefragt wird: «Ist denn das noch Kunst?», muß man sich natürlich automatisch auch mit dem Inhalt auseinandersetzen, anders ist das gar nicht möglich.

H. R.: Das kalkulierst du ein?

St.: Ich kalkuliere das ganz bewußt ein. Ich beherrsche mein Handwerk. Es gibt andere Leute, die gehen den umgekehrten Weg und machen bewußt primitive Bilder, von denen sie glauben, die einfachen Menschen würden sie besser verstehen. Ich glaube, das ist ein großer Irrtum und das Ergebnis meist nur peinlich.

Ich setze ganz bewußt alle meine künstlerischen Erfahrungen ein. Deshalb arbeite ich auch sehr, sehr lange an einem Plakat. Insgesamt habe ich bisher nicht viel mehr als 20 Plakate gemacht, dazu kommen allerdings noch einige Aufkleber, Karten, Flugblätter.

L. R.: Also kein aufgesetzter Proletkult ...

St.: Absolut nicht. Davon halte ich gar nichts.

Ich halte das auch für eine völlig falsche Einschätzung der immer wieder zitierten berühmten Arbeiter. Das resultiert natürlich aus meinen praktischen politischen Erfahrungen. Ich habe in dreizehn Jahren SPD-Mitgliedschaft auf unterster Ebene den politischen Alltag von Grund auf mitgemacht, indem ich jahrelang Plakate anderer geklebt habe, Flugblätter ausgetragen, abendelang mich in Versammlungen rumgeschlagen habe, wo es oft nur letztlich um die banalsten Dinge ging. Wenn ich von Arbeitern rede, dann weiß ich, wovon ich rede. Das hat mich auch in die Lage versetzt, wirklich etwas zu machen, mit dem eine große Zahl von Arbeitern politisch etwas anfangen kann. Schließlich sind mehr als die Hälfte aller Bestellungen für Plakate und Aufkleber im letzten Wahlkampf von Arbeitern gekommen.

Ich kenne aber auch die Grenzen der Möglichkeiten recht genau. Die Erfahrungen, die ich da gemacht habe, verwerte ich natürlich permanent. Und die sind nun einmal – leider – so. Aus all diesen Erfahrungen weiß ich, wie minimal die Veränderungsmöglichkeiten überhaupt sind. Wie gering selbst bei politisch Engagierten die Bereitschaft ist, Veränderungen zu akzeptieren, irgendwelche neuen Wege wenigstens zu versuchen, und wie groß die Trägheit, Angst und auch Feigheit sind. Mit diesem Wissen gehe ich dann allerdings auch bis zu den Grenzen, von denen ich weiß, so weit ziehen sie mit, und gehe noch mindestens einige Schritte weiter. Aber nicht hundert, so daß mich keiner mehr sieht.

L. R.: Gehen wir noch einen Moment von dem Politiker und Strategen Staeck ab, weil der uns im Laufe des Gesprächs noch ausführlicher beschäftigen soll. Bleiben wir bei der Kunst. Engagierte Kunst – oder besser noch gesagt: selbst engagierte Kunst war bisher doch eigentlich immer Kunst, die in Galerien zu besichtigen war. Auch wenn sie sich politisch gerierte, blieb sie damit immer nur einer Elite vorbehalten, nämlich denen, die in Galerien gehen, die Museen besuchen usw.

Du dagegen hast ein anderes Öffentlichkeitsmittel gewählt, nämlich die Plakatsäule. Ist damit nicht eine gewisse Regelverletzung verbunden, eine Regelverletzung in dem Sinne, daß man sich nicht mehr an die Vermittlerinstanzen hält, daß man sie umgeht und sie – wenn man das konsequent weitertreibt – schließlich irrelevant macht? Und gleich dazu die Kehrseite: Ist nicht die Regelverletzung Klaus Staeck gleichzeitig die geradezu geniale Marktspezialisierung? Ist nicht die Gefahr gegeben, daß durch die massenhaft angeklebten unverwechselbaren Staeck-Plakate letztlich ein Monument Staeck aufgebaut wird? Oder laß mich anders fragen: Kann es nicht sein, daß schließlich Staeck-Plakate mit Staeck-Slogans nur noch Tautologien des Namens Staeck sind, so wie «Persil bleibt Persil» für Henkel steht... beziehungsweise, daß die massenhafte Verbreitung von Staeck-Plakaten, die alle als solche erkennbar sind, obwohl nicht einmal mehr der Name darunter steht, auch nicht zu stehen braucht, weil die Spezialisierung durchgeschlagen hat, daß die massenhafte Verbreitung schließlich zu einem Effekt kommt wie, laß es mich salopp sagen, «Staeck was here».

St.: Das ist eine ganz große Gefahr. Eine Gefahr, die ich schon seit einiger Zeit sehe. Das beginnt damit, daß vor ein paar Tagen Leute zu mir kamen, die eine Ausstellung meiner Arbeiten im Kunstverein Wiesbaden vorbereiten – und über das Plakat drucken wollen «Staeck in Wiesbaden».

Das war für mich so ein Signal. Einfach in einer voraussehbaren Weise konsumiert zu werden, einen ganz festen Platz zu bekommen, und ich muß versuchen, diese Entwicklung zu stoppen. Ein anderes Beispiel: ich war auf einer Documenta-Pressekonferenz, als ein Fernsehjournalist zu mir kam und fragte: «Wollen Sie hier was *dagegen* sagen?»

Ich sagte: «Das weiß ich nicht, ich bin hierhergekommen, um mir das anzuhören, wenn sich etwas ergeben wird, werde ich natürlich etwas sagen, dafür oder dagegen.» «Ja», sagte er, «wenn Sie etwas dagegen sagen wollen, dann setzen Sie sich bitte dort rüber, weil wir die Lampen auf den linken Teil des Saales ausgerichtet haben und wir dann große Mühe haben, so in der Eile mit den ganzen Lampen wieder hier rüber zu kommen.» Hier sollte ein möglicher Protest bereits verplant werden.

In die gleiche Richtung gehen auch die Fragen von Journalisten wie «Was machen Sie denn nun als nächstes?» Ich antworte dann immer: «Das werde ich Ihnen gerade auf die Nase binden. Meine Arbeit beruht darauf, daß Sie das nicht wissen.» Das wird möglicherweise die Konsequenz haben, daß ich eines Tages ganz andere Sachen machen werde. Das kann z. B. bedeuten, daß ich morgen wieder verstärkt als Anwalt

arbeiten werde. Aufgrund meiner verschiedenen beruflichen Möglichkeiten kann ich ständig das Aktionsfeld wechseln.
Ich kenne also die Gefahr sehr gut und muß jetzt schon versuchen, ihr zu entgehen. Die Leute wollen jetzt gelegentlich schon Staeck-Plakate haben. Wobei mir das gar nicht so wichtig ist. Ich habe ja gerade bewußt die ersten Aktionen mit Plakaten in Nürnberg z. B. so gemacht, daß ich persönlich überhaupt nicht in Erscheinung trat. Ich will ja – das hängt mit meinen politischen Ambitionen zusammen –, daß die Sache im Vordergrund steht und nicht meine Person. Ich versuche immer, den Leuten klarzumachen – auch wenn mir das viele nicht abnehmen wollen –, daß es nicht um mich geht, sondern um das, was ich mitzuteilen habe.
Aber es wird jetzt öfter versucht, mich auf etwas festzunageln, weil meine Arbeiten zum Markenbegriff zu werden drohen und die Leute auch teilweise damit Geld machen wollen. Das kann sogar positive Seiten haben. So bestellte neulich eine Studentengruppe ein Plakat, das für eine Solidaritätsspende verkauft werden sollte, und da war natürlich die Grundbedingung, daß mein Name draufsteht, weil sich das dann besser verkauft.

H. R.: Womit man sieht, daß dem Zirkel des Konsumbetriebs zu entrinnen, nicht so einfach ist, wie das oft vorgestellt wird.

St.: Entschuldige, aber das ist nicht ein Problem des Kunstbetriebes. Dem Kunstbetrieb bin ich ohnehin entronnen. Es gibt praktisch keine große Galerie, die meine Sachen ständig führt. So merkwürdig das klingt. Ich habe zwar eine Menge Ausstellungen gemacht ...

H. R.: Außer deinen eigenen ...

St.: ... außer meinen eigenen. Ich habe das sehr früh erkannt, und habe – heute würde man sagen, eine Produzentengalerie gemacht –, ich habe mich immer selber verlegt, dann andere Graphiker dazugenommen. Aber es hat kaum eine Galerie gegeben, und es gibt auch heute kaum eine große Galerie, die es sich letztlich leistete, solche Sachen mitzunehmen, weil sie damit ja permanent ihre eigenen Kunden verprellen würden. Die wenigen Galerien, die sich für diese Art Kunst eingesetzt haben, waren meistens vorher schon halb pleite und hinterher noch ärmer. So habe ich oft auch nie Geld gesehen, und inzwischen existieren sie schon zum Teil gar nicht mehr. Die Galerie Bischofberger in Zürich ist da eine Ausnahme und bestätigt nur die Regel.
Ich habe natürlich daraus meine Konsequenzen gezogen.
Auch die Behandlung durch den Kunsthandel ist praktisch mit eine Folge, daß ich jetzt so arbeite. Durch meine inhaltlich ganz anderen Arbeiten mußte ich mir auch ein anderes

Vertriebssystem für mein Publikum suchen.

Bei mir trifft nicht zu, was für andere Künstler fast ausnahmslos gilt, daß Popularität auch Geld bedeutet. Das erklärt sich natürlich auch aus der Konsequenz meiner Arbeit. Ich bin weg vom Kunstmarkt, und die Litfaßsäulen werden nicht von Kunsthändlern verwaltet.

Das ist ein generelles gesellschaftliches Phänomen. Jemanden, der etwas auf einem bestimmten Gebiet gemacht hat, rauszuheben, und negativ könnte man sagen, ihn einfach wegzuloben, indem man ihm jetzt einen Platz zuweist und damit neutralisiert.

L. R.: So etwas wie ein Adornosches Syndrom in dem Sinne: egal was du machst, der Konsumbetrieb, der Kulturbetrieb holt dich immer wieder ein. Alle Gegenmaßnahmen sind schon einkalkuliert, gehören schon zum System, auch das Wegloben, wie du es nennst.

St.: . . . ja so könnte man meinen. Ich versuche, mich diesem Zirkel immer wieder neu zu entziehen. Es ist ja bisher ein wesentliches Merkmal meiner Kunst gewesen, alle Konsumerwartungen immer wieder zu unterlaufen. Wie ich glaube, ist mir das *bisher* auch geglückt.

Wie gesagt, im Kulturbetrieb bin ich glücklicherweise ohnehin nicht so sehr drin. So wurde z. B. in der letzten Zeit über meine Plakate mehr im politischen Teil der Zeitungen als in den Feuilletons berichtet.

H. R.: Klaus Staeck, du hast hier in verschiedenen Formulierungen betont, daß es bei deiner Arbeit nicht auf dich, sondern auf die Arbeit ankomme. Und das ist ja eine kräftige Absage an den Künstlernimbus. Worauf kommt es denn für dich an? Man hat ja in den zurückliegenden fünf oder sechs Jahren immer wieder lamentiert, daß Kunst ineffektiv sei, daß sie nichts bewirke. Das kennen wir alles. Das hat seitenlange Feuilletons gefüllt und Diskussionen belebt. Die Gespräche verstummen langsam wieder. Kommt es dir darauf an - und das Medium Litfaßsäule deutet darauf hin -, so etwas wie ein Multiplikator zu sein, ein Anstoßer, ein Verursacher von Denkprozessen? Gehst du, um ein berühmtes Modewort aus den Debatten der letzten Jahre zu verwenden, auf Bewußtseinsveränderung oder erst einmal auf das Bewußtmachen aus?

St.: Bleiben wir bei der «Bewußtmachung». Ich glaube, daß Kunst, wie ich sie betreibe, auch in der Lage ist, Lernprozesse in Gang zu setzen. Ich würde sagen, es geht um die «Bewußtmachung» von ganz bestimmten Problemen, um die Schaffung eines Problembewußtseins. Oder, um noch so ein anderes schönes Wort zu gebrauchen, ich will «Denkanstöße» geben. Zu

viel mehr ist die Kunst in der Regel gar nicht in der Lage. Aber zu viel mehr sind andere auch nicht in der Lage. Das ist doch das Problem. Ich warte immer noch auf diese großen Politiker, die mir sagen, «Was ist denn nun wirklich effektiv?» Was erreicht denn ein Gewerkschaftsboss, der vor irgendeiner Belegschaft eine Rede hält, ist das denn wirklich meßbar, was er da nun macht? Wen erreicht er? Was bewirkt er? Es gibt eine gewisse Arroganz der Berufspolitiker. Viele meinen, nur sie alleine seien in der Lage, politische Veränderungen herbeizuführen. Ich meine, daß die Kunst nicht ungeeignet ist, politisch zu wirken. Früher hatte ich in dieser Richtung auch Zweifel. Ich kenne aber inzwischen die Resonanz auf meine Sachen, die nun einmal nicht im üblichen Kunstrahmen gebracht wurden. Es kommt eben entscheidend auf die Art der Kunst an. Niemand konnte erwarten, daß die Leute zu mir kommen, sondern ich bin wirklich an sie rangegangen, und da war die einzige Möglichkeit zunächst die Straße. Es reichten dann allerdings die rein persönlichen Erfahrungen, der private Rückfluß nicht mehr aus, sondern die möglichst genaue Kenntnis der Resonanz war notwendig geworden, damit ich mir nichts vormachte. Ein demoskopisches Institut hat jetzt im Rahmen einer repräsentativen Umfrage zwei meiner erfolgreichsten Plakate getestet. Die genauen Ergebnisse liegen vor, und sie haben eigentlich meine kühnsten Erwartungen noch übertroffen. Ich bin jetzt nicht mehr auf Spekulationen angewiesen - ich weiß, wie viele ich erreicht habe mit meinen Mitteln.
Im Vordergrund meiner Arbeiten steht die politische Mitteilung, die zunächst mal ganz allgemein eine aufklärerische Funktion hat. Mein persönliches Stilmittel ist dabei die Ironie, was zunächst mal eine schwierige Sache ist. Viele Leute meinen, die Deutschen seien sehr ungeeignet dafür, aber ich habe die Erfahrung gemacht, daß dem gar nicht so ist.

H. R.: Über deine Mittel - Stichwort Ironie z. B. - sollten wir vielleicht noch reden. Laß mich jedoch noch etwas insistieren. Ich will insistieren auf dem Wort «Bewußtmachen». Was kann damit gemeint sein? Ist es nicht möglich, daß mit einem deiner bekanntesten Plakate und seinem Slogan «Deutsche Arbeiter! Die SPD will euch eure Villen im Tessin wegnehmen» den deutschen Arbeitern und Plakatadressaten z. B. zwar ihre beschissene Lage bewußtgemacht wird, daß sie dann aber mit der nun bewußtgemachten beschissenen Lage gleichwohl allein gelassen werden, ohne daß ihnen konkrete Alternativen aufgezeigt worden wären, wie sie diese Lage ändern könnten, und zwar zu ihrem Vorteil. Machst du also nur Mißstände bewußt? Ist das nicht zuwenig? Hier läßt sich doch eine Brükke schlagen zu einem anderen Medium, das dir zur Verfügung steht, nämlich zum Gerichtssaal. Als Anwalt z. B. eines ausgebeuteten Arbeiters, dem die Miete erhöht wird? Ist das nicht konkretere Gesellschaftsarbeit? Muß man nicht folglich noch mehr von dir fordern, von deinem Engagement, als der Plakatmacher zur Zeit einsetzt?

St.: Die Frage wird gar nicht so selten gestellt. Aber ich bin nun einmal zu der Erkenntnis gelangt, daß der Gerichtssaal einfach von der Effektivität her das miserabelste Forum überhaupt ist. Das sind dann die berühmten Tropfen auf den heißen Stein, wenn ich einen Herrn X oder Y raushaue, was ich - nebenbei bemerkt - ja auch tue. Jeder muß natürlich für sich persönlich entscheiden, wo er politisch am wirksamsten sein kann. Für mich ist die Frage vorläufig entschieden, von meinen politischen Ambitionen her, nachdem die Plakate diese Auflagenhöhen und diese Resonanz erreicht haben.

Es kann aber auch der Fall eintreten, wenn das eintritt, was vorhin angesprochen wurde, und die Plakate so zur Routine, so zum Markenartikel werden, daß ich durchaus umsteige. Das würde ich dann, möglicherweise, von heute auf morgen tun. Wenn sich zeigt, daß die Plakate kein Mittel mehr sind der Bewußtmachung, der Hilfe.

Aber die andere Frage noch: Jede Hilfe setzt ja voraus, daß zunächst mal das Problem bewußtgemacht wird. Die Probleme sind meistens aber einer breiten Öffentlichkeit gerade nicht bewußt. Letztlich ist auch fast niemand daran interessiert, Probleme bewußtzumachen. Deshalb stehe ich oft auf einsamen Posten. Auch die Parteien - auch die, von denen man das erwarten könnte - sind gar nicht so sehr daran interessiert, den Abhängigen ihre miserable Lage bewußtzumachen. Daß aber auf diese Weise die wenigsten Probleme gelöst werden, müßte klugen Politikern eigentlich klar sein, teilweise ist das auch der Fall, aber es wird zu wenig getan.

Deshalb bin ich mit meiner Arbeit hauptsächlich nur denen verantwortlich, die es angeht. Und da meine ich, daß es zunächst mal sehr wichtig ist, die Abhängigen auf ihre beschissene Lage aufmerksam zu machen. Ich wüßte nicht, wie ich im Gerichtssaal diesen Abhängigen die Probleme effektiver bewußtmachen könnte, die sie ja permanent verdrängen, und die ganze Werbung, alle Medien helfen dabei.

Es gibt dabei noch ein ganz anderes Problem, das oft auftaucht, daß man sagt, «Sind die Plakate denn teilweise nicht zu kompliziert?», «Verstehen z. B. die Arbeiter so was überhaupt?» Darauf kann ich nur antworten, daß es nicht unbedingt wichtig ist, daß man die Plakate auf Anhieb versteht. Wichtig ist aber, ein Plakat so interessant, die Problemstellung so brennend zu machen, daß man so lange danach fragt, bis man es verstanden hat.

Es umgibt einen ja viel Unverständliches, wo man nicht fragt, wo man einfach nur sagt, «Was soll der Quatsch?»

Mir passiert es, daß ich manchmal früh um acht Uhr - wie neulich - von Leuten aus der Frühschicht aus einem Werk in Dortmund angerufen werde, die dabei sind, über das Plakat *‹Deutsche Arbeiter›* zu diskutieren und nicht gleich damit zurecht kommen. Wo also geteilte Meinung herrscht, und mich nun fragen: «Wie hast du das gemeint?»

Wären das irgendwelche uninteressanten Dinge, käme niemand auf die Idee, überhaupt so einen Weg zu wählen. Meine Sachen sind ja auch in der Regel - und da haben sie sich am besten bewährt - ein Mittel zur Kommunikation überhaupt. Sie sind der Anstoß. Man kann und man muß darüber reden ...

L. R.: Da muß ich gleich mit zwei Fragen einhaken, Fragenkomplexen besser, die zusammengehören und dieses Thema betreffen. Wäre nicht einerseits der konsequente Weg der vom Ideen-Propagandisten zum Politiker? Erwirbst du mit deinen Plakaten nicht nur private Macht im Sinne von Aura, statt politische im Sinne von prospektivem Mitgestalten? Oder willst du mehr in jene graue Zone zwischen Politik und Propaganda hinein, sozusagen als Machtassistenz - Ideen oder politische Strategien verbreiten, durchsetzen helfen?

Das ist der erste Teil der Frage. Der zweite betrifft das, was du andererseits an Themen unter die Leute bringst, was du z. B. propagierst in Zeiten, in denen Politik keine großen Themen verhandelt. Dann läßt auch, so hat man den Eindruck, deine Plakatproduktion nach, dann bringst du deine Plakate weniger wirksam bei den Leuten an. Bedeutet das nicht, daß du aufgrund deiner Verbreitungsmöglichkeiten nur reagieren kannst, daß du Dinge nicht in Gang setzt, sondern Bewegungen letztlich ein Signal gibst. Wenn das so ist, warum treibst du dann nicht lieber aktiv Politik, also im Sinne des Bewegers und nicht des reagierenden Propagandisten?

St.: Ich sehe das eigentlich nicht so.

Natürlich kann ich auch agieren. Ich würde sagen, ich bin direkt Politiker. Die Frage taucht insofern für mich gar nicht auf. Ich sehe das durchaus als Einheit. Ich wirke politisch, so, wie ich es tue. Mit meinen Plakaten. Das ist natürlich Politik. Die Frage ist, ob ein Politiker sich nur dadurch auszeichnet, daß er für alle sichtbar an irgendeinem Machthebel sitzt.

H. R.: Politik ist nicht von Macht zu trennen ...

St.: Ich habe natürlich - was du vorhin auch sagtest - ich habe

natürlich auch inzwischen Macht bekommen, ganz eindeutig. Die mag bescheiden sein, wie sie will, aber die habe ich.
Ich habe das bei einigen meiner letzten Plakate gemerkt. Normalerweise wäre mit ziemlicher Sicherheit ein Prozeß gekommen. Aber inzwischen überlegen sich das meine politischen Gegner besser, bevor sie gegen mich vorgehen. Sie wissen, daß sie damit meine Plakatideen erst recht unter die Leute bringen. Sie haben gelernt, daß es gar nicht mehr ganz ungefährlich ist, gegen mich vorzugehen. Zwar habe ich es nie direkt auf Prozesse angelegt, aber wenn es meine Gegner so haben wollten, dann habe ich den Spieß recht erfolgreich umgedreht. Da der Inhalt meiner Plakate immer einen politischen Sachverhalt richtig trifft, war es für die Öffentlichkeit schließlich egal, ob ich gewann oder verlor, moralisch habe ich bisher immer obsiegt.
Ich habe - wenn man so will - eine moralische Macht. Deshalb werde ich nicht nur in Prozessen angegriffen. Eine andere Methode ist, meine moralische Glaubwürdigkeit in Zweifel zu ziehen, indem man mir alle möglichen Dinge unterstellt. So wird z. B. behauptet, die auf dem Arbeiter-Plakat abgebildete Villa sei meine eigene. Das geht sogar so weit, daß mich kürzlich jemand schon deshalb für unglaubwürdig hielt, weil ich in einer Gaststätte einen Salatteller aß, während ich doch auf einem meiner Blätter verhungerte Kinder abgebildet hätte. Aber es war noch ein anderer Teil in der Frage . . .

L. R.: Ja, ob du durch die Art, wie du die Dinge betreibst, nicht letztlich nur noch reagieren kannst, also nichts in Gang setzt, sondern in Gang gebrachten Themen visuelle Signale gibst.

St.: Ja, das läge dann an mir. Ich würde sagen, das hat nichts mit der Methode zu tun. Ich würde nicht sagen, das liegt an dem Medium Plakat und seinen generellen Möglichkeiten, sondern das wäre einfach dann meine persönliche Unfähigkeit oder Fähigkeit, vorausschauend Themen aufzugreifen und in Gang zu setzen. Es ist beides möglich. Ich bin allerdings durch das Stilmittel der Ironie dazu verurteilt, in der Regel auf eine ganz bestimmte Weise zu reagieren. Auf eine ironische Weise Realität noch mal wiederzugeben und durch Überspitzung zu entzerren. Aber ich bin mit einem Plakat genausogut in der Lage, anzustoßen, in Gang zu setzen. Die Frage ist bloß, wann man das tut.

Das ist nicht nur eine politische, sondern teilweise auch eine finanzielle Frage. Bisher war ich gezwungen, alle meine Plakate, wie billig auch immer, zu verkaufen, um weiterarbeiten zu können. Hätte ich ein großes Vermögen hinter mir, könnte ich sagen, «So, jetzt machen wir Politik in der und der Richtung, wir starten jetzt eine riesige Plakataktion. . .» Oft bin ich schon finanziell dazu verurteilt, Themen aufzugreifen, die bereits, wie auch immer, im Bewußtsein locker angelegt sind. Die nicht reine Zukunftsmusik sind. Aber ich meine, damit beschäftigen sich schon viele andere. Es gibt so viele gute Theoretiker, die die tollsten Zukunftsperspektiven entwickeln. Doch das ist nicht mein Problem.

Mein Problem ist - und darauf beruht, wie ich meine, auch immer wieder die Wirkung -, ganz nah ranzugehen an die Realität. Ganz nah ran. Dabei habe ich gemerkt, nur das tut den Leuten weh. Es sind nach meiner Erfahrung nicht die großen Entwürfe, die jene aufrütteln, die es angeht. Es kommt darauf an, zu sagen: «Der nächste Schritt muß jetzt der sein, von dem die Angegriffenen gerade nicht wollen, daß jetzt dieser Schritt getan wird. Die flatternde rote Fahne am Horizont tut niemandem weh, aber der profitgierige Vermieter, der schamlos die Notlage der Mieter ausnutzt, hat Angst, daß man ihm konkret auf die Finger haut.»

Oder ich nehme ein anderes, ganz simples Beispiel: Es tut niemandem weh, wenn ich auf der Heidelberger Hauptstraße mich an einer Demonstration beteilige gegen den Vietnamkrieg. Da kann sich jeder daran beteiligen. Da kann auch der Generaldirektor von Horten mitziehen. Sogar mit dem Brustton innerster Überzeugung. Aber wenn ich jetzt sage, dort und dort, diese Verkäuferin, die hat einen beschissenen Tagesablauf, die hat einen miserablen Arbeitsplatz, dann wird der Mann sagen: «Das geht Sie nichts an, hier mischen Sie sich in Dinge, die Sie nichts angehen!»

Das sind vergleichsweise ganz kleine Probleme, die aber durchaus real sind und nebenan passieren.

Hier stößt man ganz schnell an die Grenzen, auch die Grenzen, an denen für einen selbst die Schwierigkeiten beginnen. Da ist nichts mehr mit Freiraum.

Meine Wirkung beruht immer darauf, ganz konkrete Dinge zu nehmen. Während ich in meiner Politik, in meiner Strategie natürlich meine Perspektiven habe. Aber in meiner konkreten Arbeit komme ich meist auf ganz naheliegende Dinge, und deshalb stellt sich vielleicht ein bißchen der Verdacht ein, daß ich nur reagieren würde. Aber es sind Reaktionen auf unmittelbare Geschehnisse, die vielleicht - für euch - einen zu kleinen Schritt nach vorne bedeuten.

L. R.: Also nicht nur ein Ralph Nader im Kunstbetrieb.

St.: Nein, absolut nicht.

Übrigens dieser Name Ralph Nader fällt sehr oft in diesem Zusammenhang, und die Leute sagen: «Warum arbeiten Sie nicht als Anwalt, da können Sie doch viel effektiver wirken?»

Es sind aber nicht alles meine Freunde, die mich immer gern «umleiten» wollen.

H. R.: Klaus Staeck, du hast vor ganz kurzer Zeit das Beispiel mit der Verkäuferin gebracht, die einen beschissenen Arbeitsplatz hat usw. Das war ein fiktives Beispiel, dazu gibt es kein Plakat?

St.: Das war einfach so ein Beispiel: Man könnte aber was machen.

H. R.: Das führt mich zu der Frage. Du hast vorhin von deiner moralischen Macht gesprochen, die du hast, gleichgültig, wie effektiv sie ist. An welche Gegenstände bindet sich diese Macht, welche Sachverhalte visualisierst du eigentlich in deinen Plakaten? Mir fällt da auf, daß die meisten von deinen rund zwanzig Plakaten – was nicht sehr viel ist – sozusagen vor Wahlkämpfen ein Signal setzten. Nun gibt es aber doch Miseren, die die Legislaturperiode weit übergreifen, etwa Obdachlosigkeit, Klassenjustiz, Krankenversorgung in der Bundesrepublik. Wo ist z. B. – laß mich mal so fragen – Klaus Staecks Plakat oder Aktion zur Unterstützung des Heidelberger Uni-Rektors Rendtorff, den man abgesägt hat? Ich vermisse in deiner Produktion, daß sich ihre moralische Macht noch näher an kleinere, vielleicht sogar lokale Gegenstände bindet.

St.: Jetzt verlangst du aber von mir, was du mir vorhin zwar nicht zum Vorwurf, aber als Gefahr dargestellt hast, indem du fragst: «Wo ist dein Beitrag zu a, b, c, d . . .?»

H. R.: Du willst damit sagen, man kann nicht von dir verlangen, daß du ewig abberufbar bist, im Sinne von Ralph Nader, sozusagen ein Solotänzer des Protests.

St.: . . . jetzt ist gerade dieses oder jenes Problem dran, und dazu kommt dann von Staeck ein Plakat. Das wäre mein Ende. Von Solotänzen halte ich schon mal gar nichts.

Zwar macht mich das auch für einige meiner Genossen etwas unheimlich. Dadurch macht man sich natürlich nicht allzu viele Freunde, weil das eben nicht programmierbar, abrufbar ist, sondern niemand weiß, ob jetzt nicht plötzlich auch ein Plakat gegen einen Mißstand in der eigenen Partei kommt, was ja durchaus drin ist. Trotzdem war ich bisher meist solidarisch bis zur Selbstverleugnung. Aber ich lasse mich da nicht festnageln, auf einen Parteirahmen. Der Parteirahmen ist viel zu eng.

Kürzlich sollte ich für den Juso-Bundes-Vorstand ein Plakat zu den Weltjugendfestspielen machen, wo ich eigentlich das Gefühl hatte, ich sollte noch einmal extra begründen, warum sie daran teilnehmen. Ich habe einige Mühe gehabt, ihnen klarzumachen, daß das nicht meine Aufgabe sein kann, daß das nicht ginge. Zum Schluß haben wir uns geeinigt, daß man doch lieber kein Plakat macht.

Wozu ein Plakat, von dem die Auftraggeber nicht mal so richtig wußten, was sie damit wollten.

In der Tatsache, daß es mir gelungen ist, ihnen auszureden, überhaupt ein Plakat zu machen, sehe ich auch wieder ein «Plakat». Es ist wichtig, zu bestimmten Dingen kein Plakat zu machen, weil sich sonst dieser Mechanismus einspielen würde: «Na ja, da macht der Staeck dann eben ein Plakat dazu», dem wird schon irgendwas einfallen, der hat immer so «lustige» Einfälle . . .

L. R.: Nun ist die Lücke im Apparat Staeck, daß eben diese Enthaltsamkeit des Klaus Staeck in gewissen Punkten nie publiziert wird, werden kann. Es kommt also nur jener Teil heraus, der unter der Trade-Marke engagierte Kunst läuft. Es ist sicher wichtig, das einmal zu betonen, damit dieses anscheinend häufig und bewußt abwehrende «Leider muß ich sagen» nicht nur Privataktion bleibt.

St.: Ja privat nur insofern, als es jetzt nur verhältnismäßig wenige gibt, die diese Diskussion miterlebt haben. Dazu kommt, um die Frage noch mal aufzugreifen, warum machst du nicht da und dafür etwas?

Wäre nicht das finanzielle Problem, würde ich im übrigen lieber mehr Plakate machen, auch über lokale Probleme. Was ich in Einzelfällen auch tue. Das sind natürlich dann Plakate in einer winzigen Auflage, die da erscheinen. Das sind aber auch Plakate, wo ich den Leuten einfach sage, wie sie es selber machen können. Wenn jemand kommt, sage ich oft: «Mach das doch selber, das ist doch eine prima Idee!» Ich ermutige ihn und sage ihm, wo er das wie drucken kann, oder ich helfe ihm auch dabei. Dadurch unterscheide ich mich von anderen Künstlern. Ich ermutige jeden, der kommt, die Idee, die er mitbringt – und meistens kommen die Leute schon mit guten Ideen –, selbst zu realisieren.

Alle diese kleinen Gruppen, diese berühmten kleinen Gruppen, die verbindet eines: die haben alle kein Geld. Gehen aber in der Erwartung doch davon aus, daß ich Geld hätte. Und meinen, ich müßte nun für sie kostenlos ein Plakat machen. Weil ich das öfter gemacht habe, ist diese Erwartung vielleicht auch berechtigt – aber das ist natürlich auf die Dauer ein ruinöses System. Ich habe eine Menge Plakataktionen gemacht, wo ich wirklich alles von der Herstellung bis zur Plakatierung allein finanziert habe. Das kann man sich zwei-, dreimal im Jahr leisten, mehr ist nicht drin. Die schlimmsten sind aber die Schulterklopfer, die einen ständig ermuntern, eine

Aktion nach der anderen zu machen, aber nicht bereit sind, nur eine müde Mark z. B. zu den hohen Prozeßkosten beizusteuern ...

L. R.: Da muß ich gleich eingreifen, und zwar deshalb eingreifen, weil ich eine Abgrenzung von dir hören möchte. Du sagst, du möchtest eigentlich, daß jeder in die Lage versetzt wird, solche Signale – oder wie man es immer nennen kann –, solche Plakate zu fabrizieren. Deine Dokumentation zeigt ja, daß die Leute dazu eifrig animiert wurden, aber sie zeigt auch, daß da Verkürzungen bis zum absoluten Mißverständnis bzw. Unsinn entstehen konnten. Die Vorschläge, die du zum Teil hier publiziert hast, zeigen das ja deutlich. Zur Abgrenzungsfrage: Bei Vostell gibt es den Gedanken des Volkes der Macher, der Sender. Jeder ist ein Sender, jeder ist ein Künstler, Produzent oder wie auch immer man das nennen will. Glaubst du nicht, daß darin auch die totale Zersplitterung liegen kann: das rein privatistische Hinausposaunen von privaten zulänglichen und unzulänglichen Meinungen? Liegt in dieser Form nicht auch eine gefährliche Ideologie – und das jetzt wieder auf den Kunstproduzenten, den Macher, überhaupt auf die Fiktion des Nur-Machens bezogen –, nämlich die Ideologie, daß es keine Qualität mehr gibt zwischen Öffentlich und Privat, also daß das vermeintlich Allgemeine, was da als Kommunikation zustande kommt, letztlich nur die totale Atomisierung von Gesellschaft bedeutet?

St.: Das ist ein ungeheuer kompliziertes Problem. Ich würde auch zustimmen, daß gegenüber den meisten Künstlern, die das propagieren, ein solcher Vorwurf schon berechtigt ist, auch wenn sie das von ihnen aufgestellte Postulat in der Regel gar nicht so ernst meinen. Der traditionelle Künstler ist, muß einfach bemüht sein, mit seiner «Genialität» allein zu bleiben, und diese ganze Rederei von «jeder ist Künstler» bringt für sich doch noch gar nichts. Viele von denen, die das sagen, erkennen meist noch nicht einmal den genauso bekannten Kollegen als Künstler an.

Für mich gilt das aber alles nicht, bei mir sieht das ganz anders aus. Was ich mache, setzt ja gerade einen gewissen Grad an öffentlichem Interesse voraus. Ich ermutige die Leute, ähnliche Dinge zu machen. Dabei stoße ich oft auf eine ganz komische Barriere, die Barriere der Kunst, bzw. was man traditionell darunter versteht.

Ich habe kürzlich einen regelrechten Briefwechsel mit jemandem geführt, der mir eine gute Idee schickte – das war so eine makabre Zeitungsmeldung – und schrieb: «Das wäre doch was für Sie, machen Sie etwas draus.» Ich habe sofort zurück-

geschrieben, «Ich finde das wirklich sehr gut, warum machen Sie nicht selbst etwas draus? Sie brauchen diesen Zeitungsausschnitt nur zu nehmen, wie er ist, vergrößern, und Sie haben ein gutes Plakat.» Darauf antwortete er: «Ja, wissen Sie, ich trau mich nicht, weil ich ganz einfach Angst habe, von den Künstlern ausgelacht zu werden. Die Künstler sind so furchtbar autoritär, sie wirken so unterdrückend auf andere.»
Ich verstehe das. Die meisten Künstler tun das aus einer gewissen Zwangslage heraus, weil sie überleben müssen, und je mehr Künstler es gibt, um so schwieriger wird es für den einzelnen . . .
Jener Mann sagte noch: «Die Hauptpression geht für mich von den Künstlern aus.» Dann haben wir uns geeinigt, daß wir das zusammen machen. Schließlich kam dann ein Druck dabei heraus, den wir im Endergebnis gar nicht so gut fanden. Aber das Wichtigste war in diesem Falle, daß wir es gemacht haben und er das nächste Mal alleine arbeitet. Die traditionelle Rolle des Künstlers in unserer Gesellschaft ist mir selten so klar geworden.
Ich lebe u. a. hier in Heidelberg, weil es kaum Künstler gibt. Ich mag diesen überkommenen Künstlertyp überhaupt nicht, weil er darauf angelegt ist, ein reines Individualimperium zu errichten, und wenn es hundert oder tausend Individualimperien mehr gibt, so ist qualitativ tatsächlich noch nichts verändert. Das führt nicht zum Kollektiv.
Aber ich gebe ja keine Anweisungen, wie man Künstler wird. Ich arbeite ja auch nicht aus dem hohlen Bauch, nur irgendwie für mich. Das wäre ein großer Irrtum. Ich arbeite natürlich immer für ganz konkrete Gruppen. Nicht unbedingt im Auftrag der Gruppen, aber oft nach Absprache, im Hinblick auf bestimmte Gruppen. Ich mache Plakate etc., von denen ich glaube, sie könnten für deren Arbeit nützlich sein.
So wurden z. B. meine Wahlplakate in der Regel fast alle von Wählerinitiativen für die SPD benutzt, die sie für ihre politische Agitation eingesetzt haben. Ich bin ja nicht alleine rumgezogen durch die Lande und habe mich mit meinen Plakaten und einem Namensschild an die Ecke gestellt. Sondern das ging nur, indem die Sachen von vielen anderen Gruppen wirklich wieder benutzt wurden. Ich folge keinen einsamen genialen Eingebungen, etwa so, daß ich mich abends an den Schreibtisch setze und denke, und dann kommt irgendwann mal ein gutes Plakat heraus, womit ich eines Tages eine staunende Öffentlichkeit überrasche.
Nachdem ich jetzt ein bißchen bekannter bin, läuft es eher umgekehrt. Jetzt kommen mehr Gruppen auf mich zu, für

die ich arbeiten soll. Deshalb löst sich das Individualproblem für mich fast von selbst. Den Vorwurf des rein privaten Individualisten haben mir meistens nur Individualisten selbst gemacht. Sie versuchen, ihr eigenes Problem auf mich zu übertragen.

L. R.: Inzwischen gibt es allerdings hier bei dir den Stempel «vergriffen», was wohl auch zeigt, daß sich die Situation geändert hat.

H. R.: Von der Edition Klaus Staeck sollten wir auch einen Moment reden, denn von den vier Figuren, den vier Professionen, die in dir stecken, haben wir den Verleger, Galeristen, den Editeur noch gar nicht gestreift. Dein Sortiment sozusagen ist relativ vielfältig, viele Namen, viele Nummern. Wie viele Graphiken hast du mittlerweile gemacht?

St.: Über zweihundert.

H. R.: In diesem Sortiment gibt es aber, wie ich jetzt sehe, einige Renner, einige ganz erfolgreiche Blätter, und sicher gehören die von Joseph Beuys dazu. Deshalb die Frage: Du bist doch ein Mann der prägnanten, lakonischen Sätze, der scharf gedachten und bezeichneten Sachen. Wo liegt deine Affinität zu einem Mann wie Beuys, der doch eher ein diffuser Denker ist?

St.: Die Frage wird mir sehr oft gestellt: «Was verbindet Sie eigentlich mit Beuys?» Es ist schwer, kurz darauf zu antworten. Ich glaube, daß wir uns auf eine gewisse Weise ergänzen, und bisher hat es noch niemand geschafft, uns gegeneinander auszuspielen. Ich habe irrsinnig viel von ihm gelernt, in vielerlei Hinsicht.

H. R.: Was zum Beispiel?

St.: Was arbeiten anbelangt. Selten habe ich – von meinen Eltern abgesehen – einen Menschen gesehen, der so viel arbeitet. Beuys hat mir klargemacht, daß Kunst zunächst einmal auch irrsinnig viel Arbeit bedeutet. Daß Kunst nicht bedeutet, bei einem einmal erreichten Standard, einmal erreichten Nimbus stehenzubleiben. Beuys ist jemand, der sich permanent eigentlich selbst wieder überholt und immer wieder versucht, sagen wir einmal, seine Gemeinden – obwohl es nach außen oft gar nicht so aussieht – wieder abzustoßen. Wieder ganz neue Wege zu gehen, die zunächst mal unverständlich sind. Es gibt Meinungsverschiedenheiten im politischen Bereich natürlich. Beuys betrachtet mich als so etwas wie einen verlorenen Sohn, der immer noch an die Partei glaubt, da er ein ausgesprochener Gegner der Parteien ist ...

H. R.: Ein Irrationalist ...

St.: ... und Dinge vertritt, die ich teilweise nicht vertreten kann, weil ich da einfach meine ganz praktischen Erfahrungen habe, ich bin da nicht so optimistisch. Aber all das hat uns nie gehindert, eine Freundschaft aufrechtzuerhalten und uns gegenseitig zu unterstützen. Ich kann auch ganz offen sagen, daß ich sicher schon mehrmals pleite gegangen wäre, wenn Beuys mir nicht geholfen hätte, auch finanziell. Damit hat er auch meine Ideen mitfinanziert. Ich verdanke ihm ein ganzes Stück Unabhängigkeit. Es hat Jahre gegeben, wo ich immer nur so am Bankrott dahingelebt habe.

Dann gibt es sehr starke Berührungspunkte in der Kunstmarktpolitik, wo wir wirklich in den meisten Dingen einer Meinung sind, wo wir gemeinsame Ziele verfolgen. Ansonsten läuft es auf Toleranz hinaus, auf produktive Toleranz ...

L. R.: Da kann man doch nicht sagen: tolerieren. In diesem Fall ist das nicht tolerieren. Da kann man vieles. Aber du vertreibst die Dinge ja auch als Galerist. Also steht doch mehr dahinter als Toleranz. Die Frage von Hanno Reuther muß man hier noch einmal stellen, weil du im Moment ein wenig ausgewichen bist. In der gesamten Diskussion sind wir von dem traditionellen Kunstverständnis abgerückt. Du hast versucht, deine Stellung in der Gesellschaft, dein Selbstverständnis zu beschreiben, was man mit dem Schlagwort «Veröffentlicher» zusammenfassen könnte. Nun veröffentlichst du einerseits Plakate, die politisch wichtig und gesellschaftlich notwendig sind, aber andererseits veröffentlichst du als Verleger auch Beuys, der in seinen Intentionen dem politischen Staeck und seinem Parteiengagement entgegensteht.

St.: Ich sehe das gar nicht so.

Um das «tolerant» noch mal etwas zu umschreiben: Ich habe nie behauptet, daß es nur eine Methode der Kunst gibt, nur eine Art Kunst. Mich fasziniert an Beuys, daß er ein großer Künstler im traditionellen Sinne ist, der aber sämtliche Schwächen des traditionellen Künstlers kennt, und jetzt versucht, das alles wirklich hinter sich zu lassen. Ich habe auch noch ganz andere Leute in meine Edition genommen, weil ich glaube, daß man sich gerade durch zu große Einseitigkeit schließlich auch in einen toten Winkel manövrieren kann.

Es hat der Edition sehr geholfen, daß ich Leute wie Beuys oder Heerich oder Marcel Broodthaers oder Polke verlegen konnte neben rein politischen Künstlern. Hätte ich eine nur politische, eine sogenannte konsequente Edition aufgezogen, wäre die mit Sicherheit aufgrund der Situation auf dem Kunstmarkt nach ein, zwei Jahren durch Auszehrung eingegangen. Beuys und ich arbeiten auch gut zusammen bei dem Projekt für eine «Freie Hochschule für Kreativität», das wir beide mit betreiben. Für mich hat sich jedenfalls die Auseinandersetzung mit Beuys immer als fruchtbar erwiesen. Er ist ein Mann, der unkonventionell denkt, d. h. wirklich selbst denkt. Darauf beruht die Zusammenarbeit. Er ist der klassische Unterwanderer, Zersetzer, und ich glaube, die Funktion der Kunst ist fast immer, zu unterwandern. Eingefahrene Gleise immer wieder zu verlassen. Verkrustete Institutionen zu entflechten. Deshalb habe ich ihn in seinem Kampf gegen die Bürokratie auch immer unterstützt.

L. R.: So allgemein gesprochen ist das doch etwas hoch- oder tiefgegriffen. Die gotischen Dome haben niemand unterwandert. Das ist schon eine recht griffige, aber auch gefährliche Formel: «Die klassische Funktion der Kunst ist, zu unterwandern.» Vielleicht willst du darauf hinaus, aber man sollte das nicht unbedingt generalisieren.

St.: Ich habe «Funktion» gesagt, nicht «klassische Funktion», und ich habe gesagt: «Beuys ist nicht der klassische Unterwanderer». Meiner Auffassung von Kunst entspricht diese Unterwanderung jedenfalls, und hier kommt Beuys mir sehr entgegen.

H. R.: Du sagtest, die Auseinandersetzung um die Funktion von Kunst muß wahrscheinlich noch viel intensiver geführt werden. Ich glaube aber, du hast doch für deinen Teil schon über die Funktion von Kunst entschieden, womit auch deine künstlerischen Mittel angesprochen sind. Alle deine Arbeiten zeugen davon, daß du kein Anhänger jener Pluralitätsideologie bist, die ständig auch die Meinung des anderen mit aufführen will. Deine Sachen sind ja im Gegenteil Fraktur, sie sind lakonisch, verfremdet, dezidiert. Sie sind für mich eigentlich Entscheidungen im Vorgriff. Oder siehst du das anders? Bleiben bei dir Fragen offen? Das doch wohl nicht?

St.: Nein, die Fragen bleiben eigentlich nicht mehr offen.
Bei früheren Sachen könnte man sagen, ja, da blieben die Fragen teilweise offen. Da dachte ich, jeder müßte selber darauf kommen. Inzwischen glaube ich, daß generell so wenig Zeit bleibt, um die immer größer werdenden Probleme noch zu lösen, daß man sich den Luxus, bloß Fragen zu stellen, gar nicht mehr leisten kann, sondern auch einfach Entscheidungen bieten muß. Meine persönlichen Entscheidungen, die natürlich im Laufe der Zeit – das mußte ich auch lernen – immer klarer geworden sind. Manchen Leuten viel zu eindeutig, und schon deshalb werten sie meine Arbeit nicht als Kunst, weil sie sagen: «Das sind bloß ideologische Angriffe, die da kommen, ideologische Handlungsanweisungen.» Eben doch nicht bloß Reaktionen auf bestimmte Ereignisse ...

H. R.: Klaus Staeck, solche Vorwürfe gegen deine Sachen, also ideologische Parolen etc. kommen natürlich nicht von ungefähr, wobei man deinen Gegnern natürlich genausogut vorhalten könnte, daß jede Kunst, die den Status quo verbrämt, genauso ideologisch und auch eine «Handlungsanweisung» ist – nämlich zum Nichtstun und zum «Alles-so-bleiben-Lassen». Kann es nicht sein, daß diese Schwierigkeiten deiner Plakate, deiner Aktivitäten in der Öffentlichkeit etwas gemildert werden könnten, wenn der Urheber, nämlich du, runterkommen könntest von der Einzelproduktion, von der Monokultur deiner Arbeit, deines Protests, wenn du die ganze Sache verbreiterst irgendwie in eine Machergenossenschaft, das Ganze auf mehrere Hände verteilst, auf mehrere Köpfe, auf mehrere Druckerarme. Ist das schon versucht worden?

St.: Versucht habe ich das mehrfach. Im Augenblick ist es ohnehin schon so, daß ich mit meinem Drucker Steidl ganz eng zusammenarbeite, mit Ingeborg Karst und auch einigen anderen von Fall zu Fall. Steidl und ich bilden eine so enge Produktionsgemeinschaft, daß man gar keinen mehr rausnehmen kann, ohne daß zunächst mal alles stocken würde. Wir haben versucht, das noch auf weitere Leute auszudehnen, das scheitert aber zunächst mal an den Finanzen. Da sind dann irgendwo Grenzen gesetzt; man kann das nicht beliebig vergrößern, weil man alle Leute dann ja auch bezahlen muß. Aber soviel kann nicht wieder eingespielt werden in der augenblicklichen Situation. Wir lassen ganz bewußt das wenige erwirtschaftete Kapital nicht «arbeiten», sondern stecken das bißchen Geld gleich wieder in Aktionen, die von vornherein reine Verlustgeschäfte sind.

Eine andere Möglichkeit wäre, sich direkt mit Kollektiven wie z. B. den Jusos, mit Parteien oder mit Gruppen zusammenzutun, da aber taucht dasselbe Dilemma auf. Da ist einmal das Finanzierungsproblem. Ein anderes Problem ist dann natürlich auch die Frage der qualitativen Verbesserung. Eine Gruppe, ein Kollektiv, das etwas in Auftrag gibt, will natürlich mit Recht mitentscheiden. Wenn ich jetzt aber ein Plakat mache und muß damit durch vier, fünf Instanzen, bleibt in der Regel – das habe ich schon vor zehn Jahren mit AStA-Leuten erlebt – von der ursprünglichen Idee fast überhaupt nichts mehr übrig. Da kommt irgend jemand und sagt, «Aber diese Ironie . . .», wenn z. B. jemand Ironie nicht mag, dann sagt er, «Das wird nicht verstanden», dann sagen die anderen natürlich auch, «Nein, das können wir nicht riskieren». Die Kollektive sind nicht immer nur progressiv, das ist einer der Grundirrtümer, denen man leider manchmal erliegt. Kollektive können oft auch hemmend wirken. Das wird mich aber nicht daran hindern, es immer wieder neu zu versuchen.

L. R.: Lassen wir ruhig mal dieses Kollektiv als Abschlußstichwort und gleichzeitig als Ausblick, als möglichen Zielwunsch stehen. Es gibt ja historische Vorbilder dafür, es gibt sie im Bereich der Kunst und der Schriftsteller, vor allen Dingen der Schriftsteller der LEF-Gruppe in den zwanziger Jahren in der UdSSR – Majakovskij gehörte zu ihr und auch Tretjakov, revolutionäre Schriftsteller –, von denen Benjamin einmal sprach als von den sogenannten operativen Schriftstellern, die nicht mehr Kunst machen in jenem Sinne, daß sie sich als Produzenten einsetzen, damit andere auch zu Produzenten werden, aber nun nicht zu künstlerischen, sondern zu gesellschaftlichen Produzenten, zu solchen, die dann insgesamt Gesellschaft produzieren. Das hört sich alles schön an, es ist eine große Formel, und trotzdem steckt ja hinter dieser Formel viel historische Wahrheit. Nicht umsonst ist, gerade historisch gesehen, auch die LEF-Gruppe im Stalinismus diffamiert und verdammt worden. Würdest du in jenem Begriff eines operativen Künstlers zum Abschluß nun jenes Stichwort sehen, unter das man die Funktion, deine Funktion des Veröffentlichers, des Verlegers, des Künstlers, all jene klassisch besetzten und tradierten Begriffe zusammenfassen und vielleicht als so eine Art inhaltliche Formel für deine Tätigkeit setzen könnte?

St.: Das könnte man schon, natürlich mit Vorbehalten. Das war damals ein richtiger Weg. Historische Dinge sind in der Regel doch historisch, wenn sie sich unter ganz anderen gesellschaftlichen Voraussetzungen abgespielt haben. Ich glaube nicht, daß dieser Weg mir heute persönlich sehr viel weiterhilft.

L. R.: Da gibt's ja doch – um dies nur kurz zu erläutern –, da gibt's doch das Beispiel Tretjakov, der als Schriftsteller nicht einfach Romane schrieb, sondern der in ein Kollektiv auf eine Kolchose ging und dann über seine Arbeit auf der Kolchose berichtete, gleichzeitig aber auch in der Kolchose tätig war, nicht als Bauer, der er ja nicht war, sondern als jemand, der Lesesäle einrichtete, der Massenversammlungen organisierte und vieles mehr. Das sind ja nun nicht Beispiele, die man nur historisch abtun kann, das kann man ja versuchen, auf heute zu übertragen. Also jene Funktionen ausüben in einer funktionsgeteilten Gesellschaft, die die anderen primär nicht ausüben können, zu denen man sie aber erst hinführen muß. Das ist dann Gesellschaftsarbeit, das ist Politik und keine Kunst im bürgerlichen Sinne mehr.

St.: Vorstellen kann ich mir das schon, bloß gehört eine ganz bestimmte Gesellschaftssituation dazu, denn wo kann ich hingehen? Das ist das Problem. Ich habe jetzt einen Versuch gemacht, indem ich – wogegen ich mich vorher immer gesträubt hatte – einen Lehrauftrag angenommen habe an der Uni in Gießen, bei Studenten, die nicht Künstler, sondern Lehrer werden. Das hat sich als relativ fruchtbar erwiesen. Die meisten Studenten machten zwar zunächst «Staeck-Plakate», was ich aber nicht als Problem empfinde. Wenn viele so arbeiten wie ich, dann gibt's mich auch nicht mehr als Aura-Typ. Das ist auch eine Möglichkeit, das aufzulösen ...

L. R.: Aber dann gibt's unter Umständen viele Formeln «Persil ist Persil».

St.: ... und «nichts ist schrecklicher als ein alternder Revolutionär».

Aber um noch einmal auf den Tretjakov-Weg zurückzukommen: Ich würde das heute fast als Romantik betrachten, jetzt z. B. in einen Betrieb zu gehen, wo ein Streik ist, und dort den Arbeitern zu sagen: «Jetzt mache ich mit euch für euch Plakate, damit ihr sie später alleine machen könnt.» Dazu bin ich zu nüchtern, um auf solche Wege meine Hoffnung zu setzen. So ist das nicht zu lösen. Man würde doch in gar keinen Betrieb reingelassen. Da fängt es doch schon an. Der Unternehmer würde sagen: «Der ist wohl wahnsinnig geworden, was will dieser Mensch hier? Ein Künstler, der nur den ‹Betriebsfrieden› stört.» Die Demokratie hört eben vor dem Betriebstor auf. Man muß zunächst einmal versuchen, den Arbeitern ihre Lage immer wieder neu bewußtzumachen. Daran können gar nicht genug mithelfen. Insofern betrachte ich meine Arbeit auch nicht als sinnlos.

Deshalb ist es wichtig, daß zunächst ganz andere gesellschaftliche Voraussetzungen geschaffen werden, damit das, was du und ich fordern, verwirklicht werden kann. Alles andere wäre wieder nur Einzelleistung: das Individuum Staeck würde sich nur mal ein anderes Arbeitsfeld suchen. Auch wenn sich noch ein paar andere daran beteiligen würden, ließe sich die augenblickliche Gesamtstruktur von Kunst und Künstlern auf diese Weise verändern. Man muß allen klarmachen, daß es mit dieser traditionellen Kunst so nicht weitergeht, weil die Gesellschaft nichts davon hat. Daß es zwar ein paar Individualisten gibt, denen man bewußt Freiräume, individuelle Freiheiten eingeräumt hat, die man der Mehrheit der Bevölkerung vorenthält. Die Gesellschaft leistet sich den Luxus am Rande, ist aber nicht bereit, Konsequenzen für die Mehrheit der Bevölkerung daraus zu ziehen. Man muß den meisten Künstlern erst mal klarmachen, daß sie sich den Problemen der Menschen gegenüber gleichgültig verhalten, indem sie ganz bewußt existierende Konflikte nicht aufgreifen, was nach meiner Über-

zeugung die Aufgabe eines Künstlers wäre: die Gesellschaft kritisch zu begleiten.
Es besteht ja wirklich ein Bedarf an anderen Künstlern, die dann aber auch von der Gesellschaft getragen werden müssen. Voraussetzung ist, daß man das als selbstverständlich erkennt und daß sie von der Gesellschaft auch angefordert werden. Vor allen Dingen müssen die Leute an den Akademien so ausgebildet werden, daß sie nicht - wie das jetzt noch der Fall ist - hilflos nach ihren -zig Semestern dastehen und schließlich Arbeitslosengeldempfänger sind. Als Silberstreif sehe ich ein Modell an, das von einigen Kunsterziehern kommt: das Fach Kunst/Visuelle Kommunikation. Das ist ja praktisch das. Das bringt in der Konsequenz eben gerade nicht mehr den traditionellen Künstler hervor.

Heidelberg, 14. Juli 1973

Dieter Adelmann
Kunst in der politischen Praxis

Erläuterungen zu Staeck

Es mag dahingestellt bleiben, ob Walter Benjamins Kritik an der sozialdemokratischen Theorie, wie sie in Nr. XIII der geschichtsphilosophischen Thesen dargestellt wird, historisch richtig ist. Fortschritt der Menschheit selbst, unabschließbar und unaufhaltsam, als ein Fortgang, der eine homogene und leere Zeit durchläuft, sind Begriffe, in denen diese sozialdemokratische Theorie heute und noch mehr die Praxis der Sozialdemokratischen Partei jedenfalls nicht getroffen werden.

Oberflächlich betrachtet mag die Rede vom Konformismus (These XI), der in der Sozialdemokratischen Partei von Anfang an heimisch gewesen sei, eingängig erscheinen. Aber sie betrifft allenfalls die Kritik an der Rolle vulgärmarxistischer Vorstellungen innerhalb der Sozialdemokratie. Die primitive Parallelität, daß die technische Entwicklung das «Gefälle eines Stromes» sei, in dem es zu schwimmen gelte, um das Ziel der Sozialdemokratie im Zuge des technischen Fortschritts zu verwirklichen, ist – sollte sie die Politik der Sozialdemokratie je bestimmt haben – jedenfalls gründlich überwunden worden.

«Alle gesellschaftlichen Einrichtungen haben die Tendenz, ein Eigenleben zu entwickeln und bürokratisch zu erstarren», heißt es in der zentralen Vorstufe des Godesberger Programms, in der Einleitung zum Berliner Aktionsprogramm 1954, und deshalb gelte es, «die Menschen zu befähigen, diese Gefahren zu erkennen und abzuwehren». Deshalb werde der Sozialismus stets Aufgabe bleiben. Es ist die Aufgabe der Partei, am je eigenen Ort das «Kontinuum der Geschichte» aufzubrechen und in die Epoche jetzt das einzutragen, was möglich ist, in die Realität der Gegenwart, die jetzt ist (in der Sprache Benjamins ausgedrückt:), die Splitter der messianischen Zeit zu versenken.

Zu allen Zeiten bedeutete die Sozialdemokratie immer noch etwas mehr als die Sozialdemokratische Partei. Schon in dem Spielraum der Quellen des demokratischen Sozialismus, auf den im Godesberger Programm verwiesen wird, liegt eine intellektuelle Weite, die auch innerhalb der täglichen Arbeitspraxis der Sozialdemokratischen Partei Randzonen beschreibt und Grenzbereiche aufdeckt, von denen jeweils nächste Aufgaben neu abgesteckt und für die Arbeitspraxis der Partei verbindlich definiert werden können. Aber merkwürdigerweise umfaßt die Weite der Sozialdemokratie nie einen Begriff von Kunst, und es mag sehr wohl sein, daß an diesem Defizit die Bedeutung des Theoriedefizits der Sozialdemokratie sehr viel eher deutlich zu machen ist als an aktuellen Konfliktpunkten von Program-

matik und Strategie.
Jeder Begriff von Kunst hat Aspekte der Universalität in der Gesellschaft zu beschreiben, deren Freisetzung noch aussteht. Die politische Praxis der Partei ist von Prinzipien geleitet, nicht von Aspekten und Perspektiven, nicht also von Ausblicken und Durchblicken. Aber die Aspekte der Universalität sind für die Gesellschaft konstitutiv. Während die politische Praxis bodenlos wird, wenn sie mit allgemeinen Begriffen und abstrakt beschriebenen Aufgaben geführt werden soll, impliziert die spezifische Art gesellschaftlicher Technik der Kunst universelle Konkretionen, die schlechterdings nicht anders denn als Kunst zum Gegenstand gesellschaftlicher Praxis und als Bestandteil der Gesellschaft ausdrücklich gemacht werden können.
Die SPD hat diesen Zusammenhang durch ein kokettierendes Verhältnis einzelner Sozialdemokraten zu einzelnen Künstlern ersetzt. Stars ihrer Branche repräsentieren so etwas wie die Freiheit des Geistes und erklären sich als Wählerinitiative. Das ist verdienstlich. Die Partei anerkennt das Verdienst in den spezifischen Mitteln ihrer Arbeitstechnik: die Wählerinitiative bekommt ein Büro, wird finanziell ausgestattet, für die Mitglieder werden persönliche Kontakte zu Funktionären der Partei organisiert, und ihre Sprecher bekommen (gastweise) ein Rederecht auf Parteitagen (Günter Grass darf sogar den Mitgliedern der Bundestagsfraktion ins Gewissen reden). All dies ist nützlich. Aber der Erfolg der Wählerinitiative verdeckt zugleich die Notwendigkeit derjenigen Aufgabe, welche die Sozialdemokratie Künstlern zuzuweisen hätte, nicht durch Beschluß der Partei, sondern durch Aufklärung der Problemlage und durch Darlegung des Problemfeldes, in dem das Agieren der Kunst politische Realität ausmacht.
Wer Klaus Staecks Arbeit heute begegnet, wird leicht zwei Schwerpunkte ausmachen können: Plakataktionen und Kunstmarktpolitik. Beide erläutert die vorliegende Dokumentation ausführlich. Der Eingriff ins Dürer-Jahr und in die Wahlkämpfe 1972 (Landtagswahl in Baden-Württemberg und Bundestagswahl) einerseits, der Versuch, den Kölner Kunstmarkt zu boykottieren (1971), und die Kritik an der Documenta 5 andererseits[1]. Zusammengehalten (und übrigens auch finanziell) werden die Initiativen durch Staecks Laden und seine Edition in Heidelberg. Während sich die künstlerischen Beziehungen der Edition in viele Länder erstrecken, liegt das Feld der persönlichen politischen Erfahrungen Staecks seit 1960 in Heidelberg.

Für Historiker dürfte interessant sein, daß er hier zum erstenmal 1961 eine sozialdemokratische Wählerinitiative gegründet hat mit all den Techniken, die bei Initiativen dieser Art auch später angewandt

1 Vgl. Klaus Staeck: ‹*Befragung der Documenta*›, Verlag Steidl, Göttingen 1972.

wurden (Testimonial-Anzeigen, flugblattartige Druckwerke usw.). Zwar stammt die Graphik des Flugblatts von Staeck, und zwar wurden in den nachfolgenden Jahren immer wieder politisch-graphische Initiativen in aktuellen Situationen herausgegeben (Studentenparlamentswahlen, *Spiegel*-Affäre), aber künstlerisch bewegte sich Staeck noch lange, bis zum Kalender *‹Konsumgedenktage›* von 1967 auf das Jahr 1968, in einer ehemals malerischen, dann graphischen Idylle: «Seitdem Staeck Holzschnitte macht, seit drei Jahren, ist er auf einem Weg, dessen Ende noch nicht abzusehen ist. Der Beginn: kleinteilige, das Material Holz in traditioneller Weise einbeziehende, meist kleinformatige, fast von Anfang an farbige Holzschnitte. 1965/66 wagte er das große Format. Die Flächen stehen in kräftigen Farben nebeneinander, Kreise bilden sich, komponierte Geometrie, die nun freilich in der Kraft ihrer gedrängten Form ‹Signale› setzen.»[1]

Nach dem Experiment mit dem Kalender *‹Konsumgedenktage›* wurde die Idylle eigentlich erst 1969 in einer großen, wenn man so will, «Retrospektive» beendet, in der Organisation einer «intermedia '69» genannten Veranstaltung auf dem Gelände der Heidelberger Studentenwohnheime und im Stadtkern Heidelbergs (Christo verpackt das Amerika-Haus) mit Aktionen, Happenings, Film, experimenteller Musik, Aktionstheater, Objekten und Environments, die anderen als Repräsentation der Avantgarde erschienen sein mag, für Staeck aber die kritische Verabschiedung des Avantgardismus überhaupt bedeutete. Das Problemfeld der Kunst war inzwischen durch die Universität, der Staeck durch sein Jura-Studium auch unmittelbar verbunden gewesen war, neu abgesteckt. Für jemanden, der so intensiv wie er in der SPD seit 1960 arbeitete, konnte es nie Konzessionen an die Scheinradikalität der Verweigerungshypothese geben, die in der Marcuse-Rezeption die damalige «antiautoritäre» Phase der Studentenbewegung charakterisierte. Die unmittelbare Erfahrung der Studentenrebellion wurde für Staeck nicht wichtig, aber der allgemeine Gehalt der Bewußtseinsverschiebung, der in der Auseinandersetzung über die organisierte Gestalt der Universität deutlich wurde.

Die ursprüngliche Idee der Autonomie wissenschaftlicher Arbeit war – ihrem Selbstverständnis nach – als Begründung für eine Organisationsform der Universität durch den Zweck bestimmt, dem einzelnen eine methodische Erweiterung seines individuellen Erfahrungshorizontes zu verschaffen, die, als methodisch, die Entfaltung seiner Individualität zur Universalität eines die Verhältnisse der Dinge und Menschen überschauenden Weltgehabes des gebildeten Bürgers be-

1 Dr. Jens Christian Jensen: *‹Über die Druckgrafik von Klaus Staeck›*, Ruperto Carola, Zeitschrift der Vereinigung der Freunde der Studentenschaft der Universität Heidelberg e.V., 20. Jahrgang, Band 43/44, Juni 1968.

wirken sollte. Diese Idee war längst in einer gesellschaftlichen Erfahrung zersplittert, deren Interpretation durch Marx nur eine von verschiedenen Möglichkeiten bedeutet: nicht nur ist das Individuum in einem 1810 nicht vermuteten Maß das «Ensemble gesellschaftlicher Verhältnisse», sondern das im Impuls der Aufklärung gegen religiöse Bevormundung entwickelte Instrument der Bildung des einzelnen durch Wissenschaft, die Universität, hat sich in seinen konkreten Voraussetzungen, und seinen Folgen nach, als unmittelbar in gesellschaftliche Gewaltverhältnisse verflochten erwiesen.

Dies ist die einfache Formel für die Erfahrung, die in der Studentenrevolte offenbar wurde. Der neue Universitätsbegriff, um den es in dem Kampf um die Universitätsreform ging, geht von der Erfahrung aus, daß wissenschaftliche Arbeit heute gegenüber der klassischen Gründungsepoche der Universitäten in einem unvergleichlichen Ausmaß verschieden institutionell vermittelt und damit insbesondere an konkrete gesellschaftliche Verhältnisse gebunden ist: die Reflexion dieser Einsicht oder die Verweigerung dieser Reflexion durch konservative Professoren und Kultusbürokratien haben die Diskussion und die reale Auseinandersetzung über die neu zu schaffende Organisationsform der wissenschaftlichen Hochschule und deren Grenzen bestimmt. Denn in Randzonen der Wissenschaft sind vielleicht auch heute noch individualisierende Einzelforscher - auf deren Bedürfnis hin die Universität konstruiert war - sinnvoll tätig; aber charakteristisch für die Entwicklung des Forschungsprozesses sind die wissenschaftlichen Großprojekte, deren personelle und apparative Investitionen und deren Management schon im Normalfall den Dimensionen mittlerer und größerer Wirtschaftsunternehmen gleichen. Der Prozeß ist nicht umkehrbar: Wissenschaft ist ihren eigenen Forschungsmitteln nach in einem solchen Ausmaß institutionell vermittelt, daß es für sie gesellschaftliche Freiräume nicht gibt. Jetzt erst hat die Erfahrung der Universität ihre längst vollzogene Realität eingeholt.

Aber die Realität der Kunst ist bei der vergleichbaren Erfahrung noch längst nicht angelangt, wenngleich sich die theoretischen Einsichten in die Produktionsbedingungen der «Bewußtseinsindustrie» seit Enzensbergers Aufsatz vertieft haben.

Ein Gang durch die Karlsruher Ausstellung *‹Kunst und Politik›* von 1970 zeigte, wie mager das gesellschaftliche Problemfeld für das Operationsgebiet Kunst erschlossen ist. Ungerührt konnte Bussmann im Vorwort zum Katalog dieser Ausstellung feststellen, man könne die Wirkungsweise der Kunst in der Beobachtung der eigenen Reaktion erfahren. Vor diesem Parameter rücken dann Staecks Siebdruck *‹Zur Konfirmation›* (Katalog Nr. 89, Dürers betende Hände durch Flügelmuttern zusammengeschraubt) und zum Beispiel Kienholz' transportables Kriegerdenkmal (Katalog Nr. 63, fünf amerikanische Soldaten in heroischer Pose in eine Snackbar gestellt) zu einem Gag zusammen, deren «Wert» sich an der Intensität eines Eindrucks messen ließe. Aber wie wichtig würde sich der Beobachter zu nehmen haben, wenn seiner Reaktion, die für ihn wichtig sein mag, eine allgemeine Bedeutung zukommen soll? Hingegen liegt der gesellschaftliche Charakter der Kunst, das also, wodurch Kunst als politisches Operationsgebiet bestimmt werden kann, gerade nicht in durch Objekte vermittelten Eindrücken auf einzelne, sondern in der kritischen Rezeption und Verwandlung einer gesellschaftlichen Technik, durch die auch sonst das Zusammenleben von Menschen – sei es denn auch in einer Überfülle von Leid – vermittelt wird. In der hochindustrialisierten, auf Produktion und Austausch von Waren hin organisierten Gesellschaft wird das Allgemeine nicht – wie eben auch Humboldt noch für die Konstruktion seines Universitätsbegriffes annahm – über individuelle Erfahrung vermittelt, sondern über das zentrale gesellschaftliche Phänomen der scheinbar unbegrenzten Produktion und Reproduktion, deren Ablauf über den Austausch von Waren organisiert ist. Die scheinbar uneingeschränkte Verwandlung von allem in alles über den Warenaustausch bildet das Konstituierende dieser und jeder industrialisierten Gesellschaft, auch jener, die weniger auf dem Menschen lasten mag als die, deren Warenaustausch und Warenproduktion kapitalistisch geregelt sind. In diesem zentralen Problemfeld des Arbeitszusammenhangs einer Gesellschaft hat die Kunst ihre Aufgabe. Und Staecks Leistung besteht darin, diesen Arbeitszusammenhang der Gesellschaft zum Instrument seiner Kunst verändert und seine Kunst für dieses Instrument handhabbar gemacht zu haben.

Staecks politische Erfahrungen sind nicht die eines Dilettanten. Seine politische Arbeit in der SPD war und ist nachhaltig und konkret. Im Anschluß an die kleine Wählerinitiative von 1961 wurde ein Politischer Arbeitskreis gebildet, der unmittelbar nach dem Bau der Mauer in Berlin daranging, eine damals neue, praktische Deutschlandpolitik zu entwickeln: «1. Anregungen zu Begegnungen: die bestehenden Möglichkeiten der Begegnungen sollen genutzt werden, z. B. Besuche der Leipziger Messe, der Rostocker Ostseewoche, Förderung privater Reisen nach Ostberlin oder Mitteldeutschland. 2. Erfahrungs- und Informationsaustausch: Berichte von Reisen, Tagungen, Besuchen, Besucheraustausch, Information über das geistige Leben. 3. Studium der aktuellen Publizistik in Mitteldeutschland; 4. Diskussion der deutschen Frage mit Politikern und ausländischen Studenten; 5. Äußerungen und Maßnahmen entgegenzutreten, die unnötigerweise die Spaltung Deutschlands vertiefen.»

Einige Delegationsbesuche konnten in den Jahren bis 1965 tatsächlich realisiert werden. Der Arbeitskreis organisierte ein umfangreiches Vortrags- und Veranstaltungsprogramm. Unzählige Kontakte, Initiati-

Gegen die Zensur
von Studentenzeitungen.
Erschienen in *Spontan,*
1. 5. 1961, herausgegeben
vom SHB Heidelberg

ven zur neuen Definition einer Deutschlandpolitik, Organisation von Seminaren, Referate, Anträge, Beschlüsse, schließlich Funktionen in Gremien der Partei. Kontinuierliche Arbeit am konkreten Gegenstand, über Jahre hin, selbstverständlich im Konflikt nicht nur mit der öffentlichen Meinung, den administrativen Restriktionen von seiten der Bundesregierung und dem Verfassungsschutz, sondern fast ebenso mit der Partei. Gleichwohl bei den Wahlkämpfen Rednereinsätze in Dörfern und Weilern Baden-Württembergs - nicht zu vergessen die klassische Basisarbeit innerhalb der SPD, das Plakatekleben - schließlich Kandidaten zur Gemeinderatswahl 1967 in Heidelberg, und daneben und im Rahmen der juristischen Ausbildung zugleich die Wanderung durch Amtsstuben und Gerichte, der penible Einblick in Rechtsverhältnisse, konkret und sehr genau.

Im Zusammenhang mit einer politischen Aktion heißt es einmal in einem Brief: «Wir wissen, daß uns unsere Mitmenschen nicht mit offenen Armen empfangen werden, deshalb werden wir aber auch nicht enttäuscht sein, wenn unsere Aktionen nicht immer gleich den gewünschten Erfolg zeigen, den wir uns erhofft haben.» Nach dem

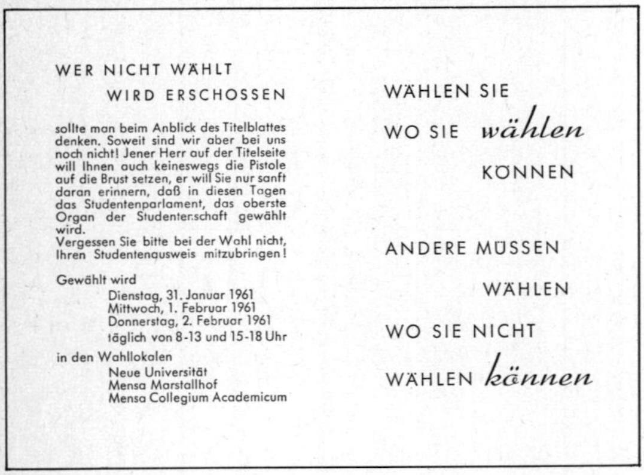

WER NICHT WÄHLT
WIRD ERSCHOSSEN

sollte man beim Anblick des Titelblattes denken. Soweit sind wir aber bei uns noch nicht! Jener Herr auf der Titelseite will Ihnen auch keineswegs die Pistole auf die Brust setzen, er will Sie nur sanft daran erinnern, daß in diesen Tagen das Studentenparlament, das oberste Organ der Studentenschaft gewählt wird.
Vergessen Sie bitte bei der Wahl nicht, Ihren Studentenausweis mitzubringen!

Gewählt wird
Dienstag, 31. Januar 1961
Mittwoch, 1. Februar 1961
Donnerstag, 2. Februar 1961
täglich von 8-13 und 15-18 Uhr

in den Wahllokalen
Neue Universität
Mensa Marstallhof
Mensa Collegium Academicum

WÄHLEN SIE
WO SIE *wählen*
KÖNNEN

ANDERE MÜSSEN
WÄHLEN
WO SIE NICHT
WÄHLEN *können*

Flugblatt zu Studentenparlamentswahlen, Universität Heidelberg, Januar 1961 (mit Text auf der Rückseite)

ersten großen Polizeieinsatz an der Universität Heidelberg, im Januar 1969, beauftragte die Mitgliederversammlung des Kreisverbandes Heidelberg der SPD Staeck mit der Leitung eines Ausschusses, der über die Vorgänge einen Bericht anzufertigen hatte und der Vorschläge ausarbeiten sollte. Der Ausschußbericht stellte fest, daß «die Protestbewegung der Studenten auf Problemen beruht, die durch juristische oder gar polizeiliche Auseinandersetzungen mit den Studenten oder gar mit einzelnen herausgegriffenen Studenten nicht gelöst werden können. Die Protestbewegung entsteht gerade daraus, daß den Studenten die überalterte Universitätsstruktur, an der verbissen festgehalten wird, als Modell dient, um die autoritäre Struktur der Gesellschaft insgesamt klarzumachen. Insofern ist der Protest der Studenten nicht die Ursache, sondern der Ausdruck einer Grundlagenkrise der Bundesrepublik: Im Laufe der letzten Jahre haben sich alle Parteien und schließlich zum Teil auch die SPD dabei beruhigt, daß mit der glücklich geleisteten Einführung des parlamentarischen Regierungssystems in der Bundesrepublik alle grundsätzlichen Probleme gelöst seien und das Weitere politisch-technischen Administratoren überlassen werden könne. Es ist deshalb unerläßlich, daß die politischen Kräfte in der Bundesrepublik und zumal viele Mitglieder der SPD ihren Willen zur durchgreifenden Reform wiederfinden und neu entwickeln.»[1]

Es ist ganz klar, daß niemand aus dem Bericht Konsequenzen gezogen hat. Aber politische Erfahrung bedeutet zuallererst, Einsicht in die Schwierigkeit der politischen Alltagspraxis gewonnen zu haben; Einsicht in die Grenzen der Handlungsfähigkeit anderer im Kontext einer konkreten politischen Situation. Was der einzelne Sozialdemokrat in der Auseinandersetzung vermag, ist: die Grenzen des Konflikts schärfer zu ziehen und die Analyse des Problemstands zu vertiefen. Ehe eine politische Organisation von 700 000 oder 800 000 Menschen sich bewegt, um eine neue Handlung zu vollziehen, bedarf es vieler Mühen von sehr vielen. Die Partei atmet unter der Last der Gesellschaft, die sie trägt.

Aus der genauen Kenntnis der politischen Praxis und aus der Einübung in ihre Technik hat Staeck die Handlungsfähigkeit der Kunst erweitert.

Die Erweiterung beruht auf dem einfachen Grundgedanken, für die eigene Arbeit das zu vollziehen, dem sich die Reform der Universität verweigert: die gesellschaftlich-institutionelle Vermittlung der Arbeit in die Arbeit der Kunst ausdrücklich mit einzubeziehen. Das

1 Vgl. *Spiegel*, 23. Jahrgang, Nr. 18, 28. 4. 1969.

Flugblatt zur *Spiegel*-Affäre 1962
(Privatinitiative)

einfache Zugehen auf diesen Sachverhalt führte zu Staecks «klassischer» Plakataktion 1971 in Nürnberg, der Montage zu Dürers Mutterbildnis *‹Würden Sie dieser Frau ein Zimmer vermieten?›*. Die Struktur der Produktion wird ausdrücklich von der allgemeinen Reproduktionstechnik abhängig gemacht. Der Kunstproduzent verwandelt sich in eine Firma, die mit der gegebenen Einrichtung der Werbeagentur arbeitet. Der Adressat des Werkes verliert die Aura des Publikums, die Bürger einer mittelgroßen Stadt lernen beim Durchschreiten ihrer gewohnten Plakatlandschaft zu fragen: Was hat Dürer mit einer Mieter-Aktion zu tun? Die Aktion wird zum Test für ihre Wiederholbarkeit. Der Einbruch in die Massenmedien, die fragende Wiederholung der Aktion im Boulevard-Blatt rufen Kommunikationsvorgänge hervor, in deren Ablauf gesellschaftliche Rollen sichtbar werden. Die allgemeine Bedeutung des Vorganges, das also, was über den persönlichen Erfolg oder Mißerfolg hinaus wichtig ist, ergibt sich nicht aus der Wirkung auf einzelne, auch nicht aus deren politischem Impuls unmittelbar. Politisch ist diese Kunst, weil sie eine für unsere Gesellschaft wichtige Einrichtung ist, den weithin vermachteten Teilmarkt Werbung in ein neues Funktionssystem einbezieht und dadurch ändert. Die Instrumente des Marktes, in denen der Warenaustausch organisiert wird, werden zwar nicht außer Kraft gesetzt; aber sie werden mißbraucht. Der Künstler übt sich in ihre Technik ein, um sie für seine Zwecke zu verwenden. Gesellschaftlich relevant ist dabei nicht die einzelne, politische «Werbebotschaft» des Plakates, sondern die praktische Umkehrung der Funktionsbestim-

... wenn Sie meinen, daß man nur alle vier Jahre den Bundestag zu wählen braucht. Die Demokratie fängt ganz unten an ... (Text auf der Rückseite) Flugblatt zu den Studentenparlamentswahlen an allen Hochschulen von Baden-Württemberg, Juli 1962

mung für die Werbemittel. Die Werbung als der psychologische Agent der Ware wird umgedreht und als Agent eines aufklärenden Bewußtseins erneut auf die Reise geschickt.
Der Nachweis, daß diese Umkehrung möglich ist, sogar mit relativ bescheidenen finanziellen Mitteln, kennzeichnet Staecks Kunst in der politischen Praxis. Denn Politik ist die Veränderung von Institutionen. Was einer ins Bild bringt, mag interessant sein; sind es die Bombenabwürfe auf Vietnam (z. B. Vostell), wird man sagen: gut gemeint. Bei Staeck geht die Irritation und damit die Wirkung nicht unmittelbar von dem Kunstgegenstand, sondern von der Konfrontation mit der Tatsache aus, daß die Litfaßsäule dem gewohnten Zweck entfremdet ist.
Gegenüber dem Kunstgegenstand – wo immer er uns begegnen mag, wenn er als Gegenstand der Kunst identifizierbar ist – hat sich unsere Erfahrung längst daran gewöhnt, daß die Frage «Was soll das?» nicht beantwortet wird. Und sogar zu Recht: das Nichtoffenbare des Sinns hat die Qualität eines Gütesiegels; denn im Kunstgebilde wird die Wirklichkeit verrätselt. Die Wirklichkeit wird dadurch erst meditationsfähig gemacht. Was ist, wird in den Bereich des Nachdenklichen eingebracht. Aber Klaus Staeck dreht diesen Vorgang um: die Nachdenklichkeit wird offenbar gemacht. Nicht die Graphik, die Litfaßsäule wird zum Gegenstand der Meditation, die Plakatwand, deren Sinn jeder kennt, erscheint verrätselt in der flüchtigen, aber wiederholten Konfrontation mit der Botschaft einer für sich genommenen sinnlosen Werbung: «Würden Sie dieser Frau ein

Nashorn, Buchdruck, Postkarte, 1962

Zimmer vermieten?», «Die Reichen müssen noch reicher werden», «Deutsche Arbeiter, die SPD will euch eure Villen in Tessin wegnehmen».
Für den Erfolg der Wirtschaftswerbung ist entscheidend, ob es gelingt, dem Empfänger der Werbebotschaft deren Absender einzuprägen, denn er tritt als Produzent des Produktes auf, das über die Werbung kommerzialisiert werden soll. Die kalkulierte Ambiguität in Staecks Plakaten versagt diese Hauptinformation der Werbung so, daß die Frage provoziert wird: Wer macht das und wozu? Staecks Plakatkunst erreicht, daß diese Frage vor der Litfaßsäule gestellt wird. Von dem Kunstmarkt verlangt Beuys «eine neue Information über das Prinzip Gerechtigkeit».[1] Politischen Praktikern mag das Protokoll der Gründungsversammlung der «Deutschen Studentenpartei» wirr genug erscheinen: «. . . wies jedoch ausdrücklich immer wieder auf den alles umfassenden Zusammenhang hin, der im Prinzip klar ist, im einzelnen aber konkret erarbeitet werden muß . . .» (22. 6. 1967); aber die von Beuys verlangte neue Information ist die einfache Mitteilung, daß das Recht eines jeden einzelnen zu produzieren lernbar ist. Beuys macht das Lernen des Produzierens öffentlich, wobei das Lernziel durch die praktische Einsicht in den elementaren Charakter des Produzierens bestimmt ist. Für den elementaren Charakter werden von ihm immer wieder neue Formen entwickelt, bis zu der keineswegs manieristischen Beschreibung der eigenen Geburt: «1921 Kleve Ausstellung einer mit Heftpflaster zusammengezogenen Wunde».[2]
Ausscheiden, Veröffentlichen, Produzieren werden von Beuys auf *einen* Punkt gebracht, auf eine Art Urpunkt der Präsentation der Menschen unter Menschen. «In dem Satz ‹Jeder ist Künstler› wird einfach gesagt, daß der Mensch ein kreatives Wesen ist, daß er als Kreator produzieren kann, und zwar sehr vielfältig.»[3] Die Objekte sind universelle Konkretionen dieses Sachverhaltes, die ihn unter dem Gesichtspunkt der Freiheit interpretieren. Denn zur Elementarität des Vorganges gehört, daß sich «nämlich ein Mensch nicht zur Produktion zwingen» läßt (ebd.). Es sind universelle Konkretionen der Verletzlichkeit des Menschen: die Lebenswärme («Fett», «Filz») bleibt den Menschen versagt, deren Produktion unterdrückt wird. In seiner Edition vertreibt Staeck eine mit Schwefel überzogene Zink-Kiste,

1 Vgl. *Spiegel* vom 19. 9. 1971, S. 155, im Anschluß an das von Staeck und anderen veranstaltete Internationale Meeting in Heidelberg am 6./7. 9. 1971.

2 Kunstmuseum Basel, Emmanuel-Hoffmann-Stiftung, Joseph Beuys – Werke aus der Sammlung Karl Ströher, 16. November 1969 – 4. Januar 1970, Katalog S. 4.

3 Joseph Beuys, Multiples, Verzeichnis sämtlicher multiplizierter Arbeiten, Objekte, Graphiken, Texte, Film, Verlag Schellmann und Klüser, München, 1972[2], «Warum hat der Filzanzug keine Knöpfe?»

Urbi et orbi natale,
Neujahrskarte 1967/68,
Holzschnitt und Buchdruck

in der in einer Ecke ein Stück Mull eingedrückt ist (tamponierte Ecke). Die Beuysschen Reduktionen sind öffentlich vollzogene Lernvorgänge auf die Elementarität des beschriebenen Urpunkts hin. Was ihnen fehlt, ist - über das allgemeine Wissen hinaus - die konkrete Kenntnis, nicht nur wie sehr, sondern wie im einzelnen die Organisationsstruktur der Gesellschaft das Recht der Menschen auf Produktion zerstört. In der Konfrontation der Gesellschaft mit ihrem dominanten Defizit wird ebenso elementare Angst freigesetzt, die sich in Aggression niederschlägt. Im exemplarischen Fall ist das Produkt die Bewegung der Faust, mit der Beuys blutig geschlagen wird (TH Aachen, 20. 7. 64).

Der in politischer Praxis Erfahrene kennt das Dilemma genau, daß die vermittelte Einsicht das Gegenteil des in der Einsicht Vermittelten hervorruft. Indem die Information ein Bedürfnis aufdeckt, wird ein Bedürfnis nach Entlastung frei, das sich zunächst genausogut dadurch befriedigen zu können meint, daß es die Gesellschaft von der Information befreit.

Aber Aktion heißt, in die politische Realität der Gesellschaft

Hochschule 1964,
Fotomontagen für die Mensa der Heidelberger Studentenhochhäuser am Klausenpfad, 1964

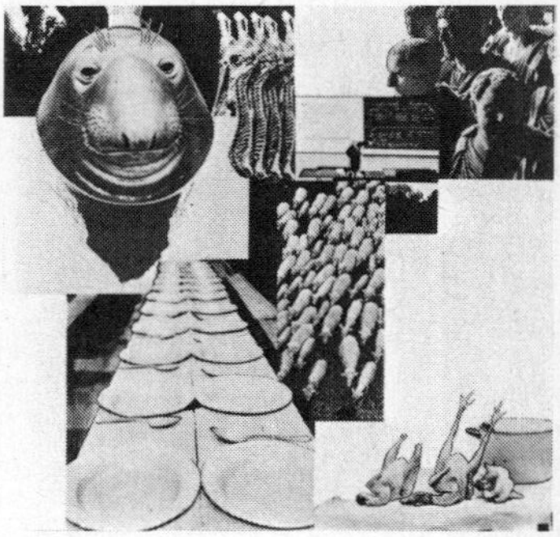

Handlung einzuführen, Handlung, die eine Reaktion auslöst. Handlungen und Gegenhandlungen sind zugleich kollektive Vorgänge des Fragens. Und Fragen bedeuten den Impuls zu einem Lernprozeß. Kunst ist - so gesehen, und dieser Quelle entspringt die Zusammenarbeit von Beuys und Staeck - die Konfrontation der Gesellschaft mit einer ihrer zentralen Voraussetzungen, der Fähigkeit zu lernen, kollektiv und als Prozeß. «Kunst, wie ich sie verstehe, ist immer Kommunikation, ist Freiheit», sagt Staeck. Kommunikation in der Bedeutung seiner Kunst ist der Austausch nicht von Einzelinforma-

tionen, sondern die Provokation von Handlungsimpulsen, in denen eine Gesellschaft Freiheit lernen kann.
Die Stuttgarter und Frankfurter Aktion «Inflationsgerede – Macht durch Angst?» (1971) hatte versucht, die Kunsthalle in ihrer gesellschaftlichen Funktion handhabbar zu machen. Der Künstler als eine Art bloßer Berater hatte einer Gruppe von Leuten, die von Berufs wegen nichts mit Kunst zu tun hatten, die Halle geöffnet, um das Modell für ein Sozialverhalten der Kunst zu ermöglichen. «Visualisierung, Plakatwerbung, Video-replays, Akkustik, Aktion werden der Aufklärung eines politischen Zusammenhanges zugänglich gemacht.»[1]
Das Experiment war interessant, aber es verlief nicht erfolgreich, weil die Struktur einer Manipulationstechnik des öffentlichen Bewußtseins zwar offengelegt wurde, aber offen nur wieder bloß innerhalb der Kunsthalle. Die Struktur der Gesellschaft ist viel zu komplex, als daß irgendeine relevante Veränderung von einer Randzone der Gesellschaft aus erzielt werden könnte. Und die pure Aufdeckung einer Manipulationstechnik ändert nichts an der Handhabbarkeit dieser Technik durch andere. Die Konfrontation der Gesellschaft mit ihrer Lernfähigkeit bedarf deshalb eines Aktionsprogramms, das nicht die Instrumente der Kunst, sondern Einrichtungen der Gesellschaft praktisch in einen veränderten Funktionszusammenhang einbezieht.
Die Sozialdemokratische Partei hat in den fünfziger und sechziger Jahren lange gebraucht, ehe sie die Methoden der kommerziellen Werbung für die politische Werbung in Wahlkämpfen angewandt hat. Dann aber hat auch sie nur in der Übernahme kommerzieller Werbetechniken ihre Erfolge erzielt.[2] Lediglich Randgruppen innerhalb oder außerhalb der Partei haben sich der Möglichkeiten bedient, die in Staecks Plakaten offengelegt sind. Das Verhältnis der Sozialdemokratischen Partei zu Staeck ist eher distanziert. Wenn es aber gilt, jenes kollektive Lernen zu organisieren, das die Menschen befähigen soll, die Gefahren zu erkennen und abzuwehren, die aus den gesellschaftlichen Einrichtungen entstehen, wird die Partei selbst, und nicht nur für ihre Wahlkämpfe, die emanzipatorische Technik der Aktion zu lernen haben.

1 Vgl. Dokumentation, Aktion: Inflationsgerede, Staeck und Konsorten (12), S. 1.

2 Vgl. Klaus Staeck: *‹Plakate abreißen verboten›,* Politische Plakate im Bundestagswahlkampf 1972, Verlag Steidl, Göttingen, 1973.

Kunst, die Politiker unruhig macht

Graphik von Klaus Staeck in Bonn und Zürich ausgestellt

Als Ihr Korrespondent am trüben Ostersamstag einkaufen ging, sah er auf einer Mauer ein halbabgerissenes Plakat. Vor einer KZ-Baracke ein Bagger, Leichen wegschiebend, alles sehr undeutlich; darüber stand sehr deutlich im starken Schwarz-Weiß von Totenanzeigen und in gotischer Schrift: Wir sind für die Ostverträge, Herr Barzel! . . . gemeinschaft der Toten . . . kriegs k.e.V. Das konnte doch nicht wahr sein. So nicht! hatte jemand mit rotem Kuli darübergeschrieben. Aber tatsächlich. Schon an der nächsten Ecke ein heiles Plakat: Interessengemeinschaft der Toten des II. Weltkrieges k.e.V.

Wer hat schon dumme Freunde und Freundinnen? Und doch, es war zum Verzweifeln: sie nickten nur, einer sagte, wahrscheinlich so eine Sekte. Auch als er insistierte, ob ihnen denn nichts am Wortlaut auffiele, nein. Sie schalteten im Hirn sofort von Interessengemeinschaft der Toten auf Interessengemeinschaft der Hinterbliebenen. So wenig sieht man heute hin, wenn's realiter passiert. Als aber im Fernsehen abends ein Bericht über eine Plakataktion in Bonn kam, da fiel der Groschen.

Denn nun war der Blickwinkel ausschließlich auf das Plakat gerichtet, und nun wurde interpretiert. Außer Fernsehen und Interpretation zeigte sich aber ein dritter Punkt als entscheidend für die Aufmerksamkeit, erst dadurch wurde die Menge und das Fernsehen angezogen: dieses Plakat war hier auf Litfaßsäulen angebracht. Klaus Staeck, der Erfinder des Plakats, hatte ganz bewußt die Fläche auf Litfaßsäulen gemietet, weil sie eine offizielle Autorität ausstrahlen. Die wilde Plakatierung am Morgen in Köln war ein Raubdruck aus Kreisen der Jusos gewesen, noch ehe die Plakataktion in Bonn gestartet war. Und in Bonn vor den Litfaßsäulen sah und hörte man die Leute heftig diskutieren. Verblüffend war nicht, in Bonn, der hohe Anteil an alten Leuten, verblüffend war, daß die alten Männer und Frauen, die sich zu Wort meldeten, ganz entschieden aufgeklärte Ansichten formulierten gegenüber den hier vertretenen jungen, eher fanatischen Stimmen. Die Alten, sie haben diese böse Interessengemeinschaft mitmachen müssen. k.e.V., das heißt übrigens: kein eingetragener Verein.

Jähe Perspektiven

Bonn ist ein Städtchen mit einem Hochhaus. Darin sitzt eine Aktiengesellschaft, die mehr Geld ausgibt, als sie einnimmt, und die Schulden alle vier Jahre durch Volksanleihen deckt. Durch dieses Kunststück machte Bonn zwar gelegentlich Schlagzeilen, internationalen Ruf aber erwarb es sich dadurch, erstens kein Nachtleben zu haben, zweitens ein Klima, in dem erst die Alten den langen Marsch durch die Institutionen beginnen, und drittens eine surrealistische Verkehrsordnung, wo man zwischen Einbahnstraße in falscher Richtung, Sackgasse und Ende an

den Bahnschranken wählen kann. Nachtleben, Klima und Verkehrsregelung können Sie in einem erleben, wenn Sie Freitagabend um zehn Uhr eine völlig leere Hauptstraße bei Rot überqueren, und auf dem Bürgersteig gegenüber schreit Ihnen ein Pensionär mit erhobenem Krückstock entgegen: «Sie Anarchist!»
Der Eindruck ist natürlich täuschend. In Wirklichkeit hat es Bonn auf acht Galerien gebracht. Das verrät eine tiefe Spaltung zwischen Politikern und Kleinbürgern; bislang waren sich beide Berufe in dem einen Punkt einig, Progressives sei keine Kunst, sondern scheußlich. Die achte Galerie, die Galerie Magers, eröffnete ihre Räume in der Rittershausstraße mit Graphiken und Objekten von Klaus Staeck – und es war stundenlang brechend voll, die gähnende Idylle Bonner Kunstempfänge war durchbrochen. Staeck macht müde Bonner munter.
«Die Reichen müssen noch reicher werden. Deshalb CDU» – lautet das neueste Plakat. Die *Bild-Zeitung* von morgen: ein strahlender Strauß, zum Kanzler gewählt, die Schlagzeile: «Ab heute gilt wieder – Sicherheit, Recht, Ordnung». Darunter in einer Ecke: «Beirut: Gudrun Enslin sucht Quartier für die Meinhof-Bande.» Während Graphiken und Plakate von dieser direkten Aggressivität mehr die Gesinnungsgenossen erheitern als fremde Gesinnung verändern, stimmen die besten Bildsatiren Staecks nachdenklich dadurch, daß sie nichts erfinden, sondern vorhandene Bilder und Texte, dem Werbeteil und den redaktionellen Äußerungen von Illustrierten und Magazinen entnommen, jäh zusammenrücken. Die Kombination eliminiert das Umblättern. Hie Dokument, dort Werbung, das kommt nicht mehr in verschiedene Kästchen, es fällt zusammen. Und sieht dann zum Beispiel so aus: zwei pakistanische Kinder mit riesigen Hungeraugen sehen auf eine Reklame für Hundefutter, in der es heißt: «Schlachtfrisch aus der Dose . . . Kein Wunder, daß sich beim Testfressen 96 von 100 Hunden begeistert auf das Neue PAL gestürzt haben . . .» Das trifft mehr als alle karitativen Aufrufe; Mitleid ist lange nicht so empfindlich wie schlechtes Gewissen.
Ein schweflig eingedünstetes schwarzes Köln, Text aus dem *Spiegel:* «Ministerialrat Häringer beklagt die Ohnmacht seiner Landesregierung gegenüber den Industriekonzernen, die die ergangenen Gesetze nur sehr zögernd und unwillig befolgen. Er sagt: ‹Was sollen wir denn tun? Sollen wir den Generaldirektor von Bayer einsperren?› Ja, warum eigentlich nicht?» Staeck und Konsorten («das sind die Leute aus meiner Kneipe und vor allem mein Drucker, dem ich manchmal eine Idee nur zu telephonieren brauche») machen nur noch Kunst, um laut denken zu dürfen. Der oft beklagte Freiraum der Kunst – hier wird er zur (noch unbombardierten) Ausgangsbasis.
Kunst dient mitunter als Vorlage, wie in den Dürer-Paraphrasen, von denen am bekanntesten wieder jene wurde, die als anonymes Plakat an den Litfaßsäulen Nürnbergs prangte. Unter der Zeichnung von Dürers

ausgemergelter Mutter stand knallrot: «Würden Sie dieser Frau ein Zimmer vermieten?» Die einmalige Zeichnung ist Kulturgut geworden; die allgemeine Gestalt blieb ausgestoßen aus dem Leben. Ist der Mensch bestenfalls als Modell für einen Künstler brauchbar? Was hat die Kunst bislang an Sozialität erreicht? Staecks scheinbar plakative Anstöße gehen noch sehr viel weiter, aber warum dem Leser alle Gedanken vorwegschnappen?
Andere Siebdrucke attackieren frontal den Kunstbetrieb. Unabsehbares Hippiegelage vor der Kasseler Wilhelmshöhe: «Die Künstler der Welt in Erwartung einer Einladung zur Documenta 72». Unter dem illuminierten Kölner Dom ein Vorkriegs-Gruppenbild mit Al Capones Panzerlimousine, unterzeichnet in gestochener Schwungschrift: «Zur Erinnerung an die Jahreshauptversammlung des Vereins progressiver deutscher Kunsthändler e. V.» Die drei Figuren im Vordergrund weisen eine verblüffende Ähnlichkeit mit lebenden Personen auf. Es ist dies das Plakat für eine Ausstellung gleichzeitig in der Edition Bischofberger in Zürich.

Wirksamer Politkünstler

Staeck, Jahrgang 1938, Rechtsanwalt und SPD-Mitglied, hat sich durch seine politisch orientierte Graphikedition «Tangente», seinen Aufruf zum Boykott des Kölner Kunstmarkts, verbunden mit dem Versuch eines Gegenmodells für kommenden Herbst, und nicht zuletzt durch die geschilderten Siebdrucke nicht nur Freunde gemacht. «Ich habe jahrelang auf Schublade produziert.» An einer Wand der Galerie Magers hängt eine Fülle von Briefen, wo Menschen um einen Stapel Plakate «Wir sind für die Ostverträge, Herr Barzel!» bitten, denn in ihrer kleinen Kreisstadt usw. ... Das Echo von Bonn bis in Provinzstädtchen und weit entfernte Lokalblätter einerseits, die Ausstellung in einer renommierten Züricher Galerie andrerseits machen offenkundig, daß der politische Künstler Staeck nicht mehr als Demosthenes am Rand des Meeres abgetan werden kann.
Vor allem Künstler haben immer wieder eingewendet (und Kunsthändler sich dann darauf berufen), Staeck mache nicht politische Kunst, sondern illustriere politische Bonmots. Die These läßt sich an den frühesten Versuchen belegen, vor allem an den Objekten. Bogen, Saiten und Steg ohne Cello sind ein ärmliches Objekt, ehe der Titel «christliches Abendland» einem ein Aha! versetzt; ein Angelwiderhaken, aus geblümtem Toilettenpapier hervorstechend, wird erst als «Spitzenerzeugnis» witzig; zwei Revolver, die Drücker durch einen Draht aneinander gebunden, sind als «friedliche Koexistenz» ein schlechtes Plagiat von Spoerris Wortfallen. Aber in den Graphiken spricht das Gesicht der «Ordnung» als vergitterte Physiognomie der CRS für sich; und der Panzer, der mit Wohnwagen-Anhänger ins

goldene Abendlicht hinausfährt, ist eine der großartigsten Parodien auf die politisch allzu arglose Pop-art.
Außerdem ist es nach einer akzeptierten Konzept-Kunst, die oft nur aus Texten besteht, ziemlich esoterisch, wenn man eine interpretierende Kunst mit dem Verdammungsurteil «literarisch» aus dem Tempel jagt. Aber ganz abgesehen vom notwendigen, doch internen Streit um Kunstdefinitionen, und das ist die Hauptsache: diese Kunst ist nicht im Tempel; in der Welt der *Bild-Zeitung,* der Plakate und der Werbung hat sie begriffen, wie man durch Kombination von Bild und Wort politisch wirken kann. Videos, um sich das Fernsehen vorzunehmen, sind als nächstes geplant.
Nur Neid könnte bestreiten, daß Staeck im Augenblick Deutschlands wirksamster politischer Künstler ist. Gewiß hemmt der Text eine internationale Verbreitung. Aber es ist eine alte Weisheit, daß internationale Politik den Verstand beschäftigt, Innenpolitik hingegen das Gemüt erregt. Staeck, gefragt, woran er sich inspiriere, an Schlagzeilen oder Bildern oder Ereignissen: «Die Verlogenheit der Bilder – darauf bin ich einfach trainiert.» Von Velasquez' bös repräsentativen Porträts bis zu Warhols Suppenbüchsen ist es die wirksamste Methode kritischer Kunst immer gewesen, nicht Entlarvtes darzustellen, sondern Dargestelltes zu entlarven. Die Kälte der ad absurdum perfektionierten Identifizierung, die ist Staeck noch zu wünschen. Georg Jappe
PS: Wie sich nachträglich herausstellt, ist während der Ausstellungseröffnung in Bonn das Plakat «Die Reichen müssen noch reicher werden» in Baden-Württemberg ohne Wissen von Staeck wild plakatiert worden. Die CDU hat eine einstweilige Verfügung gegen das Plakat erwirkt. Wegen massiver Drohanrufe wagt es Staeck zur Zeit nicht, in seiner Wohnung zu übernachten. GJ

Nachdruck aus *Nationalzeitung* Basel vom 22. 4. 1972.
Der gleiche Artikel wurde in der FAZ vom 24. 4. 1972 unter Weglassung des ersten Absatzes und des PS veröffentlicht.

Politische Graphik und Objekte

Thema: Konsum

Der Kalender Konsumgedenktage ’68 (13 Graphiken) ist die erste konsequente Bearbeitung eines politischen Themas. Dabei wurden die verschiedensten Techniken gemischt: Holzschnitt, Linoschnitt, Siebdruck, Buchdruck, Collage. Alle Entwürfe wurden 1967 speziell für diesen Kalender gemacht (Auflage 550 Exemplare). Im Selbstverlag gedruckt und für DM 24,– vertrieben.

Blut- und Bild-Tag,
Holz- und Linoschnitt,
Buchdruck

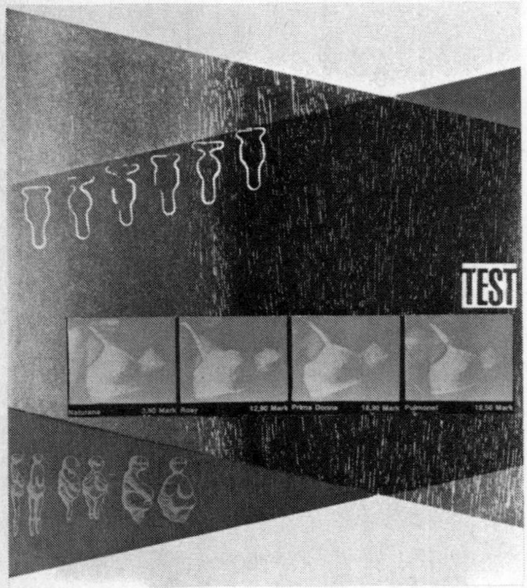

Test-Tag, Holzschnitt und
Siebdruck

Coca Cola Day, Holz- und
Linoschnitt, Buchdruck

Konserven-Tag, Holzschnitt

Thema: Gewalt

New York I, Holzschnitt und Siebdruck, 1969

Cheri Bibi II, Siebdruck, 1969

Wir setzen uns durch,* Objekt, 1968. Vertrieb über VICE-Versand Felisch (Remscheid), Preis 8,– Aufl. ca. 500/*Wahlslogan der NPD 1968/69

203 Gs 1184/70

73 Js 224/70

B e s c h l u ß

In dem Ermittlungsverfahren

gegen Michael S i e b r a s s e, Köln, Kommödienstraße 45,

wegen Verdachts des Verstoßes gegen §§ 86a StGB, 18, 36 Bundes-Waffengesetz,

wird gemäß §§ 94, 98 StPO, 40 StGB

die Beschlagnahme sämtlicher bei dem Beschuldigten Michael Siebrasse, Köln, Kommödignstraß 45 vorgefundenem Frühstücksbrettchen mit der Aufschrift " Sieg Heil" und sämtlicher vorgefundener Schlagringe (beide Gegenstände getrennt oder miteinander verbunden) a n g e o r d n e t, da diese als Beweismittel für die Untersuchung von Bedeutung sind und der Einziehung unterliegen.

Köln, den 27. Mai 1970
Amtsgericht, Abt. 203

gez. Hingott
Amtsgerichtsrat

Ausgefertigt:
Justizangestellte
als Urkundsbeamter
der Geschäftsstelle

Nach einigen Tagen wurden die beiden beschlagnahmten Sieg-Heil-Bretter ohne Kommentar von der Staatsanwaltschaft wieder zurückgegeben.

Der Besitzer einer Pop-Galerie wurde angezeigt

Staatsanwälte holten Frühstücksbrettchen

Schlagringe entpuppten sich als Kunstwerke

Von unserem Redakteur Peter Doebel

So voll war die kleine Pop-Galerie noch nie gewesen. Im engen Lädchen an der Komödienstraße drängelten sich vier ernst dreinblickende Herren: Zwei Staatsanwälte (mit zusammen vier juristischen Staatsexamen) und zwei Kriminalbeamte. In der Hand hatten die Besucher zwei richterliche Beschlüsse. Mit denen beschlagnahmten die Beamten zwei Frühstücksbrettchen und ein Karikaturenbuch; dann zogen sie weiter.

„Zuerst habe ich darüber gelacht", sagt Michael Siebrasse (30), der Inhaber der Galerie. „Aber dann habe ich mich gefragt: Da muß doch was dahinterstecken. Soviel Aufwand wegen zweier Frühstücksbrettchen." Was steckt dahinter?

Zunächst steckte etwas darin; in den Brettchen nämlich. Vom Fabrikanten als Schnittunterlage für Brötchen und Leberwurst gedacht, hatte sie ein pfiffiger Remscheider Pop-Artist in größeren Mengen aufgekauft, Schlitze hineingebohrt und je einen Schlagring hineingesteckt, dessen Handgriff nun nach oben herausragte.

Auf die freie Brettfläche stempelte der Verfremder dann noch in Frakturbuchstaben, wie sie zur Nazizeit gebräuchlich waren, die Worte „Sieg Heil". Mit wenigen Mitteln war so eine Holz-und-Eisen-Satire auf das NS-Rabaukentum entstanden.

Doch nicht nur das: In den Brettchen, so schmal sie waren, schienen jetzt auch zwei juristische Tatbestände zu stecken. Denn wer „Grußformen einer verfasungswidrigen Organisation" wie die der NSDAP benutzt oder verbreitet, riskiert Freiheitsstrafe bis zu drei Jahren; wer Schlagringe verkauft, vergeht sich gegen das Bundeswaffengesetz (Freiheitsstrafe bis zu zwei Jahren).

Acht Mark pro Stück

Genau seit dieser Zeit — seit zwei Jahren — sind die Brettchen für acht Mark pro Stück im Handel zu haben. Galeriebesitzer Siebrasse: „Seit der Geschäftseröffnung vor einem Jahr habe ich etwa 20 Brettchen verkauft, auch an Richter und Staatsanwälte."

Wer an dem harmlosen Spaß Anstoß nahm, weiß nur der Staatsanwalt. Bei ihm zeigte jemand den Landeninhaber an, nachdem er eins der Pop-Hölzer ins Schaufenster gestellt hatte. Der Richter erließ auf Antrag einen Durchsuchungs- und Beschlagnahmebeschluß, und dann holten vier Beamte (einer der Staatsanwälte war nur aus Neugier mitgegangen) am 27. Mai die beiden Brettchen aus dem Geschäft.

Wenig später wurden sie zurückgebracht. Das Verfahren sei eingestellt, erfuhr Siebrasse.

Denn die Staatsgewalt hatte am nahegelegenen Appellhofplatz bemerkt, daß die Schlagringe hinten abgesägt und nicht zu gebrauchen waren; das „Sieg Heil" erschien ihnen nach längerem Überlegen als satirische Mahnung an die Brutallität der Nazis. Das ebenfalls beschlagnahmte Buch zeigte zwar auf dem Umschlag ein kleines Hakenkreuz, enthielt jedoch Karikaturen und Spottgedichte von Gegnern des Gewaltregimes.

Wozu die Aktion?

Dies, meint der Betroffene, hätten die Strafverfolger auch durchs Schaufenster hindurch oder bei einem kurzen, unformellen Besuch im Landen entdecken können. Wozu die Aktion?

Oberstaatsanwalt Dr. Schaeben: „Wir dachten, wir seien da auf eine neue Art gestoßen, Schlagringe anzubieten. Heute passieren ja die abenteuerlichsten Dinge." Ob eine Besichtigung im Laden nicht genügt hätte? „Wir wollten uns die Sachen in Ruhe ansehen. Unser Vorgehen war ganz legal."

Es war so legal wie — nun amtlich bestätigt — das „Sieg Heil" auf den Brettchen. Ein paar Tage später bekam Siebrasse eine neue Sendung vom Hersteller. Die Schrift darauf ist jetzt etwa doppelt so groß wie vorher. Damit man sie besser lesen kann.

Kölner Stadt-Anzeiger, 5.6.1970

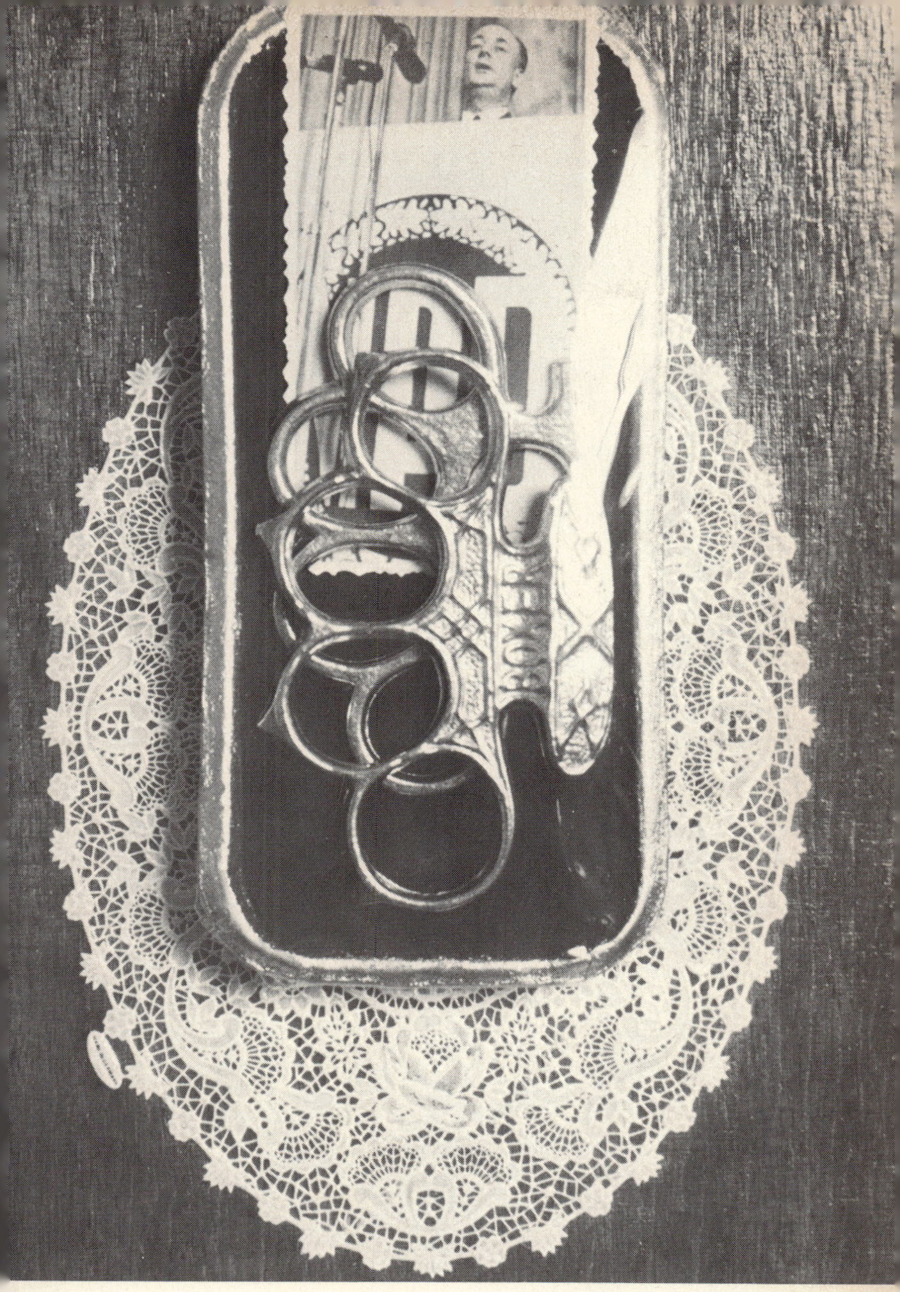

Wir setzen uns durch II, Objekt, 1969

Terror 69, Siebdruck, 1969
(Zille-Preis für sozialkritische Graphik Berlin 1970)

Herr Meier und das Hochschulproblem, Objekt, 1968

New York II, Siebdruck, 1969
(Zille-Preis für sozialkritische Graphik Berlin 1970)

Schnabeltasse für pensionierte Diktatoren, Objekt, 1969

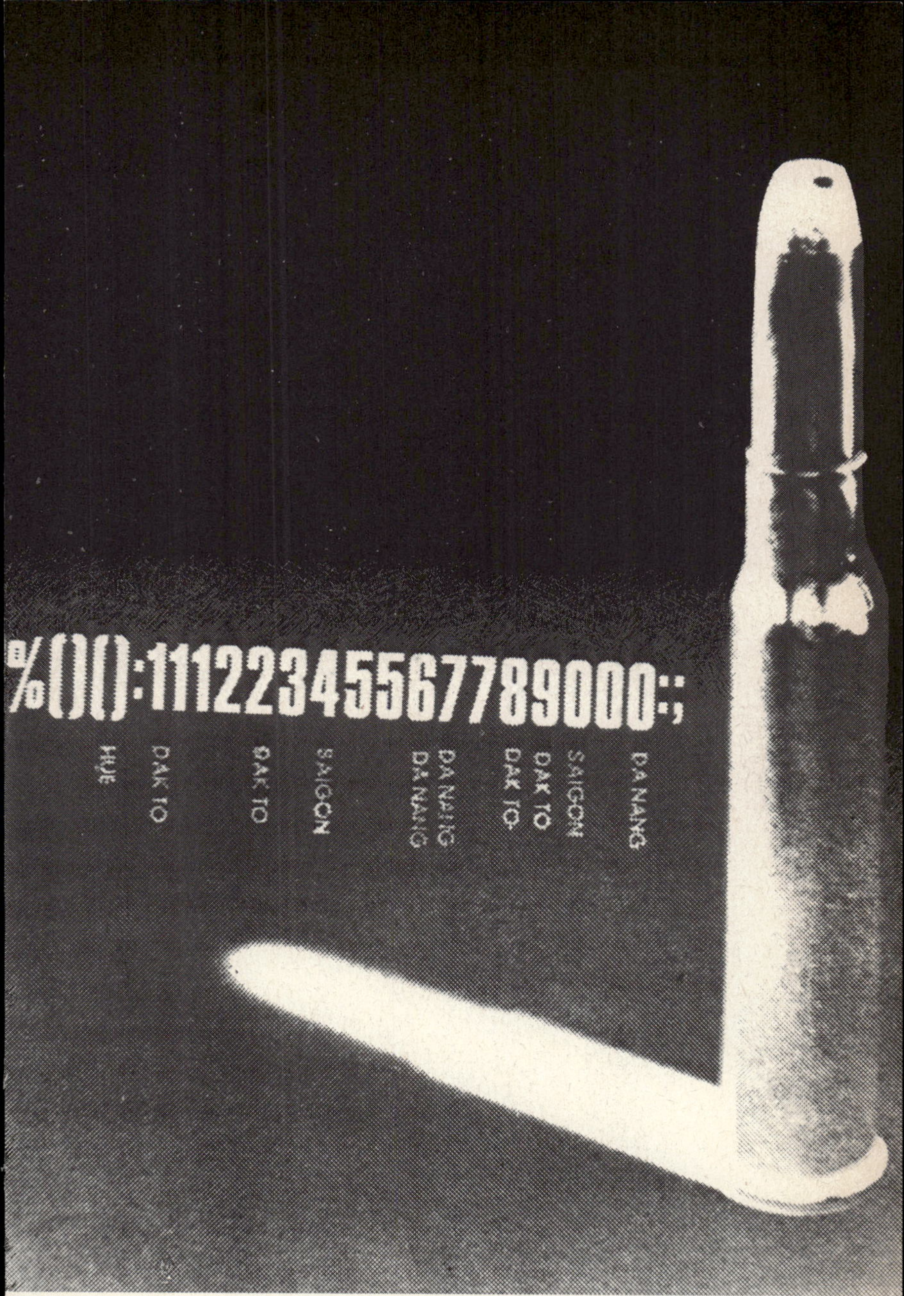

Der Krieg, Siebdruck, 1969

Spanischer Schuhlöffel, Lustobjekt, 1970

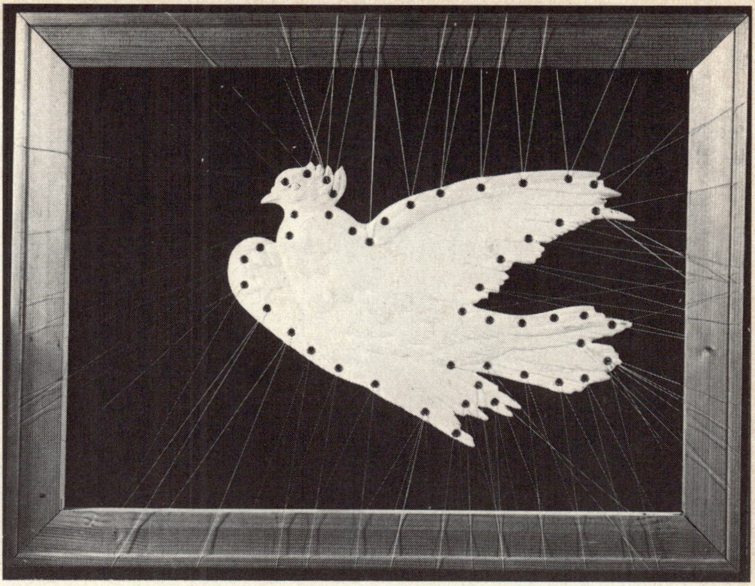

Frieden, Hommage à Picasso, Objektbild, 1969

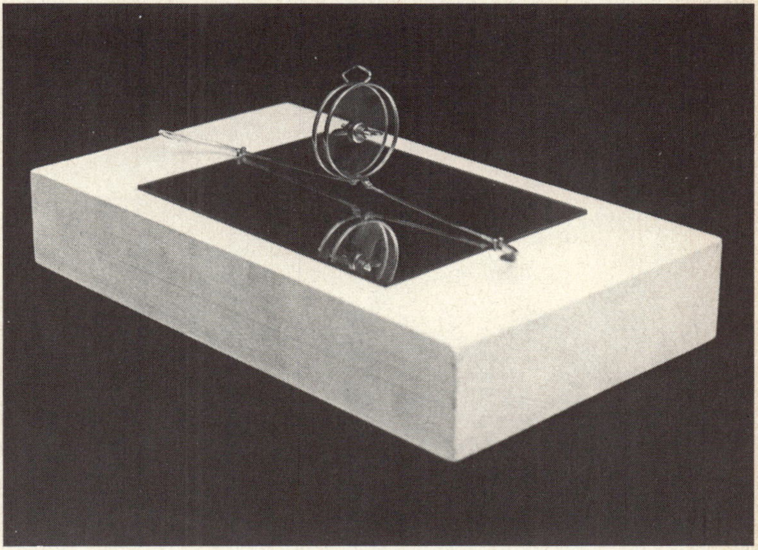

Eingeengter Gesichtskreis, Objekt, 1969

Anti-NPD-Plakat und Handzettel, 1969 (geklebt im Bundestagswahlkampf 1969)

Anti-CDU-Handzettel, 1969

Die Ordnung, Siebdruck, 1970

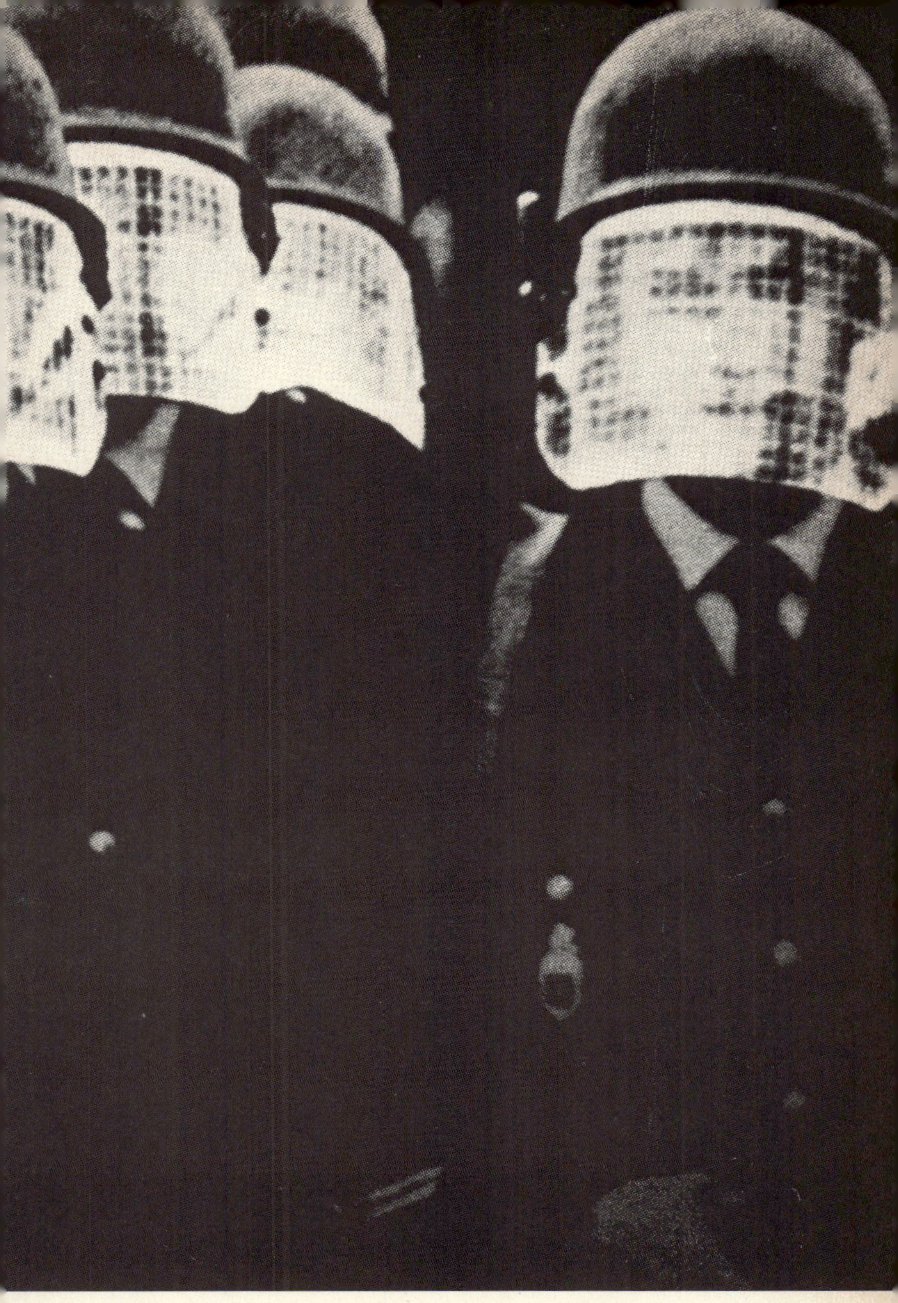

Dem Druck liegt ein Originalfoto der französischen Sicherheitspolizei (CRS) zugrunde

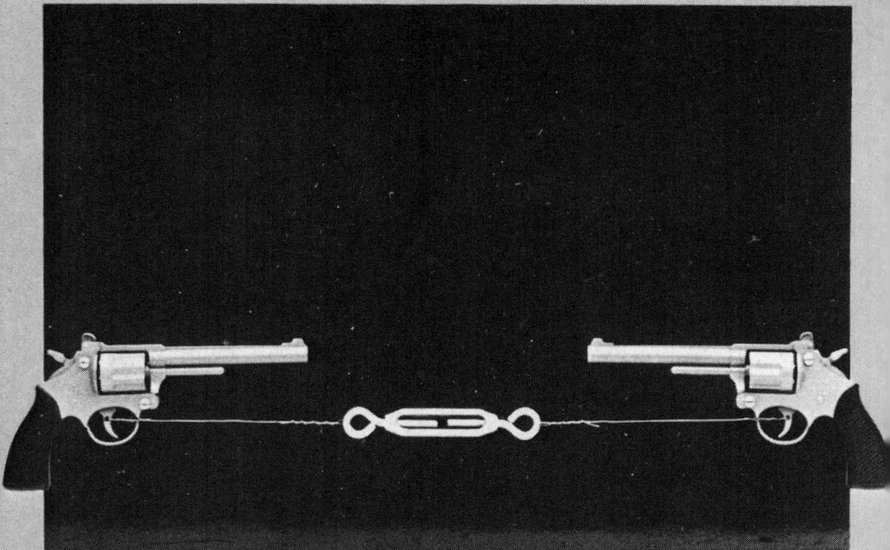

Friedliche Koexistenz, Objekt, 1970

Das Verhör, Objekt, 1971

Thema: USA und Vietnam

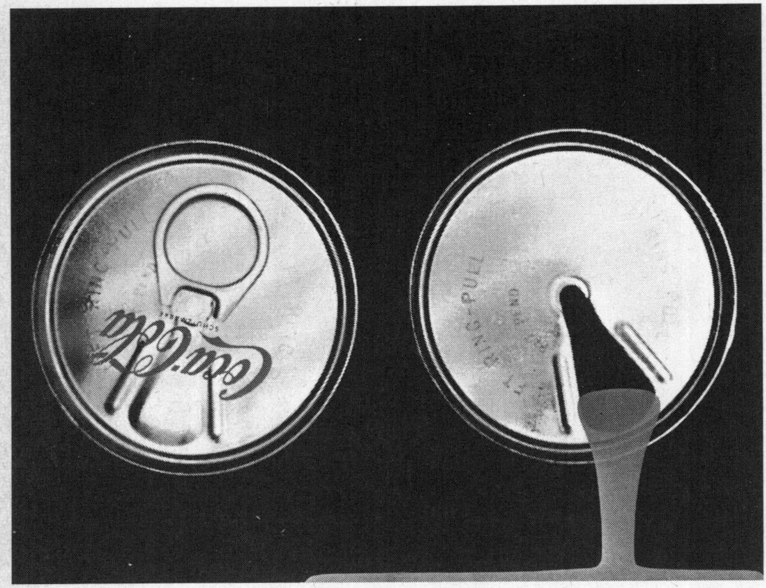

Coca Cola I, Siebdruck, 1970

Coca Cola II, Siebdruck, 1970. Verwendet wurde ein Foto von der ersten Landung amerikanischer Astronauten auf dem Mond.

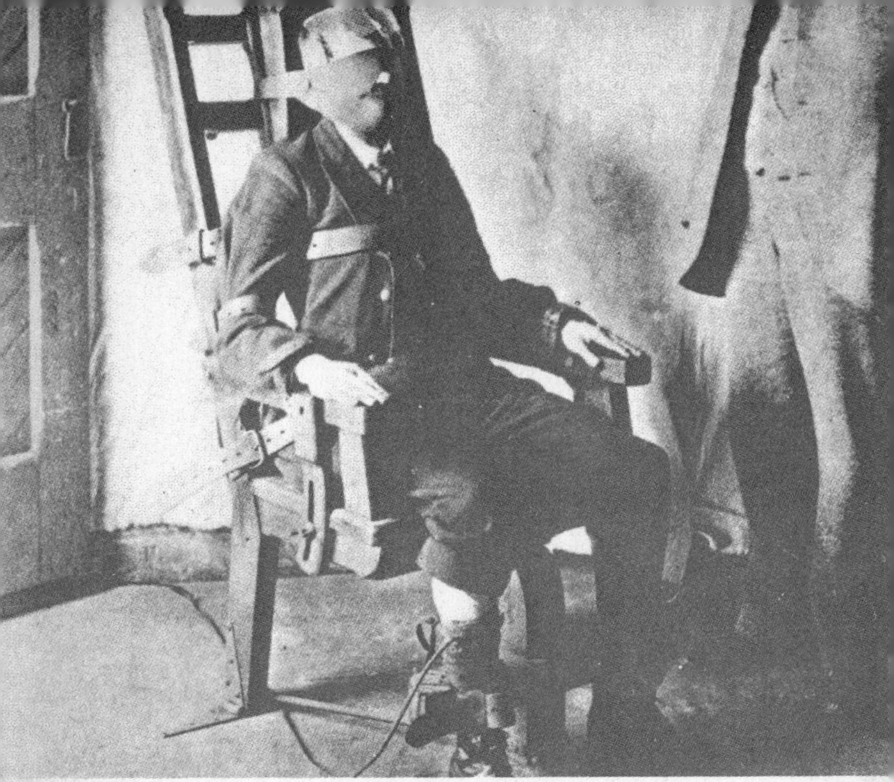

Une scène de « Pourquoi l'Amérique ».
Sur fond de charleston.

Foto aus L'Express (Vorlage für The American way)
rechts: The American way of life – Fromage à Andy, Siebdruck, 1970

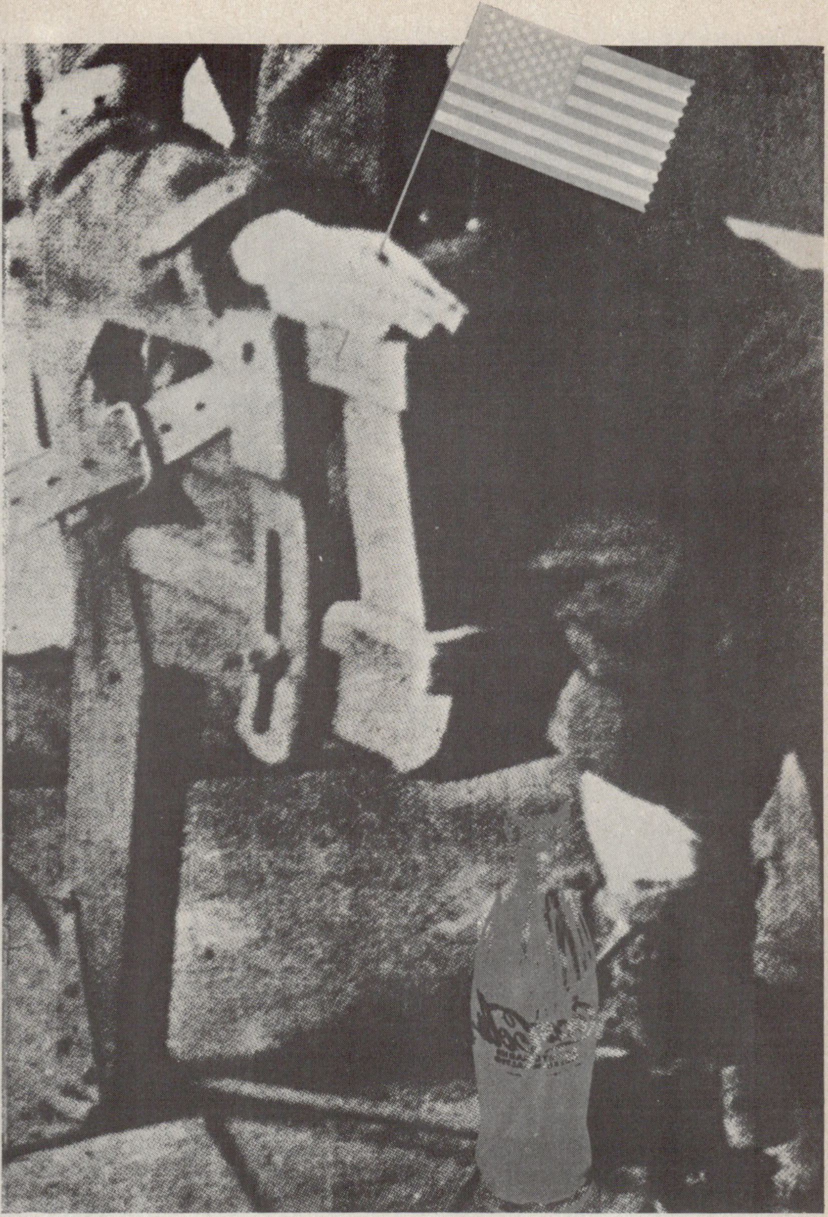

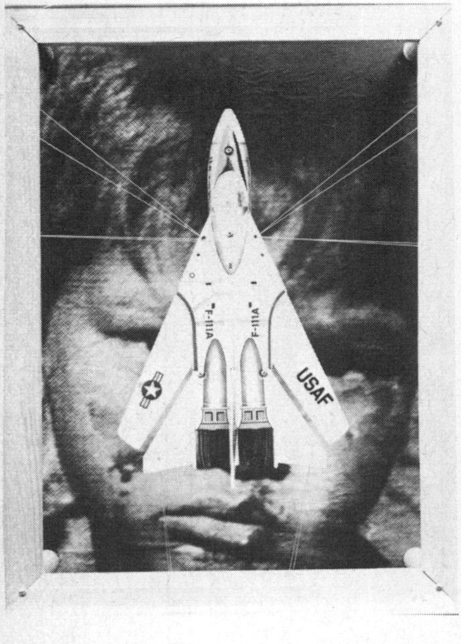

Flugzeug: Nachbildung eines Atombombers des strategischen Luftkommandos der USA,
Kinderspielzeug: in deutschen Kaufhäusern, made in Japan

Kinderspielzeug, Objekt, 1969, verschiedene Phasen

Pennsylvania Guardsmen in Rist Control Training, Siebdruck, 1970

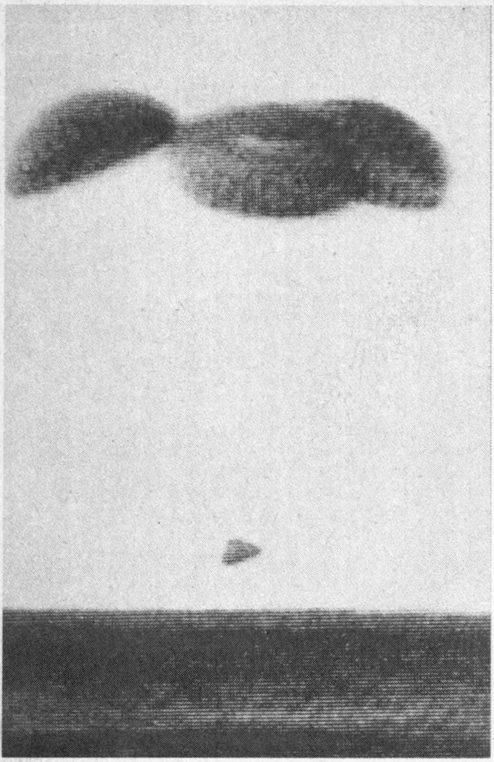

oben: Foto der Landung von Apollo 13 im Pazifischen Ozean
unten: Foto Ermordete Vietnamesen treiben den Mekong hinab
Beide Fotos wurden in zahlreichen Zeitungen in derselben Nummer nur wenige Seiten voneinander getrennt abgebildet. Fotos aus *Der Spiegel,* Nr. 17, 1970, S. 350 und *Time*-Magazine

Die Toten vom Mekong beobachten die glückliche Landung von Apollo 13, Siebdruck, 1970

Entlaubung verursacht Krebs

Die von US-Flugzeugen in Nordvietnam abgeworfene Entlaubungs-Chemikalie „2,4,5-T" ist krebserzeugend. Das wurde bei Laborversuchen an Mäusen in den USA festgestellt. Die Tiere erkrankten bald nach der Injektion an Krebs. Sobald diese Tatsache bekannt wurde, verbot das US - Verteidigungsministerium den weiteren Einsatz dieses chemischen Kampfstoffes, durch den die Luftaufklärung erleichtert werden sollte. Andere chemische Kampfstoffe und Entlaubungsmittel, deren Nebenwirkungen bisher ebenfalls nicht ausreichend erforscht sind, befinden sich weiterhin im Einsatz in Vietnam.

oben: US-Culture, Siebdruck, 1970
unten: Fotos aus *Konkret* als Vorlage

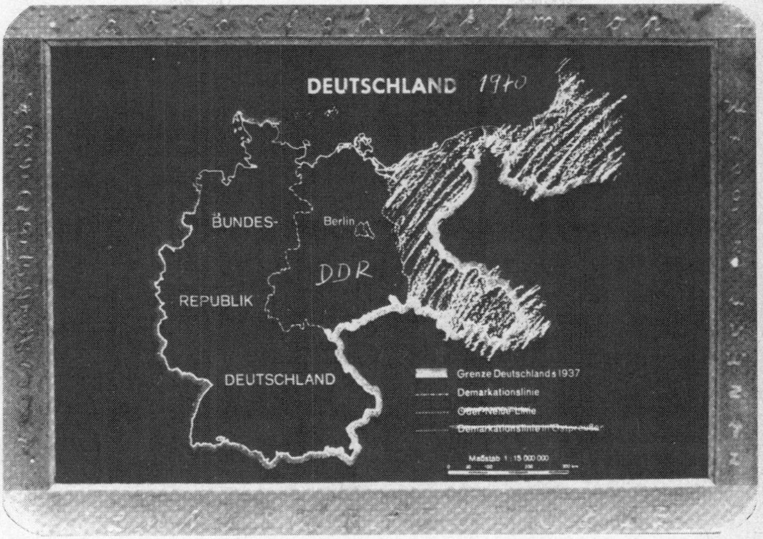

Geografie-Unterricht, Siebdruck, 1970
in Schulbüchern der BRD 1970 abgedruckte Landkarte von Deutschland, abgeändert

Camping 71, Montage für Siebdruck, 1970

Margrit Schiller, Siebdruck, 1971
Montage mit einem Foto von Carl von Ossietzky, Herausgeber der *Weltbühne* und Friedensnobelpreisträger 1935, aufgenommen im Konzentrationslager

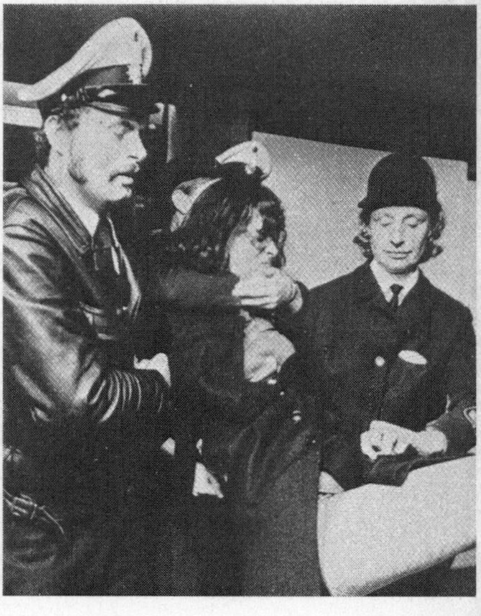

Polizeivorführung
Margrit Schiller,
Siebdruck, 1971
Foto: Margrit Schiller, verdächtigt als Baader-Meinhof-Gruppenmitglied und im Zusammenhang mit einem Polizistenmord in Hamburg festgenommen, wurde mit Gewalt im Polizeipräsidium der Presse «vorgeführt».

Buchumschlag für Engelmann/Wallraff, 1973

Buchumschlag-Entwurf (vom Verlag nicht verwendet), 1973

München-Panorama, Offset, Postkarte, 1972

Zur Konfirmation, Siebdruck, Plakat und Postkarte, 1970 erstes Blatt aus der Mappe Fromage à Dürer

Sozialfall, Plakat, Siebdruck, 1971
Die Plakataktion auf eigene Rechnung an Nürnberger Litfaßsäulen stellt Staecks ersten Versuch dar, den engen Galerierahmen zu sprengen und seine Arbeiten allen Bevölkerungsschichten einer Stadt zugänglich zu machen. Als Zeitpunkt für die Plakatierung wurde die offizielle Eröffnungswoche des Dürer-Jahres gewählt – dem Höhepunkt des fast peinlichen Dürer-Rummels. Die Resonanz war wider Erwarten groß: täglich riefen etwa zweihundert Personen bei der Stadtverwaltung an. Staeck selbst trat bei der ganzen Aktion überhaupt nicht in Erscheinung.

STADTREKLAME NÜRNBERG
GMBH

Nürnberg, den 4. März 1971
ba/re

Steidel-Werbung

3400 Göttingen
Bürgerstraße 26

Plakatanschlag in Nürnberg

Sehr geehrte Herren,

wir bestätigen bestens dankend den uns heute fernmündlich erteilten Auftrag zur Plakatierung an

300 Allgemeinstellen in Nürnberg
Format DIN A 1 hoch = 84cm hoch, 59cm breit
vom 30. 4. - 9. 5. 1971 = 10 Tage.

Die Gebühren betragen DM 480,--, abzüglich 10 % Mittlerprovision, zuzüglich Mehrwertsteuer. - Bei Vorauszahlung werden 2 % Skonto gewährt.

Es gelten die Geschäftsbedingungen für den Bogenanschlag.

330 Plakate bleiben wir bis 10 Tage vor Anschlagbeginn erwartend.

Die Rechnung erhalten Sie wunschgemäß in 2-facher Ausfertigung.

Je 1 Exemplar unserer Preislisten legen wir bei.

Mit freundlichen Grüßen

STADTREKLAME NÜRNBERG
G.m.b.H.

Anlagen

NB: Wir bitten Sie noch um Bekanntgabe des Kunden und des Motivs.

STADTREKLAME NÜRNBERG GMBH / AM PLÄRRER 12 - ABHOLFACH / TELEFON 267371

BANKEN: BAYER. VEREINSBANK NÜRNBERG NR. 2066920 / STADTSPARKASSE NÜRNBERG NR. 33977
POSTSCHECKKONTO NÜRNBERG NR. 5538

PLAKAT DES ANSTOSSES an 300 Wänden: „Dürers Mutter" mit dem Zusatz „Würden Sie dieser Frau ein Zimmer vermieten?" Foto: Zoll

300 Plakate nehmen den Festjahr-Rummel aufs Korn

Wirbel um Dürers Mutter

dz **Nürnberg** (Eig. Ber.) — 1514 von Albrecht Dürer mit Kohle gezeichnet, blickt die alte Dame seit einigen Tagen von 300 Plakatwänden kritisch auf die Nürnberger Passanten. Denn gefragt wird: „Würden Sie dieser Frau ein Zimmer vermieten?" Das Meister-Werk stellt „Dürers Mutter" dar. Autor der umfunktionierten Zeichnung ist der Heidelberger Künstler Klaus Staeck, bekannt geworden durch seine verschraubten „Betenden Hände" aus der sechsblättrigen Grafik-Serie „Dürer zu Ehren".

Die Frau auf Zimmersuche löste in der Noris einen Wirbel aus, den selbst Staeck nicht erwartet hatte. Die Telefone bei der Stadtreklame glühten. Alle wollten wissen, was das eigentümliche Plakat zu bedeuten hat. Die Antwort war kurz: „Das wissen wir auch nicht!" Nicht anders erging es dem mit Briefen und Anrufen überschütteten Presseamt der Stadt, dem Kultur-Dezernat und den Männern der Planungsgruppe Dürer-Jahr.

Klaus Staeck, der sich mit dem Chef der Steidl-Werbung in Göttingen den Gag zum Dürer-Jahr rund 1000 Mark kosten ließ: „Es war unsere Absicht, die Bürger zu schocken. Sonst wäre der Effekt weggewesen."

Was die Staeck-Aktion allerdings so spektakulär macht, konnte er nicht wissen: es sieht jetzt so aus, als sei sie ein kritischer Beitrag zur gegenwärtigen Tagung des Haus- und Grundbesitzer-Vereins in der Noris oder zum Vorstoß der Jusos, die Wohnungsvergabe über die Stadt unter Ausschaltung der Makler zu erreichen.

Den Sinn seiner Aktion beschreibt der Künstler so: „Ich sehe meine Arbeiten als einen Angriff auf die Klischees, die aus Dürer-Arbeiten entstanden: Kerzen mit Dürer-Händen und anderes. Ich will die Dürer-Bildnisse aktualisieren und den Meister aufpolieren und verständlich machen. Und mit solchen Arbeiten sehe ich die einzige Chance, die Leute zu packen. Die Frau würde kein Zimmer finden. Das ist die Heuchelei.

Seine weiteren Beiträge zum Festjahr will Klaus Staeck allerdings nicht plakatieren lassen: Den Veilchenstrauß vor der Smog-Landschaft, den Hasen im Versuchskasten, den entstellten Christus und den Wappenhalter mit leicht braun eingefärbtem, weißblauem Bayern-Wappen.

Abendzeitung, München/Nürnberg 14. 5. 1971

Dürer, Staeck und eine 6. Klasse

Schriftliche Bildbetrachtung einer Graphik von Klaus Staeck
‹*Würden Sie dieser Frau ein Zimmer vermieten?*›
von Marianne Winter

Die nachfolgende schriftliche Bildbetrachtung entstand in der 6. Klasse einer Braunschweiger Volksschule. Die Graphik wurde der Klasse ohne Kommentar gezeigt. Die Zeit für die Beantwortung betrug eine Stunde.

Die Schüler hatten seit einem halben Jahr geregelten Zeichenunterricht und sich in letzter Zeit mit figürlichen Themen (Fußballer, Ritter, Monstermensch, Selbstporträt) beschäftigt.

Für eine soziale Fragestellung schien die Klasse geeignet zu sein. Der Anteil der Kinder, die aus nicht intakten Familien oder anderweitig sozial geschädigten Situationen kommen, ist hoch.

Beachtenswert ist der Unterschied zwischen den Antworten der Mädchen und Jungen, sowohl in der Beobachtung als auch in der Ausführlichkeit, mit der die Staecksche Frage behandelt wird. Fast allen Kindern erscheint das Porträt als gegebene Realität.

Auffallend ist ferner die Armut des sprachlichen Ausdrucks, zum Teil gepaart mit Schwierigkeiten in der Rechtschreibung.

Im zweiten Teil der Doppelstunde wurde über das Bild gesprochen und diskutiert. Das Interesse war aber schon recht erschöpft. Dürer war – außer einem Mädchen – den anderen Schülern unbekannt.

Überraschend war aber, daß in der darauffolgenden Wochenstunde einige Kinder mit Zeitungsausschnitten erschienen, auf denen Dürerselbstporträts oder Dürersche Bildausschnitte abgebildet waren.

Die Bildbetrachtungen:

Ina K.

Dieses Bild stellt einen Kopf mit einem halben Körper einer alten sehr armen Frau dar. Sie kommt bestimmt aus Indien. In Indien sind wenige reiche Leute. Indien besteht nur aus armen Leuten. Auf dem Bild steht groß und rot gedruckt, Würden sie dieser Frau ein Zimmer vermieten. Das kommt drauf an, ob es hochmütige Leute sind. Wenn sie hochmütig sind und reich wollen sie nicht mit solchen Leuten tun. es gibt nur wenige die solch einer alten und sehr armen Frau ein Zimmer vermieten. Diese Frau kann auch krank sein. Sie ist sehr dünn. Vielleicht findet sie nichts zu Essen. Sie hat auch fast nichts am Leibe. Jedenfalls würde ich der Frau ein Zimmer Vermieten.

Sabine M.

Hier ist eine alte Frau dargestellt. Das Bild ist groß und gut erkenntlich dargestellt. 1. Nein ich könnte ihr gar kein Zimmer vermieten, denn meine Eltern vermieten nicht. 2. Und wenn ich es doch könnte würde ich es trotzdem nicht tun. 3. Weil ich mich vor dieser Frau fürchten würde. Der Hals ist dünn und knöcherich. Die Augen trübe. Der Mund ist streng betont. Die Kleider sind alt. Sie ist auch wahrscheinlich schon 71 Jahre alt. Sie muß ein schlechtes Leben geführt haben, man sieht es ihr an. Auf dem Bild sieht man die Frau nur bis zur Hüfte. Der Maler, der diese Frau gezeichnet hat muß ein großer Künstler sein. Er hat diese Frau sehr naturgetreu gezeichnet.

Sabine K.

Würden sie dieser Frau ein Zimmer vermieten? Ja. Warum eigentlich nicht? Man sollte alte Leute nicht verachten. schließlich werden wir alle einmal älter. Auf dem Bild, das wir beschreiben sollen, ist namlich eine ganz alte Frau. An ihrer Kleidung kann man sehen, daß sie bestimmt kein ruhiges schönes und friedliches Leben geführt hatte und nicht alles bekam, was sie sich wünschte. In Ihren Augen kann man lesen wie sehnsüchtig sie darauf wartet, für ihren lebensabend eine Bleibe zu haben. Ihre nase ist spitz geworden, ihre Backenknochen stehen hervor und man sieht, das sie in der letzten Zeit nicht viel gegessen haben konnte. Ihre Kleidung sieht alt und verwaschen aus und ihr Schleier ist ganz zerknittert.

Christiane P.

Es ist dargestellt eine Frau, die von einen Maler mit Zeichenkohle im Jahre 1514 gezeichnet wurde. Der Maler hat eine sehr alte Frau mit Zeichenkohle gemahlt. Nach meiner Meinung könnte die Frau 63 Jahre alt sein. Sie sieht fast so aus wie eine Hexe. Ihre gesichtszüge zeigen einem wie alt und wo sie vielleicht herstammt. Auf die Frage: würden sie dieser Frau ein Zimmer vermieten? Auf diese Frage würde ich sagen ja und nein weil sie so alt ist und alte Leute sterben oft so früh. Deshalb aber heißt es nicht das ich keinen alten Leute bei mir haben möchte. Die Frau stammt noch aus den früheren Jahren.

Birgit R.

Was ist dargestellt? eine alte Frau ist auf dem Bild, die einer Hexe ähnlich sieht. Wie ist das Bild dargestellt? das Bild ist nicht gemalt sondern gezeichnet. Außerdem ist die Frau nicht ganz gemalt. Ich würde ihr vielleicht auch kein Zimmer geben, weil ich Angst vor ihr hätte. Ich schätze sie zwischen 63 und 64 Jahren, der Maler hat daran erkannt, das die Frau alt ist, weil sie schon so viele Runzeln hat. das Bild hat Picasso gemalt.

Brigitte V.

Es ist eine alte Frau dargestellt, die wie eine Nonne aussieht.

Marion K.

Sie ist sehr alt und arme Frau.

Manuela H.

Auf dem Bild, was wir sehen, ist eine alte Frau dargestellt. Die Frau ist um 1514 Geboren. Wie man auf dem Bild lesen kann: «Würden sie dieser Frau ein Zimmer Vermieten?» Ja. Warum eigentlich nicht. Die Frauen die nicht gerade reich sind können sich vielleicht kein Altersheim leisten. Die Kleidung der Frau ist gerade kein herlicher Anblick.

Sie ist auch gerade nicht hübsch. Die alte Frau: «Viele Falten, eine spitze Nase, herausgequollene Augen, verschrumpelten Hals.

Ulrike Sp.

Ich würde einen Frauenkopf sagen der einer Hexe ähnelt. Ich finde das bild nicht besonders schön, weil das Bild furchterregend aussieht. Die Falten und die spitze Nase die Warzen und Pickel im Gesicht und die Knochen am Hals die raussehen wirklich furchtbar. Das porträt des Bildes ist mit Zeichenkohle bemalt und nicht mit Farben. Da sähe das Bild vielleicht besser aus, wenn es mit Farben gezeichnet wäre. Dieser Frau hätte ich vielleicht ein Zimmer vermietet die nett wäre und das Zimmer auch bezahlt hätte.

Marianne R.

Ich würde dieser Frau ein Zimmer vermieten. Vielleicht ist die krank und kann nicht mehr sehen. Dieses Bild kann ja vor langerzeit gemalt worden sein. Es ist blei-grau und sieht aus und sieht aus als ob die Frau sehr arm wäre. Das Porträt ist wahrscheinlich mit Zeichenkohle gemalt worden. Nach dem Gewand der Frau müßte die Frau aus dem Mittelalter stammen.

Thomas P.

Ich sehe auf dem Bild ein Frauenkopf von älterer Sorte. Ihr Gesicht ist blass oder eingefallen. Sie sieht aus wie eine tote Frau. Ich schätze sie ist anne 70 Jahre alt. Sie hat ein Umhang um, ein Hämd an, also wie eine arme alte Frau. Auf die Frage: Würden sie dieser Frau ein Zimmer vermieten? ich würde es tun, weil ich Mitleid mit Frau habe, sie sieht zwar nicht schön aus, aber trotzdem würde ich ihr ein Zimmer vermieten. Auf dem Bilde sieht man nur den Kopf. Man könnte sagen, es wäre eine Nonne, eine sehr alte Nonne. Das Bild ist 1514 gemalt worden. Dann ist die Frau ungefähr 1444 geboren worden. Nach meiner Meinung ist das Bild fotografiert und dann abgedruckt worden.

Axel U.

Es ist eine alte Dame dargestellt die wie eine Hexe aussieht. Sie sieht so wie eine Hexe aus, weil sie häßlich und ein verfaltetes Gesicht hat. Das Bild hat eine graue Farbe, nämlich eine tote Farbe. Es wurde 1514 gezeichnet. Die Frau sieht so aus als hätte sie ein zähes Leben. Sie sieht aus wie eine Bäuerin, die auch schwer arbeiten mußte. Die Frau ist 63 Jahre alt. Das Bild wurde von Picasso und mit Zeichenkohle gezeichnet. Würden sie der Frau ein Zimmer vermieten? Diese Frage wurde später auf das Bild zugedruckt.

Jörg U.

Die Zeichnung besteht aus toten Farben das eine alte Frau darstellt. Sie macht ein ängstliches und hofnungsfolles Gesicht. Sie ist sehr alt und Unterernährt und sie sucht ein Zimmer. Die Zeichnung stammt zwischen Mittelalter und Neuzeit.

Nachdruck aus *Kunst + Unterricht* Heft 13/September 1971, S. 42 (Teilabdruck)

Aufnahme: J. H. Darchinger

Versuchskaninchen in einem medizinischen Institut als Vorlage für Zum Welttierschutztag

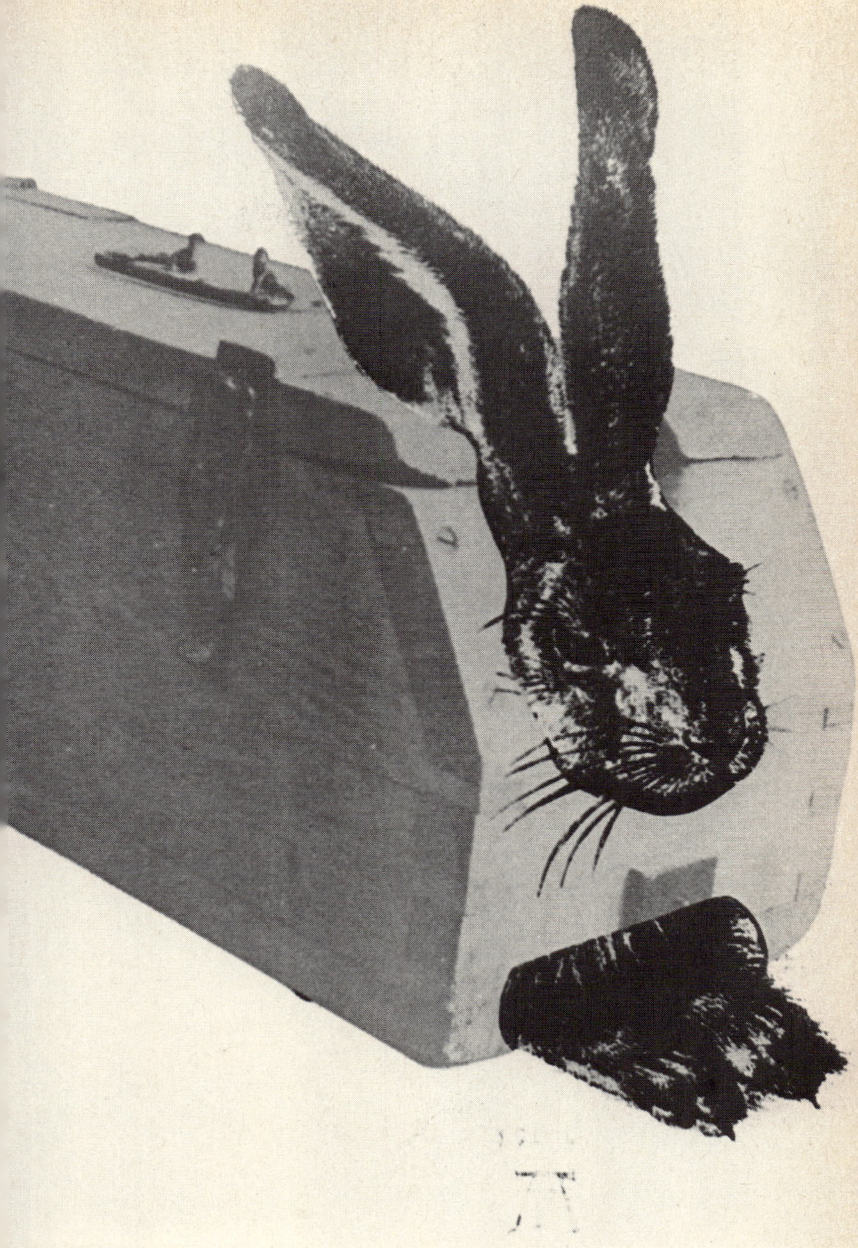

Zum Welttierschutztag, Siebdruck, 1971

Tag der Menschenrechte, Siebdruck, 1971

Kölner Dom für Raucher, Holzschnitt und Buchdruck, 1969, Postkarte

Original-Werbeanzeigen aus Zeitschriften

Die glücklichen Massen, Siebdruck auf Folie 160 x 320 cm und aus Zeitungsanzeigen (Beispiele linke Seite) gefertigtes Buch auf Notenständer, 1970

Direkte Werbung I, Graphik (Siebdruck) und Objekt, 1970

Direkte Werbung II – Pal, Siebdruck, 1971 unter Verwendung einer Originalanzeige für das Hundefutter Pal

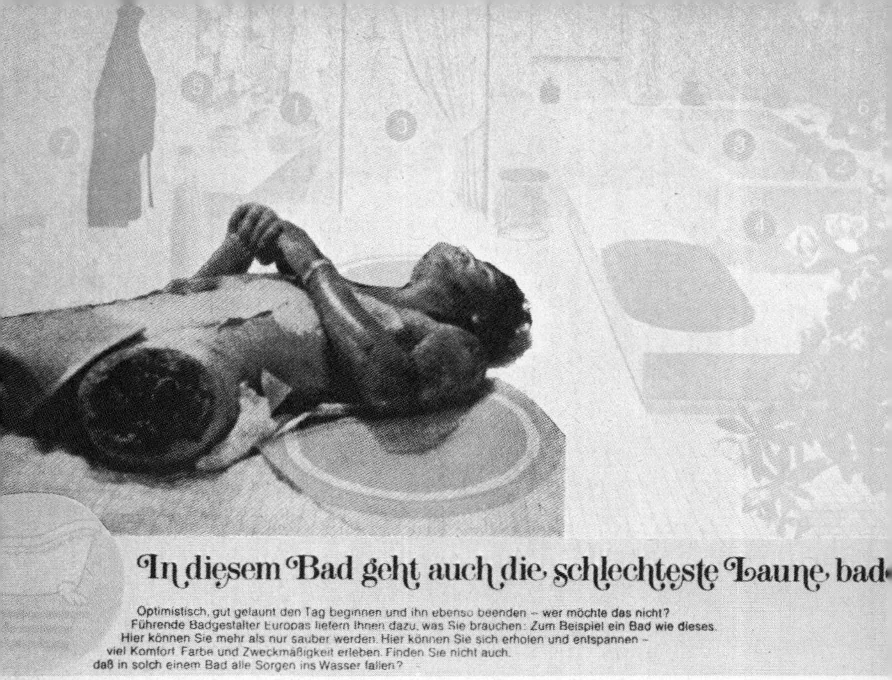

Schöner Wohnen, Siebdruck, 1971
Montage einer Werbeanzeige des Informationszentrums
für moderne Badgestaltung und einem amputierten Soldaten
in einem US-Notlazarett

Direkte Werbung III – MM-Sekt, Siebdruck, 1971/1972, Montage einer Werbeanzeige der Firma MM-Sekt und einem NPD-Schläger

Foto: Gefängnisinnenansicht aus *Segne*

Direkte Werbung IV – Ajax, Siebdruck, 1971

Werbeanzeige der Firma Ajax

Rot bleibt rot, grün und blau, Fotomontage, 1971
Montage einer Werbeanzeige des Waschmittels Fewamat und dem Foto einer Kindesmißhandlung aus *Quick,* Nr. 51/1971

Englands Weg in die EWG, Offset, 1971, Postkarte gedruckt für Vertrieb in England

Thema: Olympiade

Werbeanzeige der Edition Olympia

Edition Olympia – notwendige Ergänzung, Siebdruck 1971, Plakat

EINSCHREIBEN RÜCKSCHEIN
E I L B O T E N

Galerie und Edition
Argelander

5300 B o n n
Schumannstrasse/
Ecke Weberstrasse

München, den 21. April 1972

EDITION OLYMPIA 1972 GMBH

Sehr geehrte Herren,

wir vertreten anwaltschaftlich die Firma EDITION OLYMPIA 1972 GMBH München. Unsere Mandantin gibt, wie Ihnen sicherlich nicht unbekannt ist, im Zusammenhang mit den Spielen der XX. Olympiade München 1972 eine Serie von Kunstplakaten heraus. Unsere Mandantin ist auch Inhaberin eines Warenzeichens, das die berühmte Olympia-Spirale allein und in Verbindung mit den olympischen Ringen schützt.

Unsere Mandantin entnimmt einem Prospekt von Belser "Kunstquartal (2) vom 14.4. bis 30.6.1972", Seite 13, daß Sie eine Serigraphie von Staeck verlegen und zum Verkauf anbieten. Uns liegt auch ein Exemplar dieser Graphik vor.

Mit der bebilderten Ankündigung und dem Vertrieb des Werkes von Staeck verletzen Sie zunächst Warenzeichen-Rechte unserer Partei. Dabei dürfen wir nur der Vollständigkeit halber darauf hinweisen, daß die Veränderungen an dem geschützten Emblem nicht geeignet sind, einen solchen Verstoß rechtlich in Zweifel zu ziehen. In diesem Verhalten liegt auch ein Verstoß gegen die Bestimmungen des Gesetzes gegen den unlauteren Wettbewerb (§§ 1, 3 UWG); Sie verhalten sich ganz offensichtlich und vorsätzlich in besonderem Masse wettbewerbswidrig, indem Sie in einer gegen die guten

- 2 -

Sitten verstossenden Weise an die Beschaffenheit und Herstellungsart der Editionen unserer Partei sich anhängen und den Eindruck erwecken, als handle es sich um die Erzeugnisse der EDITION OLYMPIA. Dies ergibt sich insbesondere aus der fast völligen Identität der Maße, des Bildteils, der Anbringung der olympischen Embleme und der exakten Übernahme und Plazierung des Schriftzuges.

Wir haben Sie dementsprechend aufzufordern, uns bis zum kommenden Dienstag, (25.4.1972) 17.00 Uhr zu erklären:

1. daß Sie mit sofortiger Wirkung jegliche Publikation der beanstandeten Graphik oder anderer Graphiken, die die gleichen Beanstandungen aufweisen, bei Vermeidung einer Vertragsstrafe in Höhe von DM 5.000.-- für jeden Fall der Zuwiderhandlung, einstellen werden. Das gleiche gilt natürlich auch für Veröffentlichungen, die in anderer Weise verwechslungsfähig wären;

2. daß Sie Ihre Schadensersatzverpflichtung dem Grunde nach anerkennen, die daraus resultiert, daß Sie in schuldhafter Weise Rechte unserer Partei verletzt haben;

3. daß Sie den Nachweis und eine Spezifikation erbringen, wann, an wen und zu welchen Bedingungen bisher die Graphiken veräussert oder verbreitet worden sind;

4. daß Sie im Rahmen Ihrer Schadensersatzverpflichtung anerkennen, die durch unsere Inanspruchnahme entstandenen Kosten zu bezahlen, wobei wir von einem Streitwert von DM 50.000.-- ausgehen.

Für den Fall, daß wir die entsprechenden vorbehaltlosen Erklärungen nicht fristgerecht erhalten, werden wir sofort vor dem Landgericht München die Rechte unserer Partei im Rahmen einer einstweiligen Verfügung und einer anschliessenden Hauptsacheklage wahrnehmen.

6/So.

Thema: Fernsehen

Zielscheibe Mattscheibe, Siebdruck, 1971, Kalenderblatt

Blick vom südlichen Schwarzwald auf die Schweizer Zentralalpen ca. 150 km, Fotomontage Offset, 1972, Postkarte

Thema: Urlaub

Foto aus Reiseprospekt Twen Tours

PREISGEKRÖNT wurde das Foto einer Bettlerin, das der Kölner Helmut Nettesheim aus seinem Urlaub mitgebracht hatte. Bei einem Wettbewerb — Thema: „Ferien und Geld" — der Kölner Bank von 1867 gewann der Amateurfotograf den mit 1000 Mark dotierten Jurypreis.

Urlaubsfoto: mit Bettlerin 1000 Mark gewonnen.

Ausschnitt aus *Kölner Stadt-Anzeiger* vom 30.10.1971

Der Ausschnitt aus dem *Kölner Stadt-Anzeiger* wurde Staeck von Heinrich Dreidoppel (Lehrer in Köln) als Anregung für eine Graphik geschickt. Staeck machte daraufhin Dreidoppel den Vorschlag, die Idee selbst zu realisieren oder die Graphik gemeinsam herzustellen. Die Montage mit einem Reiseprospektfoto schlug Drucker Gerhard Steidl vor.

Dreidoppel/Staeck/Steidl: Preisgekrönt, Siebdruck, 1971

Thema: Strauß

Aus Solidarität mit Rainer Hachfeld brachten im Mai 1972 32 deutsche Künstler (u.a. Alvermann, KP Brehmer, Beuys, Neuenhausen, Sorge) eine «Strauß-Mappe» heraus. Hachfeld war wegen einer Strauß-Karikatur von F.J.S. in einen kostspieligen Zivilprozeß verwickelt worden. Der Reinerlös der Mappe diente als Beitrag zu den hohen Prozeßkosten.

Dieses Blatt war von Staeck zunächst als Beitrag zur «Strauß-Mappe» vorgeschlagen worden. Ein Teil der übrigen Teilnehmer erhob gegen die Graphik politische Bedenken, da darin eine Diskriminierung der Prostituierten zum Ausdruck komme.

Partner, Siebdruck, 1972

OKASA

Montag, 15. Oktober 1973 · 35 Pf

Bild

ABHÄNGIG · PARTEILICH

2 Kinder wollten ihre Stiefmutter vergiften

Ab heute gilt wieder

Sicherheit

Recht

Ordnung

Franz Josef Strauß gestern mit überwäl tigender Mehrheit zum Bundeskanzler gewählt

Dietfelbinger gegen Abtreibung

Sterilisation bald möglich

Beirut: Gudrun Ensslin sucht Quartier für die Meinhof-Bande

Sie mietete ein Appartement

Dieses Jahr können 32000 Kinder umsonst in den Urlaub fliegen – mit Neckermann.

Sicherheit Recht Ordnung, Siebdruck, 1972
Beitrag zur «Strauß-Mappe»

Thema: Freie Presse

Quick, Offset, 1972, Plakat
Originaltext und -bild aus *Quick,* Juni 1972

Thema: Studienplätze

Düsseldorfer!

Prof. Beuys setzt sich hemmungslos für mehr Studienplätze ein

Unsere Großväter und Väter haben nichts geändert - warum sollten ausgerechnet wir was tun?

Der Minister für die schönen Künste.

Joseph Beuys muß Professor bleiben
Verantwortlich: Staeck 69 Heidelberg Postfach 471

Plakataktion «Joseph Beuys muß Professor an der Düsseldorfer Kunstakademie bleiben». Das Plakat ließ Staeck im Dezember 1972 an den 700 Düsseldorfer Litfaßsäulen anschlagen.

Thema: Umweltschutz

Zum Muttertag, Siebdruck, 1971
Beitrag zur Dürer-Mappe

Warum eigentlich nicht? Siebdruck, 1971, Plakat

Die Nachfolger der IG Farben ließen dem SPIEGEL gegenüber keinen Zweifel, unter welchen Gesichtspunkten sie die Umwelt-Hygiene einschätzen: „Wir sind gegen perfektionierte Richtlinien.“ „Wir sind gegen unvertretbaren Aufwand.“ „Wir sind gegen wirklichkeitsfremdes Wunschdenken.“ Und dies vor allem: „Wir sind für eine nüchterne und sachliche Betrachtungsweise.“

Das sind wir auch.

Ministerialrat Häringer beklagt die Ohnmacht seiner Landesregierung gegenüber den Industriekonzernen, die die ergangenen Gesetze nur sehr zögernd und unwillig befolgen. Er sagt: „Was sollen wir denn tun? Sollen wir den Generaldirektor von Bayer einsperren?“

Ja, warum eigentlich nicht?

Text und Foto aus *Der Spiegel,* Nr. 38, 1970

AN ALLEN ECKEN UND ENDEN krankt die Natur und mit ihr Mensch und Tier. So sind auch die Gewässer in höchster Gefahr. Mit dem „Umkippen" der Flüsse und Seen (Vergiftung und Entzug des Sauerstoffs, Absterben der Fauna und Flora im Wasser) verliert die Natur immer mehr ihre ursprüngliche Regenerationsfähigkeit. Irgendwo ist der Punkt abzusehen, da eine Katastrophe eintritt. Bilder wie dieses von „erstickten" oder vergifteten Fischen sind längst zur „Gewohnheit" geworden – an die sich aber niemand gewöhnen darf. (Foto: BfH)

Rhein-Neckar-Zeitung, 27.7.1972

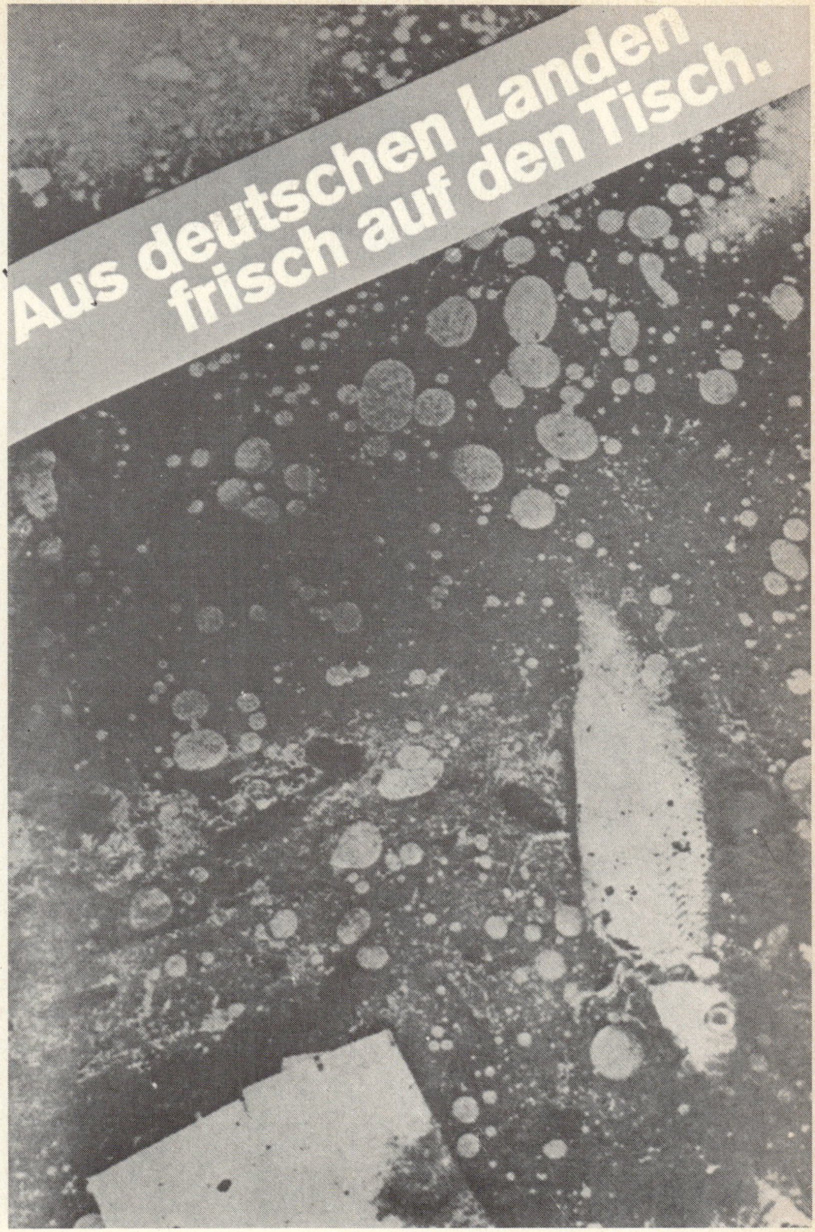

Aus deutschen Landen, Offset, 1972, Plakat

Die Luft gehört allen, Siebdruck 1973, Plakat
Beilage zu Wallraff/Hagen: ‹*Was wollt ihr denn, ihr lebt ja noch*›, *Rowohlt, 1973*

Aktionen

Aktion: Heidelberger schmücken Weihnachtsbäume

Goldene Wünsche in den Baum gehängt

Acht Heidelberger schmückten Weihnachtsbäume – Besondere Akzente für Kaufhof-Schaufenster

Nach den Entwürfen von acht Heidelberger Bürgern schmückten die Dekorateure der Kaufhof AG unter Leitung von Cheidekorateur Reinhard Böhler acht große Weihnachtsbäume. Unsere Bilder zeigen links den „Wunsch-Baum" von OB Zundel und rechts den mit fernöstlichem Charme geschmückten Baum des Sprachstudenten Tao. (Fotos: Müller)

Einen immer vollen Stadtsäckel zum Ruhme Heidelbergs – diesen Wunsch hing OB Zundel in einen Weihnachtsbaum, der im Kaufhof nach seinen Ideen geschmückt wurde und am Samstag neben sieben weiteren Bäumen, geschmückt nach den Vorstellungen von Heidelberger Bürgern in den Kaufhof-Schaufenstern Premiere feierte. In goldenen Zweigen hingen große goldene Münzen und goldene Kugeln, gekrönt vom goldenen Wappen der Stadt und den Worten „Ich rühme dich Heidelberg".

Gleichzeitig in 55 Städten haben 700 Bürger Weihnachtsbäume für die Kaufhof AG geschmückt. Viele originelle Einfälle wurden dabei verwirklicht. Es ist nicht nur ein netter Gruß gegenüber den Gästen der Stadt, meinte der OB, sondern auch eine Aktivität, die neue Akzente setzt und daher in jedem Fall unterstützenswert ist. In den Heidelberger Schaufenstern des Kaufhof wurde außerdem auch das Angebot dem jeweiligen Baum angepaßt.

Über und über mit Modeschmuck behängt ist der Baum der Graphikerin Frau Speer inmitten kostbarer Abendkleider, der Maler und Graphiker Harry Mac Lean läßt viele kleine Verkehrsampeln in seinem Baum blitzen, Oberlehrer Ludwig Merz vermied jedes Metall und nahm Strohblumenbällchen. Strohsterne und Silberdisteln glänzen aus dem Baum von Museumsdirektor Dr. Mugdan. Architekt Edwin Neyer malte und bastelte eine Vielzahl stilisierter Engel und die Tiefbauamt-Mitarbeiter Raab und Ronakker hängten goldene Kugeln in einen aus Holz konstruierten Baum. Fernöstliche Grazie spricht aus dem Baum des Sprachstudenten Tao aus Formosa, der diesen speziellen Schmuck selbst zur Verfügung stellte. Bis zum Heiligen Abend werden diese acht so unterschiedlich geschmückten Bäume zu bewundern sein. -l-

Neuer Mopedlehrgang

Die Verkehrswacht für den Stadt- und Landkreis Heidelberg führt im Dezember einen weiteren Mopedlehrgang mit Abschlußprüfung der Klasse 5 durch. Der Lehrgang beginnt am Dienstag, 19 Uhr in der Gewerbeschule I in Heidelberg, Bergheimer Straße 76. Anmeldungen werden bei der Verkehrsinspektion Heidelberg, Riedstraße 1, oder bei Kursbeginn entgegengenommen. Melden kann sich dazu, wer bereits 16 Jahre alt ist oder bis zum 31. Dezember wird.

Eine Frau in Wiesloch in ihrer Wohnung verbrannt

Rhein-Neckar-Zeitung, 2.12.1968

Während Heidelberger Bürger in den Schaufenstern des Kaufhofes ihre Wunschbäume präsentierten, veranstaltete Staeck im Dezember 1968 eine Parallelaktion. Im Schaufenster der Politischen Buchhandlung Jörg Burkhard stellte er einen künstlichen Weihnachtsbaum aus, behängt mit Schlagringen.

Aktion: Wenn's um Geld geht, Heidelberg, Dezember 1969 (zusammen mit Jochen Goetze)

Aktion: Inflationsgerede

Aktion: Inflationsgerede – Macht durch Angst –
Die Aktion stellt den Versuch dar, mit Personen zusammenzuarbeiten, die von Berufs wegen mit Kunst nichts zu tun haben. Mit der Aktion sollte die soziale Funktion der Kunst interpretiert werden. Kunsthalle und Kunstverein wurden als Instrument der politischen Aufklärung verfügbar gemacht. Die Aktion fand im März 1971 im Württembergischen Kunstverein Stuttgart statt und wurde im Mai im Rahmen der Experimenta 4 in Frankfurt wiederholt. Über die Aktion wurde nachträglich eine umfangreiche Dokumentation erstellt.

AKTION: INFLATIONSGEREDE 29. 5. '71
Macht durch Angst
Staeck u. Konsorten (12)

Dieter Adelmann, wiss. Assistent, Stuttgart
Christa Ahrens, Hausfrau, Heidelberg
Hans-Joachim Ahrens, Psychologe, Univ.Dozent, Heidelberg
Heidi Goetze, Hausfrau, Heidelberg
Jochen Goetze, Historiker, Akad.Rat, Heidelberg
Jochen Hatry, Fotograf, Neckargemünd
Ingeborg Karst, Soziologin, Heidelberg
Bernd Köhler, Psychologe, wiss. Assistent, Heidelberg
Barbara Noack, Hausfrau, Heidelberg
Cornelius Noack, Physiker, Heidelberg
Klaus Staeck, Grafiker, Jurist, Heidelberg
Carl Wiessner, Übersetzer, Mannheim

EXPERIMENTA 4 Frankfurter Kunstverein

10 000 – Schein, als Geldschein während der Aktionen gedruckt (10 000 Stück) und Plakat (Siebdruck), 1971

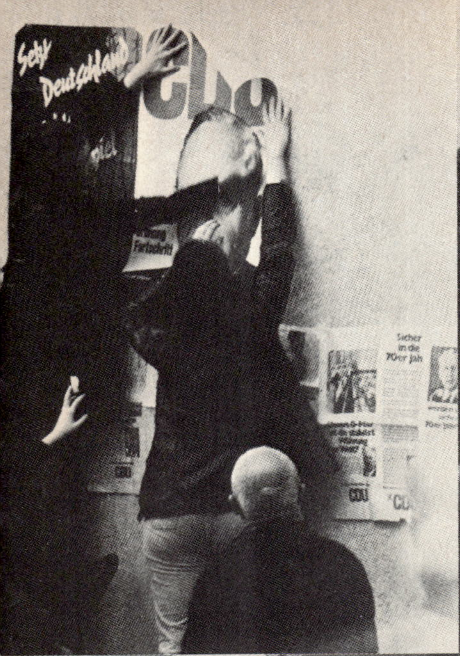
Deutschland
Fortschritt
Sicher in die 70er Jah
CDU
CDU
CDU
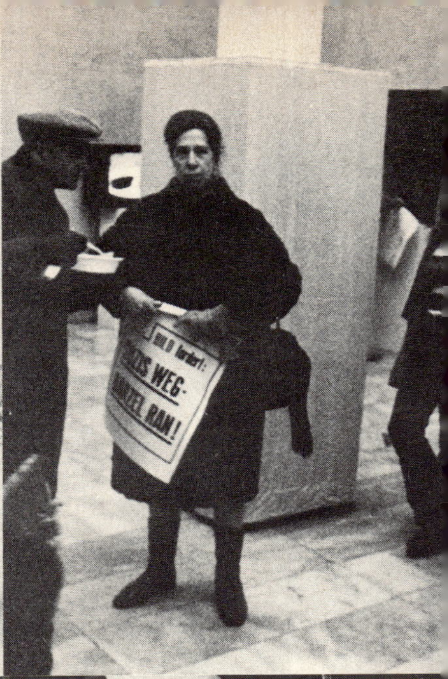
fordert:
WEG-
RAN!

14,–

Aktion: Feuer frei

Anläßlich der Münchner Produzentenmesse Kunstzone war am 11.9.1971 geplant, ein vorbereitetes Tonband (18 Minuten) mit Geschoßlärm und Westernmusik über mehrere Verstärkerboxen auf dem Münchner Jakobs-Platz abzuspielen. Teilnehmer: Ahrens, Hatry, Karst, Köhler, Staeck. Die Aktion wurde vorher von der Münchner Polizei verboten.

Feuer frei, Siebdruck, 1971

Die Flugblätter auf den folgenden Seiten wurden während der Münchner Kunstzone verteilt.

Münchner Millionenspiel

Die olympischen Spiele finden erst 1972 in München statt. Spielbegeisterte Augenzeugen und TV-Life-Zuschauer kamen schon dieser Tage auf ihre Kosten: Bankraub-Polizei-Millionenspiel mit TV-Life-Übertragung vor der Deutschen Bank in Münchens Prinzregentenstraße.

Welche Spiele sind beliebt?
Boxkämpfe (Oberkriminalrat Schmidt: Der Präzisionsschütze der Stadtpolizei stand "allein wie ein Boxer im Ring"; Spiegel Nr. 33,1971)
Fußballspiele
Aktenzeichen XY (Polizeipräsident Schreiber: "...seriöse und gediegene Unterhaltung"· Spiegel Nr. 35, 1971)
Stierkämpfe ("Rammelmayr, von zwei Beamten wie ein toter Kampfstier in den Rinnstein geschleift, stirbt noch an Ort und Stelle." (Spiegel Nr. 33, 1971).
Und so weiter ...
Die Spieltheorie unterscheidet zwischen Spielen mit gewissem und ungewissem Ausgang. Am spannendsten sind Spiele mit ungewissem Ausgang. Polizeipräsident Schreiber zählte die Ungewißheit des Bankräuber-Polizei-Spiels aus: Über 135 mögliche Variationen wurden während der mehrstündigen Einsatzplanung durchgespielt. Hundertfünfunddreißig Eventualitäten - als es Ernst wurde, blieben ein Bankräuber und eine Geisel auf der Strecke (Augenzeuge Strauß:

"D a h a t ' s p a t s c h t"

Keine der gedachten Eventualitäten? Spiele mit Ungewißheit haben ihr Risiko.
Wer die Ungewißheiten und Hintergründe der falsch eingeschätzten Eventualitäten des Münchner Millionenspiels analysieren will, sollte (nur der Vollständigkeit halber) auch weniger offensichtliche Gewißheiten und Nebenaspekte nicht vergessen:

Die erschossene Geisel Ingrid Reppel war nicht Aufsichtsratsmitglied der Deutschen Bank und auch sonst nicht prominent

Die Höhe des geforderten Lösegeldes betrug nicht 1000,- DM, sondern 2 Mill. DM

Schießbefehle an der Berliner Mauer und vor einer Münchner Bankfiliale haben je ihre eigenen Spielregeln

Der Scharfschütze ("Präzisionsschütze") der Münchner Stadtpolizei hatte in den Stunden vor seinem Einsatz nicht zwei oder drei Stunden, sondern nur eine Stunde in einer Sandgrube geübt

Schon vor dem Bankraub hatten Polizeipräsident Schreiber und Oberstaatsanwalt Sechser in der Fachzeitschrift "Kriminalistik" eine theoretische Kontroverse über die Kompetenzabgrenzung zwischen Polizei und Justiz

Bankraub und Wirtschaftsverbrechen haben je ihre eigenen Spielregeln

Die Bankräuber gaben ihren Überfall als Aktion einer kommunistischen Gruppe "Rote Front" aus

Spiele haben Gewißheiten und Ungewißheiten.

STAECK UND KONSORTEN - Aktion: Feuer Frei

Kunstzone München - Jakobsplatz - 11.Sept. '71

STAECK u. Konsorten: AKTION FEUER FREI Samstag, 11. Sept. '71 München Jakobs-Platz KUNSTZONE

WIR FORDERN DIE BEFÖRDERUNG VON OBERSTAATSANWALT DR. SECHSER ZUM GENERALSTAATSANWALT VON BAYERN!

Dieser Mann hat sich tapfer und selbstlos in der Stunde der Not und Gefahr als aufrechter Patriot bewährt. Während andere zauderten, hat er im Einsatz anläßlich des Überfalls auf eine Münchner Filiale der Deutschen Bank kühn die Führung übernommen und sich entschlossen an die Spitze der Bewegung gestellt, indem er acht Hundertschaften Polizisten in die Materialschlacht mit dem organisierten Verbrechertum warf. Unter den kritischen Blicken einer wachen Öffentlichkeit traf er unbeirrt vom Kleinmut seiner flauen Umgebung die einzig richtige Entscheidung: die Erteilung des Schießbefehls. Hinterhältige Pazifisten wollen diesem trefflichen Mann den Tod eines blühenden Menschen anlasten; war es etwa seine Schuld, daß er auf blutjunge Scharfschützen ohne Kriegserfahrung zurückgreifen mußte? Ihm gebührt unser aller Dank, daß er bei der Abwägung zwischen dem Leben der Geiseln und der Wiedererlangung der 2 Millionen-Beute nicht kleinlich sentimentalen Regungen folgte, sondern ohne Rücksicht auf Verluste der Deutschen Bank zu unserem Eigentum zurückverhalf. Er tat nichts als seine Pflicht, als er sich für die Belange des Ganzen entschied und dabei auch das Leben von Zivilisten nicht schonte. Hat der einzelne doch immer dann zurückzutreten, wenn es um die Belange des großen Volkskörpers und seiner Ideale geht. Noch gilt der Wahlspruch unserer Väter: einer für alle - alle für einen! Bayern braucht Sechser!

- -

Ich fordere die Beförderung von Oberstaatsanwalt Dr. Sechser zum Generalstaatsanwalt von Bayern:

....

Name

....

Ort

....

Datum

Bitte zurück an Staeck 69 Heidelberg 1, Postfach 471

Einige Wochen später wurde Staeck auf Ersuchen der Münchner Polizei von der Heidelberger Polizei (Politische Abteilung) wegen der Flugblätter vernommen. Grund: angebliches Fehlen eines Impressums.

Aktion: Barzel-Leiter

Ein von der CDU verschmähtes Wahlgeschenk kam jetzt auf den Kunstmarkt: Bei der Düsseldorfer Messe «IKI» offerierte der Heidelberger Satiriker Klaus Staeck für 650 Mark eine Leiter, auf der die Karriere-Stufen Rainer Barzels verzeichnet sind; die oberste («Bundeskanzler»-)Sprosse allerdings ist durchgebrochen. Staeck hatte das Objekt zunächst der CDU/CSU «als Schmuck für das Fraktionszimmer» antragen lassen, vom Parlamentarischen Geschäftsführer Rösing aber den Bescheid erhalten, «daß wir auf dieses Geschenk gerne verzichten». Staeck, dem kürzlich die Verbreitung eines Schriftplakats («Die Reichen müssen noch reicher werden – Deshalb CDU») durch einstweilige Verfügung untersagt worden war, hat dieses Druckwerk nun in modifizierter Fassung («Die Reichen müssen noch reicher werden – Wählt christdemokratisch») neu aufgelegt. Als Novität führte er in Düsseldorf ferner das Multiple «Dr. Barzels Schmierseife» ein. Die in Transparent-Päckchen angebotene Substanz ist laut Beischrift besonders «schmieraktiv» und «schleimdynamisch». Gebrauchsanweisung: «Dick auftragen!» *Der Spiegel,* 16.10.1972

An die
CDU/CSU Bundestagsfraktion
Fraktionsvorstand
53 Bonn
Bundeshaus

Göttingen, 4.4.72

Betr.: Schenkung eines Kunstobjektes an den Fraktionsvorstand der CDU/CSU

Sehr geehrte Herren,

am 14.4.72 wird in Bonn eine neue Kunstgalerie eröffnet: Galerie Magers, Ritterhausstraße 6.
Der erste Künstler, der in den neuen Räumen seine Werke zeigen wird, ist der Heidelberger Klaus Staeck. Staeck, der 197o den Zillepreis für sozialkritische Grafik verliehen bekam, gehört zu den jungen deutschen Künstlern, die sich mit gesellschaftlichen Problemen auseinandersetzen.
Herr Staeck hat sich anläßlich seiner ersten Einzelausstellung in Bonn entschlossen, dem Fraktionsvorstand der CDU/CSU eines seiner Objekte als Schmuck für das Fraktionszimmer im Bundeshaus zu schenken.
Wir sind beauftragt, Ihnen dieses Objekt zu überreichen, da Herr Staeck terminlich sehr angespannt ist. Wir würden das Werk gern zur Eröffnung der Galerie Magers am 14.4.72 bei Ihnen aufstellen. Bitte teilen Sie uns (möglichst umgehend) mit, ob Ihnen dieser Termin genehm ist.

Mit freundlichen Grüßen

Steidl

CDU/CSU-FRAKTION
DES DEUTSCHEN BUNDESTAGES

53 BONN/RHEIN, den 13. 4. 1972

Herrn
Gerhard S t e i d l
Verlag - Druckerei

34 G ö t t i n g e n
Reinhäuser 20a

Sehr geehrter Herr Steidl!

Sie bieten uns als Geschenk eine Graphik des Malers Staeck an. Wir möchten Ihnen mitteilen, daß wir auf dieses Geschenk gerne verzichten. Wir sehen keine Möglichkeit, das Objekt in unseren Räumen aufzustellen. Wir bitten Sie, auch den Versuch, eine solche Aufstellung vorzunehmen, tunlichst zu unterlassen.

Hochachtungsvoll

Löwenthal-Aufkleber

Bedienungsanleitung, Offset, 1971, Aufkleber (selbstklebend)
Ursprünglich als Beilage zu einem Kunstkalender, erschienen im Verlag Udo Breger in einer Erstauflage von 200 Stück gedruckt, später mehrfach nachgedruckt, Gesamtauflage inzwischen 120 000 infolge wachsender Beliebtheit des ZDF-Moderators.

> Die Bedienungsanleitung von Staeck („Abschalten“) befolge ich schon seit einigen Wochen. In einem Massenmedium wie dem ZDF ist für solch kriminellen Journalismus kein Platz. Es würde auch mich freuen, sollte sich Herr Holzamer dazu durchringen, den unverantwortlich handelnden „Panikmacher“ abzuservieren.
>
> Neubeckum (Nrdrh.-Westf.) JÜRGEN DENUELL

Leserbrief aus *Der Spiegel* Nr. 46/1972

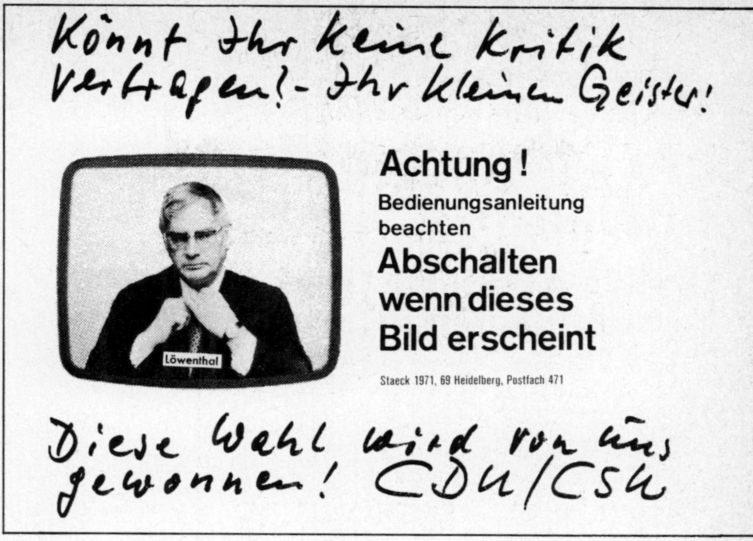

Irrtümliche Wahlprognose
Zuschrift von D. Glocker aus Engenhahn, Poststempel vom 16.11.1972

Seit der Heidelberger Rechtsanwalt und Graphiker Klaus Staeck Abziehbilder mit „typischer TV-Gestik“ des Mainzer Tele-Visionärs Gerhard Löwenthal (Photo) „zum Selbstkostenpreis von 20 Pfennig“ feilbietet und „jemand vom ZDF auf einen Schlag 150 Stück“ geordert hat, zieren die Selbstklebefolien Türen und Gerät in den ZDF-Hauptquartieren Mainz und Wiesbaden und hängen zudem in sämtlichen Landesstudios aus. Lediglich in den eigenen Redaktionsräumen braucht Löwenthal sein Abbild nicht zu fürchten: Getreue kratzten die Plaketten ab. Um den Klebern auf die Spur zu kommen, wies der rechtskonservative „ZDF Magazin“-Moderator seinen Vertrauten Friedrich Mönckmeier an, bei Chefredakteur Rudolf Woller vorstellig zu werden. Löwenthals Wunsch: Das ZDF-Justitiariat möge den Fall untersuchen.

Der Spiegel Nr. 47/1971

FERNSEHEN

Im ZDF wird Löwenthal jetzt ausgelacht

Die Mitarbeiter verlassen sein Magazin

Von Carl Schmidt-Polex

Die kleinen Abziehbilder, die in den Wiesbadener ZDF-Studios am schwarzen Brett und in sämtlichen Toiletten kleben, sind ein schadenfroher Lacherfolg. Sie zeigen ein Foto des umstrittenen Moderators Gerhard Löwenthal mit der Aufschrift: „Achtung: abschalten, wenn dieses Bild erscheint." Inzwischen herrscht in Löwenthals „Magazin"-Redaktion Aufbruchstimmung: die Mitarbeiter verlassen das schwankende Schiff.

Jürgen Meyer, vor einem knappen Jahr noch Löwenthals verschworener Mitstreiter im Bevilaqua-Krieg gegen Henri Nannen, ist in die Redaktion „Außenpolitik" übergewechselt und befindet sich zur Zeit auf Reisen im Sudan. Knud Terjung hat sich für das Bonner ZDF-Studio entschieden, Günter Ederer, das CDU-Mitglied der Magazin-Redaktion, ist bei „Bilanz" gelandet.

Sie alle gehören zu den neun „Rebellen", die seit vielen Monaten aus der 13köpfigen Löwenthal-Redaktion ausbrechen wollten. Der Streit hatte sich im Februar voll entzündet, als sich Löwenthal nach einem Kantinenpalaver zu keiner Distanzierung einer Mitarbeiteräußerung („Die NPD als staatserhaltende Partei") bereitfinden wollte. Damals verließen die neun Redakteure spontan die Konferenz und forderten Versetzung in andere Redaktionen.

Sie warfen Löwenthal „autoritäre" Führung" und „einseitige politische Aussagen" vor. Intendant Professor Holzamer stellte sich — damals noch — in voller Größe vor den Moderator und ignorierte mehrfach die Veränderungswünsche der Mitarbeiter. Er fand sich lediglich dazu bereit, dem rechtsorientierten Löwenthal einen Mitmoderator zur Seite zu geben. Dieser wurde in der Person von Fritz Schenk, SPD-Mitglied zwar, aber ostpolitisch auf Löwenthal-Kurs segelnd, gefunden.

Mit Rudolf Wollers Dienstantritt als neuer ZDF-Chefredakteur begann Löwenthals Stern auch intern schnell zu verblassen. Als im ZDF-Magazin vier Tage vor den Bremer Wahlen ein Beitrag über die Bremer Uni gesendet werden sollte, strich Woller („Laßt doch den Quatsch") den Beitrag aus dem Programm. Der als Journalist weitgehend unbestrittene Woller suchte das Problem „Löwenthal-Mitarbeiter" schnell zu lösen. Soweit die neun Rebellen noch keine neuen Aufgaben haben, stehen sie vor Abschluß der Verhandlungen.

LIESS LÖWENTHALS STERN VERBLASSEN: ZDF-Chefredakteur Rudolf Woller.

VERLÄSST DAS ZDF-MAGAZIN: Jürgen Meyer (links), der noch mit Löwenthal gegen Henry Nannen stritt.

Mit den vier verbleibenden treuen Redakteuren vermag Löwenthal nicht mehr viel Staat zu machen. Zumal das Verhältnis zu Wolfgang Weinert (er moderierte eine der Bevilaqua-Sendungen) seit kurzem heftig getrübt ist. Während Löwenthals sechswöchigem Urlaub ließ Weinert Beiträge im ZDF-Magazin laufen, die — so ein Mitarbeiter — Löwenthal noch nicht einmal hätte diskutieren lassen.

Erst wenn Mitmoderator Fritz Schenk am 17. November zum erstenmal das ZDF-Magazin moderiert hat, wollen verschiedene verhandlungsbereite Mitarbeiter ihre Entscheidung fällen, ob sie die Löcher in Löwenthals Redaktion schließen helfen.

Abendzeitung, 11. 11. 1971

den 3. Dezember 1971

Sehr geehrter Herr Staeck!

Einer der letzten Ausgaben des SPIEGEL war unter der Rubrik "Hohlspiegel" zu entnehmen, daß Sie eine Fernseh-Betriebsanleitung (als Abziehbild) vertreiben. Als Jungfernseher habe ich in meinem Verwandten- und weiteren Bekanntenkreise bisweilen zeitraubende Diskussionen wegen der richtigen Bedienung des Fernsehers. Auch haben die Fernsehapparate-Hersteller es bisher für nicht nötig befunden gerade den Jungkonsumenten eine entsprechende Hilfestellung in Form einer Betriebsanleitung an die Hand zu geben. Ich meine, Sie haben hier eine echte Marktlücke entdeckt, die es auszufüllen gilt. Soweit es Ihre Produktionskapazität zuläßt bitte ich um möglichst baldige Übersendung von 20 Stück dieser Abziehbilder, (umseitig nochmal der Text), für das Weihnachtsfest.

Mit freundlichen Grüßen

Wir horen Herrn Löwenthal wöchentlich,
da wir von ihm bzw. seiner Sendung
die Wahrheit erfahren. Alle unsere
Kinder, Angehörige, Freunde und Be-
kannte, vermissen ebenfalls keine Sen-
dung des Herrn G. Löwenthal.
Wir sind gegen alle Linksratikalen, die
wohl von der D.D.R. als Volkszersetzer
der D.B.R. bevorzugt werden, jedoch
niemals in der D.D.R. eine Heimat
finden würden. Dort kämen sie
ohne zu zögern hinter Schloss
und Riegel.

Versuchen Sie es in der D.D.R.! – Die
meisten von Ihnen sind "Ewige Stu-
denten", die fast ausschließlich von
Stipendien vom deutschen Steuerzahler
leben. Ausserdem die Kollegen, die guten
Willens sind und durch ihren Fleiß
es endlich schaffen wollen, durch
Ihre frechen Mäuler und der Zer-
störungswut, die Sie an den Tag legen,
auch noch einen Hemmschuh anlegen
wollen. Wollen wir hoffen, dass Ihr
„Häuflein" in absehbarer Zeit keiner
wird. – Gehen Sie alle zum
Psychiater! Sie haben es
sehr nötig

Viele Ihrer Gegner!

Anonyme Zuschrift vom 2.4.1973

Ostvertrags-Plakate

Wir sind für die Ostverträge, Offset, 1972, Plakat 8000 Auflage
Postkarte 10 000 Auflage/zusätzlich ca. 20 000 Raubdrucke
Foto: Konzentrationslager Bergen-Belsen 1945 aus: ‹*Der gelbe Stern*›
G. Schoenberger 1960, Bertelsmann Verlag 1968
Von Staeck finanzierte Plakataktion März/April 1972 an allen Litfaßsäulen der Städte Bonn und Heidelberg vor der entscheidenden Lesung im Bundestag über die Ostverträge. Gesamtkosten der Plakatierung ca. 2500 DM.

Offener Brief an OB Zundel: „Steack-Plakat eine Infamie"

In einem offenen Brief an OB Zundel nimmt die Heidelbergerin Frau Nelly Meiss Stellung gegen das von Klaus Staeck entworfene Plakat „Wir sind für die Ostverträge Herr Barzel!" (vergl. RNZ vom 29. März). Nelly Meiss schreibt dazu unter anderem: „An den Litfaßsäulen Heidelbergs befinden sich Werbeplakate für die Ostverträge mit folgendem Text: ‚Wir sind für die Ostverträge, Herr Barzel! Interessengemeinschaft der Toten des II. Weltkrieges k. e. V.' Diese Plakate sind eine Infamie. Hier werden Tote, die sich nicht wehren können, in verabscheuungswürdiger Weise mißbraucht. Wo bleibt die Würde des Todes? Ich, als Mutter eines in Rußland gefallenen Sohnes, bin zugleich mit zahlreichen anderen Angehörigen von Toten des II. Weltkrieges über eine solche Propaganda zutiefst verletzt und empört. Ich möchte Sie daher bitten, die zuständige Dienststelle anzuweisen, daß diese Plakate entfernt werden. Dem Gedanken, eine Unterschriftenaktion einzuleiten, für die mir hunderte von Stimmen sicher gewesen wären, zog ich ein persönliches Schreiben an Sie vor."

Offener Brief an Oberbürgermeister Zundel in Heidelberg, *Rhein-Neckar-Zeitung*, 5.4.1972

Keine Entwürdigung

Zu dem offenen Brief an OB Zundel „Steack-Plakat eine Infamie", möchte ich hiermit der Einsenderin folgendes erwidern: Da auch ich einen Sohn im 2. Weltkrieg verloren habe, kann ich nicht verstehen, daß dieses Plakat die Toten entwürdigen würde. Es ist doch im Sinne unserer Gefallenen, daß man sich dafür einsetzt, daß nicht nochmals so viele junge Menschen ihr Leben einsetzen müssen für einen Dritten Weltkrieg. Hier sehe ich keine Entwürdigung, sondern nur einen Schritt für die Verhinderung dieses Gemetzels und für den Frieden. Diese Phrasen von Ehre und Würde klingen mir heute noch in den Ohren, denn damit hat bis heute jeder Krieg und jeder unsinnige Verlust von Menschenleben begonnen. **F. K.**

Erwiderung, *Rhein-Neckar-Zeitung*, 7.4.1972

Zu makabren Polit-Gags mißbraucht

In der RNZ v. 29. 3. 72 wird über ein Machwerk berichtet, welches derzeit die Anschlagsäulen in vielen Städten verunziert. Die RNZ nennt dieses eine künstlerische – wenn auch unbefriedigende – Äußerung.

Mir scheint hier eher eine demagogische Absicht zur Geistesverwirrung vorzuliegen. Dieses Plakat ist kein Kunstwerk, sondern es ist wohl schon durch Ort und Zeitpunkt des Erscheinens hinreichend und eindeutig als ein Beitrag zu den gegenwärtigen Auseinandersetzungen im Wahlkampf qualifiziert.

Der Name eines deutschen Demokraten (Dr. Barzel) in Verbindung mit einem derart erschütternden Dokument nationalsozialistischer Greultaten muß für jeden urteilsfähigen Bürger dieser Stadt einen Schlag ins Gesicht bedeuten.

Was haben diese in Konzentrationslagern getöteten Menschen eigentlich mit den Ostverträgen zu tun?

Sollen diese grauenvoll hingemordeten Toten den Abschluß von Verträgen mit Staaten rechtfertigen, die selbst Millionen von Menschen sinnlos und grausam ermordet haben und sich bis heute beharrlich weigern, die selbstverständlichsten Menschenrechte in ihren Grenzen zu verwirklichen? Wo führt es hin, wenn das Andenken an die Ermordeten und Gefallenen des Zweiten Weltkrieges zu derart makaberen Polit-Gags mißbraucht wird?

Die Irrationalität, die in einer solchen Argumentationsweise hervortritt, und die darin liegende hetzerische Verleumdung lassen deutlich erkennen, welche Elemente in der sozialistischen Propagandawelle mitschwimmen, die gegenwärtig über unser Land hinwegzieht.

Es wäre an der Zeit, daß sich die SPD von solch' zweifelhaften Wahlhelfern klar und deutlich distanziert.

Leserbrief in *Rhein-Neckar-Zeitung*, 6.4.1972

Herrn

Rechtsanwalt Klaus Staeck

69 Heidelberg

Theaterstr. 9

Sehr geehrter Herr Rechtsanwalt!

Mein Kompliment zu Ihrer Graphik „Wir sind für die Ostverträge, Herr Barzel!", das beste Plakat zu dem gefährlichen „Liegen lassen!" Ich möchte mich an der Werbung für die Ostverträge beteiligen und ein solches Plakat vor meine Wohnungstür hängen.

Ich stehe im 83. Lebensjahr und habe allein im 2. Weltkrieg aus dem engsten Familienkreis vier Angehörige verloren, darunter mein beiden ältesten Söhne.

Da ich damit rechnen muß, daß das von mir ausgehängte Plakat abgerissen wird, möchte ich vorsichtshalber gleich 2–3 Stück übernehmen. Wo kann ich diese Plakate erwerben?

Für Ihren freundlichen Bescheid füge ich eine freigemachte Antwortkarte bei.

Mit bestem Dank für Ihre freundlichen Bemühungen

begrüßt Sie

1 Anlage

Herrn Klaus S t a e c k
Graphiker + Rechtsanwalt

69 Heidelberg

Galerie zwischen Universitätsplatz + Heiliggeistkirche

Kopien an Herrn
Oberbürgermeister
Jundel Heidelberg
- an Redaktion "RHEIN-NECKAR-ZEITUNG"
- an Redaktion "KÖLNER STADTANZEIGER"

Den 13. April 1972

Zu Ihrer Plakataktion
"..für die Ostverträge.."

Anlage: Brief Armin/11.2.45

Sehr geehrter
Herr St a e c k !

Im KÖLNER STADTANZEIGER las ich heute, gezeichnet von Redakteur Friedrich W. Husemann, einen längeren und vorzüglichen Artikel über Ihre Plakataktion. Meine Hochachtung zu Ihrem couragierten Vorgehen! Im Bonner Grundgesetz Artikel 5 ist Ihr Vorgehen gedeckt. Zwar halte ich die Bezeichnung "Interessensgemeinschaft der Toten des II.Weltkrieges - e.V." +) - können Tote überhaupt noch einen Verein bilden....?! Es hätte m.E. lauten müssen "...I.G. f ü r die Toten....". Als Rechtskundiger hätte Ihnen dies auffallen sollen - und erst recht beim Amtsgericht-Vereinsregister. Dies nebenbei.

+) für bedenklich

Ihre Aktion begrüße ich. Da ich keine Gelegenheit habe, 1 Plakat anzubringen, muß ich auf einen Erwerb verzichten. Leider.

Mein ältester Sohn wurde 19-jährig in den Rußlandfeldzug geschickt, Abitur c.l., Offiziersanwärter; er ist etwa um Ostern 1945 beim Rückzug g e f a l l e n , war 11 Jahre vermißt; sein Grab befindet sich in der DDR-Niederlausitz (Döbern) und wird dort laut letzter schriftlicher Mitteilung vom Bürgermeister sorgsamst gepflegt. Keine bundesdeutsche Behörde hatte darüber Auskunft geben können! Aus der DDR kam prompt erschöpfende Nachricht, zuletzt im Februar 1972.

-2-

Sein letzter Brief datiert vom 11.Febr.1945; ich erhielt ihn am 10.März 1945 im Sanatorium 'Stolzalpe', wo ich wegen ernsterer Kriegsverletzung im PK-Einsatz in Nordfrankreich (3.8.1940) längere Zeit auskurieren mußte (reHüfte), also nicht 'Krankenhaus', wie er schrieb.

Der Brief ist außerordentlich aufschlußreich – ich lege Fotokopie zur gefl.Kenntnis mit der Genehmigung zur et-
-1- waigen Auswertung bei. Er sollte einen Vortrag vor seiner Einhalt halten über den damaligen Volksgerichtshof und bat mich dazu um Material – diese Thematik etc.pp. war mir szt dienstlich sehr gut bekannt. Nachfolgend einige P a s s a g e n aus dem Brief, die seine Stimmung kennzeichnen und diese dürfte zu jener Zeit auch symptomatisch wie charakteristisch für die innere Verfassung insbesondere der jungen Soldaten gewesen sein:

- 'Immer Dienst, ob Sonn- oder Alltags, von früh 5,30 bis abends 21 Uhr und später' –
- 'Der Herr Hauptmann hat eben kein Verständnis dafür, daß wir auch M e n s c h e n sind und mal schreiben wollen; wir lassen uns Karten drucken: "Mir geht es gut !
  Ich lebe noch !
  Euer Sohn" '
- 'Fühlt man sich da nicht schikaniert und geknechtet ? Und wenn man sich freiwillig zur F r o n t meldet, wird man angesch.... nach allen Regeln der Kunst.'
- 'Ich bin nur noch verbittert und verbissen und ringe mich so durch.'
- 'Die Lust, O f f i z i e r zu werden, vergeht so ganz langsam und sicher. M a n i s t n u r n o c h S k l a v e ,......"

Die durch Schulerziehung und Propaganda erzeugte Begeisterung schwand dahin. W i e und wo genau er starb, ist nicht ermittelt worden. Erst am 26.Juni 1956 kam Nachricht mit Tagebuch und Erkennungsmarke. –

Ostpolitik ist seit den zwanziger Jahren bei mir im Vorrang; Bismarcks These 'Deutschland-Rußland' war/ist dominierend. Der Rußlandfeldzug war Irrsinn. Infamie ist es, nach der verhängnisvollen Absage Konrad Adenauers 1952/53 die Front nach Osten zu verhärten. Auch mein Sohn soll für den Frieden mit dem Osten geopfert sein!

Es grüßt Sie und wünscht Erfolg Ihr

Ein Plakat, das aushing, das Nachdenken zu lehren

Der Beitrag eines Grafikers zu der Diskussion über die Ostverträge

Von unserem Redakteur Friedrich W. Husemann

Heidelberg — Die Bürgerin Nelly M. schrieb an ihren Oberbürgermeister, um die Obrigkeit auf etwas aufmerksam zu machen, was in der Tat Aufmerksamkeit erregen sollte und auch erregt hat.

In einem offenen Brief an Heidelbergs OB Jundel schrieb Frau M.: „An den Litfaßsäulen Heidelbergs befinden sich Werbeplakate für die Ostverträge mit folgendem Text: »Wir sind für die Ostverträge, Herr Barzel! Interessengemeinschaft der Toten des 2. Weltkriegs k.e.V.« Diese Plakate sind eine Infamie. Hier werden Tote, die sich nicht wehren können, in verabscheuungswürdiger Weise mißbraucht. Ich als Mutter eines in Rußland gefallenen Sohnes bin zugleich mit zahlreichen Angehörigen von Toten des 2. Weltkrieges über eine solche Propaganda zutiefst verletzt und empört. Ich möchte Sie daher bitten, die zuständige Dienststelle anzuweisen, daß diese Plakate entfernt werden ..."

Doch der Oberbürgermeister konnte nicht so einfach entfernen lassen. Die provozierenden Plakate klebten nicht außerhalb der Litfaßsäulenlegalität auf Bauzäunen und Bretterbuden, sondern neben Kino- und Kulturkalendern auf pünktlich angemieteter und pünktlich bezahlter Werbefläche. In Heidelberg und in Bonn sah man die Plakate mit den KZ-Toten aus Bergen-Belsen vom 28. März bis zum 6. April, je 200 Stück in beiden Städten. Bezahlt hatte diese Aktion der Mann, der auch die Plakate entworfen hatte: Klaus Staeck, 33 Jahre, Grafiker und Rechtsanwalt in Heidelberg.

Zwar wurde in der Heidelberger CDU, zumal jetzt im Landtagswahlkampf, das Gerücht gehandelt, hinter der Aktion verstecke sich eine sozialdemokratische Wählerinitiative, und in der „Rhein-Neckar-Zeitung" registrierte der Leser Achim G. aus Baden-Baden, „welche Elemente in der sozialistischen Propagandawelle mitschwimmen, die gegenwärtig über unser Land hinwegzieht."

Aber hinter der Sache steckte — am Anfang auf jeden Fall — nur Staeck. In seiner kleinen Galerie zwischen Universitätsplatz und Heiliggeistkirche sitzt er nun mit einer Sekretärin und muß mit dem Echo fertig werden. Das Geld, das er investiert hat, scheint sich wieder einzuspielen, denn die Leute wollen sein Plakat kaufen.

Daß Klaus Staeck ein purer Idealist sei, behauptet nicht einmal er selbst von sich. Zweitausend Mark hat ihn das Plakatieren gekostet. Inzwischen hat das Kriegstoten-Plakat eine Gesamtauflage von 4000 Stück. Staeck muß sich auf Nachdruck einrichten, wenn die Leute weiter so bestellen. Da schreibt ein Jugendhaus und will 700 Stück auf einmal haben (dreißig regelrechte Gruppenbestellungen sind bislang eingegangen), und dann schreiben Leute, die wollen zwei, drei Stück.

So kam auch ein Brief aus Wanne-Eickel: „Ich möchte mich an der Werbung für die Ostverträge beteiligen und ein solches Plakat vor meine Wohnungstür hängen. Ich stehe im 83. Lebensjahr und habe allein im 2. Weltkrieg aus dem engsten Familienkreis vier Angehörige verloren, darunter meine beiden ältesten Söhne. Da ich damit rechnen muß, daß das von mir ausgehängte Plakat abgerissen wird, möchte ich vorsichtshalber gleich zwei bis drei Stück übernehmen."

In Köln lauter Raubdrucke

Dem Mann kann geholfen werden. Vier Mark nimmt Staeck für das Stück, bei größeren Aufträgen liefert er billiger. Eines jedenfalls hat er erreicht: Sein Plakat ist „angekommen". In Köln ist es sogar so gut angekommen, daß irgendjemand verkleinerte Nachdrucke in großer Zahl überall in der Stadt anbrachte. Staeck weiß nicht, wer es war, denn es hat ihn niemand um die Nachdruckerlaubnis gebeten.

Das offenbart das Dilemma des engagierten Einzelgängers: Er trägt allein das Anfangsrisiko, und Gesinnungsgenossen gefährden, indem sie per Raubdruck das Anliegen des Künstlers einer breiteren Öffentlichkeit vortragen, die finanzielle Basis dessen, der die Idee gehabt hat.

Staeck, der 1970 den 1. Preis der Heinrich-Zille-Stiftung für sozialkritische Graphikbekam, erinnert sich an die damalige Reaktion einiger Freunde: „Die konnten nicht verstehen, daß ich den Preis angenommen habe. Aber ich habe meine Unkosten, ich muß leben, ich muß weitere Aktionen finanzieren —

Fortsetzung auf der nächsten Seite

Kölner Stadtanzeiger, 13.4.1972

Fortsetzung von der vorigen Seite

ich kann es mir nicht leisten, einen Zille-Preis von 6000 Mark dem Vietkong zu überweisen."

Der junge Mann, der 1956 aus der DDR nach Heidelberg kam, der seit zwölf Jahren der SPD angehört, hält wenig von revolutionären Bocksprüngen außerhalb der Realität. Seine Plakate kleben an den Litfaßsäulen, weil Litfaßsäulen für den Bürger eine Autorität sind. Staeck will die Leute nicht verprellen, er will ihnen unter die Haut, will Denkanstöße und keine ideologischen K.-o.-Schläge austeilen.

Im Dürerjahr hat er damit begonnen: Mitten im Festtrubel um den größten Sohn der Stadt Nürnberg hingen plötzlich — an den Litfaßsäulen selbstverständlich — 500 Staeck-Plakate. Sie zeigten das Porträt von Dürers alter Mutter. Von Staeck stammte nur die Frage, die in roten Lettern quer über das Gesicht der Greisin gedruckt war: „Würden Sie dieser Frau ein Zimmer vermieten?"

Staeck über die Reaktion: „Tagelang haben die Leute angerufen. Da merkte man, daß eine ganze Stadt richtig betroffen war."

Betroffen sind die Menschen auch von Staecks jüngstem Plakat, das die Kriegstoten schmerzlich aus dem Dunst verlogener Heldenverehrung hervorholt. Und auf den offenen Brief an den Heidelberger Oberbürgermeister antwortete eine Leserin der „Rhein-Neckar-Zeitung" so: „Da auch ich Peinen Sohn im zweiten Weltkrieg verloren habe, kann ich nicht verstehen, daß dieses Plakat die Toten entwürdigen würde. Es ist doch im Sinne unserer Gefallenen, daß man sich dafür einsetzt, daß nicht nochmals so viele junge Menschen ihr Leben einsetzen müssen für einen dritten Weltkrieg. Hier sehe ich keine Entwürdigung, sondern nur einen Schritt für die Verhinderung dieses Gemetzels und für den Frieden. Diese Phrasen von Ehre und Würde klingen mir heute noch in den Ohren, denn damit hat bis heute jeder Krieg und jeder unsinnige Verlust von Menschenleben begonnen."

Über das Ostvertrags-Plakat berichteten außerdem:

Der Spiegel Nr. 14/1972 (mit Bild)
Novoje Vremja, Moskau, Nr. 20, 12.3.1972 (mit Bild)
Heidelberger Tageblatt, 28.3.1972
Neue Rhein-Zeitung, Düsseldorf, 29.3.1972 (mit Bild)
Neue Ruhr-Zeitung, Essen, 29.3.1972 (mit Bild)
Westfälische Rundschau, Dortmund, 29.3.1972 (mit Bild)
Mindener Tageblatt, 29.3.1972 (mit Bild)
Wuppertaler Stadt-Anzeiger, 29.3.1972 (mit Bild)
Nürnberger Zeitung, 29.3.1972 (mit Bild)
Rhein-Neckar-Zeitung, 29.3.1972 (mit Bild)
Gießener Anzeiger, 29.3.1972 (mit Bild)
Schaumb.-Lippische Landeszeitung, 29.3.1972 (mit Bild)
Telegraf, Berlin, 31.3.1972 (mit Bild)
Aktuelt, Kopenhagen, 4.4.1972 (mit Bild)
Rhein-Neckar-Zeitung, 5.4.1972
Deutsche Volkszeitung, Düsseldorf, 6.4.1972 (mit Bild)
Die Zeit, Hamburg, 21.4.1972

Staatsanwaltschaft
b.d.Landgericht HD
41 Js 1296/72

69 Heidelberg, den 13.12.1972

Herrn
Klaus Staeck

69 Heidelberg
Postfach 471

Betr.: Ermittlungsverfahren
gegen Klaus Staek, Heidelberg

wegen Verunglimpfung des Andenkens Verstorbener

Das gegen Sie eingeleitete obengenannte Verfahren wurde eingestellt.

gez. Kolb
Erster Staatsanwalt

Ausgefertigt:

Geschmacklose SPD-Wahlhelfer

Heidelberg (rsi). Ein Plakat, auf dem sich die Interessengemeinschaft der Toten des Zweiten Weltkrieges gegen die Ratifizierung der Ostverträge ausspricht, ist, wie aus gutunterrichteten Kreisen in Heidelberg zu erfahren war, ein Produkt der SPD-Wählerinitiative. Zwar sei auf diesem - wie es in Kreisen der Opposition heißt - geschmacklosen und nur an die Gefühle appellierenden Plakat weder die SPD noch die SPD-Wählerinitiative vermerkt, aber dennoch komme die SPD nicht umhin, sich klar von dieser Art der Wahlpropaganda zu distanzieren. Ein Friedensnobelpreisträger werde unglaubwürdig, wenn er es zulasse, daß seine Partei von solchen Wahlhelfern unterstützt werde.

Aus CDU-internem Informationsdienst 28. 3. 1972

Staecks Antrag, seinen Namen aus der Beschuldigten-Kartei der Staatsanwaltschaft Heidelberg endgültig zu streichen, wurde abgelehnt.
Da die Raubdrucker auf den nachgedruckten Plakaten das Impressum weggelassen hatten, wurden gegen Staeck zahlreiche Ordnungswidrigkeiten-Verfahren von verschiedenen Regierungspräsidien eingeleitet.

NPD-Plakat 1972

CDU-Plakat 1953

Wie sich die Bilder gleichen

Wie sich die Bilder gleichen, Offset, 1972, Plakat 4000 Auflage Aufkleber 10 000 Auflage
Gegenüberstellung von Original-Wahlplakaten der CDU (1953) und der NPD (1972)

Polit-Graphiker holzt für Brandt

Als einen weiteren Beweis für das mangelnde Verhältnis mancher SPD-Wahlkämpfer zu unserem Rechtsstaat hat die baden-württembergische CDU die neueste Aktion des Heidelberger Polit-Graphikers Klaus Staeck bezeichnet: An Litfaßsäulen in Berlin würden CDU-Plakate durch einen Aufkleber verunstaltet, mit dem der Versuch unternommen werden sollte, eine „geistige Verwandtschaft" zwischen CDU und der rechts-radikalen NPD zu konstruieren. Unter dem Vermerk „Wie sich die Bilder gleichen" trägt der Aufkleber die Unterschrift: „Staeck, 69 Heidelberg, boxs 471." Die CDU in Baden-Württemberg charakterisiert dieses Verhalten als „ein beachtliches politisches Gaunerstück" und weist darauf hin, daß Staeck erst vor wenigen Tagen wegen seiner beleidigenden „Beiträge" gegen die CDU im letzten baden-württembergischen Landtagswahlkampf rechtskräftig verurteilt worden ist.

Bayern-Kurier, 7.10.1972

Die Reichen müssen noch reicher werden

Die Reichen müssen noch reicher werden

Deshalb CDU

Originalentwurf, 800 Auflage
Vertrieb nach einstweiliger Verfügung der CDU eingestellt

Plakat 20000 Auflage
Aufkleber 40000 Auflage
Postkarte 40000 Auflage

Geänderte Fassung für
Bundestagswahlkampf
Plakat 30000 Auflage
Aufkleber 60000 Auflage
Postkarte 40000 Auflage

"Die Reichen müssen noch reicher werden. Deshalb CDU"

Zu Grunde liegender Sachverhalt

Dank 2o Jahre CDU-Wirtschafts- und Gesellschaftspolitik besitzen 1,7 % aller bundesdeutschen Haushalte über 7o% aller Produktionsmittel. Von dieser Gruppe der wirklich reichen bilden nur etwa 5ooo Familien die oberste Spitze: ihnen gehört ein sechstel aller Privatvermögen der Bundesrepublik und etwa 4o% aller Produktionsmittel.
Rund 24oo Großverdiener haben ein Monatseinkommen von 2oo ooo.- DM. Ein Arbeitnehmer erhält im ganzen Jahr nicht so viel wie die Spitzenverdiener an 2 Arbeitstagen. 1968 besaß die BRD 2136 Einkommensmillionäre: 37 Personen versteuerten ein Einkommen von über 1o Millionen pro Jahr.

Auslöser

Ende März 1972 wurden die Zeitungsanzeigen der CDU anläßlich der Landtagswahlen immer bösartiger. Auch rein quantitativ blieben die Anzeigenkampagnen der anderen Parteien gegenüber der CDU ohne Chance.
Die Behauptungen waren teilweise derart absurd, daß ihnen mit Argumenten kaum mehr zu begegnen war. Anfang April kam ich auf die Idee, diese Behauptungen weiter ad absurdum zu treiben. Durch ironische Verfremdung wollte ich die wahren wirtschaftspolitischen Leitmotive der CDU vermitteln.

Realisierung

15 Tage vor dem Wahltermin ließ ich etwa 8oo Plakate in der Originalfassung (Deshalb CDU) drucken.

Verbreitung

In den darauffolgenden Tagen verkaufte ich ca. 4oo Plakate (Stückpreis DM 1.-) an Privatpersonen und politische Gruppen aus Heidelberg und Umgebung, um die Druckkosten wieder einzuspielen. In der Nacht vom 12. auf den 13. April tauchten die ersten Plakate an Hauswänden und auf CDU Großflächenplakaten in Heidelberg auf, später auch in anderen Städten Baden-Württembergs.

Juristische Auseinandersetzungen

Nach scharfen Presserklärungen gegen mich erwirkte die CDU Heidelberg am 13. April die 1. einstweilige Verfügung gegen mich. Am 18. April folgte eine 2. der CDU Baden-Württemberg. Dazwischen wurden noch zwei Bestrafungsanträge gestellt. Nach meinem erfolglosen Widerspruch wurde auch meine Berufung vor dem OLG Karlsruhe in letzter Instanz wegen Verletzung des Namensrechts der CDU zurückgewiesen. (Gesamtkosten: etwa 5ooo.- DM). Noch nicht entschieden ist ein Prozeß der CDU Niedermarsberg gegen mich wegen der Neufassung des "Reichen"Plakates (wählt christdemokratisch). In einem Prozeß der CDU Celle gegen die SPD wegen der gleichen Plakate hat das LG Lüneburg allerdings inzwischen dieKlage der CDU rechtskräftig zurückgewiesen.

Einsatz im Bundestagswahlkampf

Um nicht gegen das OLG Urteil zu verstoßen, wurde der Aufruf "Deshalb CDU" in "wählt christdemokratisch" umgewandelt und das Plakat durch eine Variante "Die Mieten müssen steigen" ergänzt. Von beiden Plakatmotiven wurden noch Aufkleber und Postkarten aufgelegt - bis zum 19. November wurde eine Gesamtauflage von über 3oo ooo Stück erreicht und vertrieben.

Presse

Dank der großen Publizität, zu der die CDU durch ihre Prozesse dem Plakat verholfen hat, verbreiteten alle überregionalen Zeitungen im Wege der Berichterstattung den Plakatslogan. In der Lokalpresse wurde der Aufruf "Die Reichen müssen noch reicher werden" bisher über 4o mal z. T. in Überschriften wiederholt. Das Fernsehen barchte im Rahmen der Reihe "Titel-Thesen-Temperamente" einen längeren Beitrag. Hinzu kommen 12 Rundfunkkommentare und Interviews .

Weiterentwicklung und Raubdrucke

Inzwischen gibt es zahlreiche Plakate, auf denen die Grundidee des Reichen-Plakates weiterentwickelt und abgewandelt wurden. Bisher sind mir 12 verschiedene Raubdrucke, die alle überregional verbreitet wurden, bekannt. Zuletzt erschien in Frankreich eine Umsetzung zu den Parlamentswahlen.

Private Reaktionen auf die Plakate

Vor allen Dingen nach den Berichten in STERN und SPIEGEL sowie der Fernsehsendung "Titel-Thesen-Temperamente" trafen täglich Zuschriften ein.

Angeregt durch die Berichte und Abbildungen wurden von vielen Privatpersonen Vorschläge und z. T. fertige Entwürfe für weitere Plakate zugeschickt.

Immer mehr Millionäre

6511 Millionäre und Multimillionäre leben nach letzten Zählungen in der Bundesrepublik. Die weitaus meisten (854) sind in Hamburg beheimatet. Es folgen München mit 678, Stuttgart mit 483, Düsseldorf mit 363, Frankfurt mit 309 und Wuppertal mit 243. In Bonn leben „nur“ 59 Millionäre. Die Bundeshauptstadt rangiert damit im Vergleich zur Einwohnerzahl anderer Städte erst an 55. Stelle im Bundesgebiet. (lid)

Frankfurter Rundschau,
8.5.1973

In Wirtschaft und Großgrundbesitz: Wenige bestimmen fast alles.

Rund 305 000 Familien — das sind nur 1,7 Prozent aller bundesdeutschen Haushalte — nennen mehr als ein Drittel aller Privatvermögen und über 70 Prozent aller Produktionsmittel ihr eigen!

Von dieser Gruppe der wirklich reichen Leute bilden nur etwa 5 050 Familien die oberste Spitze. Ihnen gehört ebensoviel wie den 300 000 übrigen Reichen zusammen: Ein Sechstel aller Privatvermögen der Bundesrepublik und knapp 40 Prozent aller Produktionsmittel! (1.)

Rund 2 400 Konzerngewaltige, Großaktionäre, Bankiers und Großgrundbesitzer haben ein Monatseinkommen von mehr als 200 000,— DM. Dagegen erhält der Arbeitnehmer durchschnittlich einen Lohn bzw. ein Gehalt von rund 850.— DM netto im Monat — im ganzen Jahr nicht so viel wie die Spitzenverdiener in zwei Arbeitstagen. (2.)

In Hessen gehören 1 274 Bürgern fast die Hälfte aller steuerpflichtigen Vermögen. In den Rest teilen sich 40 882 Landesbürger. Mehr als 5 Millionen Hessen haben nichts, was sich zu versteuern lohnte.

In Bayern verfügen 13 Familien — von den Fürsten Thurn und Taxis, Fugger, Waldheim, Leiningen usw. über den Grafen Törring bis zu den Baronen zu Guttenberg, von Feury, Heyl zu Herrnsheim und Poschinger von Frauenau, nicht zu vergessen den Bankier August von Finck — über zusammen mehr als 100 000 Hektar Boden — mehr als tausend Quadratkilometer, die genug wären, sämtliche Bewohner der Groß- und Mittelstädte Bayerns, mehr als 4 Millionen Menschen, mit familiengerechten Einfamilienhaus-Grundstücken zu versorgen, nämlich mit mindestens 1000 qm für jede Familie von durchschnittlich 4 Personen! (3.)

Ein ganzes Erholungsgebiet von Groß-Hamburg, nämlich der rund 70 Millionen Quadratmeter große Sachsenwald, gehört einer einzigen Person, dem Fürsten Otto von Bismarck. Fürst Bismarck, Enkel des „Eisernen Kanzlers", dem ein dankbarer Hohenzoller den Sachsenwald schenkte, läßt weite Gebiete *seines* Waldes für erholungssuchende Großstädter einfach sperren. Der Münchner Bankier August von Finck sperrt Ausflüglern, Einheimischen und Feriengästen nicht nur die Badestellen *seiner* Seen, sondern sogar die Sicht darauf! (4.)

Das sind keine seltenen Auswüchse. Die übrigen genannten Großgrundbesitzer und viele andere halten es ganz ähnlich. Und dabei sind sie fast ausnahmslos Förderer, Parlamentsmitglieder und zum Teil sogar Gründungsmitglieder von CDU/CSU, in deren Leitsätzen es 1949 hieß: *„Eigentum verpflichtet"* und *„Eine gerechte Verteilung der wirtschaftlichen Erträge und eine soziale Gesetzgebung müssen aus den vermögenslosen Schichten unseres Volkes in großem Umfange besitzende Eigentümer machen"*. (5.)

Fürst Bismarck und Fürst Fugger saßen für CDU/CSU im Bundestag, Baron zu Guttenberg und Frau Klee geborene Freiin Heyl zu Herrnsheim sind noch heute CDU/CSU-Bundestagsabgeordnete, Baron Feury sitzt für die CSU im bayerischen Landtag. Bankier von Finck und Konzernchef Dr. Herbert Quandt (Varta, BMW usw.) gehören zu den Förderern und Freunden von CSU-Chef Franz Josef Strauß, ebenso Flick-Generalbevollmächtigter Dr. Pohle, der zudem CSU-MdB ist. Sie alle sorgten mit dafür, daß nach 1945 einige wenige Unternehmer, Aktionäre und Großgrundbesitzer aus der Konkursmasse des „Dritten Reiches" ein Vermögen retten konnten, das nach sachverständigen Schätzungen heute 600 Milliarden DM wert ist. Dann bat man — mit einer Kopfquote von 40 DM — die Masse der Bundesbürger bei der Währungsreform an den Start in eine „Wohlstandsgesellschaft", während eine kleine Gruppe Auserlesener schon am Ziel war. Und schließlich wurde, verbrämt als „Soziale Marktwirtschaft" und nach dem Motto: *„Wer hat, dem wird gegeben"*, dafür gesorgt, daß die Superreichen — die Familien Flick, von Finck, Thyssen, Werhahn, Quandt, Oetker, Bosch, Siemens, Thurn und Taxis, Bismarck, von Opel und ein paar Dutzend mehr — noch reicher wurden. (6)

Das alles konnte geschehen, obwohl auch in der CDU starke Kräfte nachdrücklich für eine [illegible] eintraten. So äußerte Hans Katzer, Chef des Arbeitnehmerflügels der CDU im April 1970: *„Das Eigentum muß auch unserer Gesellschaftsstruktur gerecht werden. Es muß offen und zugänglich bleiben für alle Schichten unserer Industriegesellschaft".* (7)

Wie kam es zu dieser Entwicklung?

Zum Beispiel so: mit dem DM-Bilanzgesetz von 1949, das durch die Erlaubnis zu nochmaliger steuerlicher Abschreibung rund 12 Milliarden DM Gewinn brachte;

... mit der sogenannten 'degressiven Abschreibung', die rund 35 Milliarden zusätzlichen Gewinn ermöglichte;

... mit dem Paragraph 7 des Einkommensteuergesetzes, der vor allem Schiffs- und Wohnungsbau begünstigte. Gewinn: 15 Milliarden (8.)

Zu diesen fast 60 Milliarden DM, die der Allgemeinheit zugunsten einiger weniger vorenthalten wurden, kamen Subventionen für den landwirtschaftlichen Großgrundbesitz, vor allem aber Einkommen- und Vermögensteuergesetze, die die Superreichen in einer Weise schonten wie in keinem anderen Land der Welt, die USA nicht ausgenommen.

Das Ergebnis von 20 Jahren „Sozialer Marktwirtschaft"

hat der „Spiegel" so umrissen: *„Die Reichen wurden mühelos reicher ... Die klotzigen Kursgewinne deutscher Aktien flossen an den Arbeitnehmern vorüber"*. Nach Schätzung der Bundesbank gehören heute 68 Prozent aller deutschen Aktiengesellschaften den Großaktionären; vom Rest gehört der größte Teil einer kleinen Schicht privilegierter Manager. Ihr Dank: Ein „Hier-bin-ich-Herr-im-Hause"-Standpunkt.

Es gibt Ballungszentren, wo rund 90 Prozent allen privaten Baulandes einigen wenigen Superreichen gehören. Ihr Dank an die Öffentlichkeit: Boden- und Mietwucher sowie rigorose Sperrung von Wäldern, Wiesen und Seeufern.

Bis 1979 wird das Volksvermögen um etwa 1260 Milliarden wachsen. Den Löwenanteil dieses Zuwachses — das steht felsenfest — werden abermals jene 1,7 Prozent Bevorrechtigter erhalten, und 98,3 Prozent der Bundesbürger werden mit Konsumgütern (auf Raten) abgespeist werden; die Miet- und Bodenpreise werden weiter steigen, das autoritäre Gebaren von Konzernherren und Management wird mit ihrem Reichtum noch wachsen — sofern sich nichts ändert ... (9.)

Quelle «PRO», herausgegeben vom DGB Nov./Dez. 1970

Juristische Auseinandersetzungen um das Reichen-Plakat (Auszüge)

1. Prozeß CDU Heidelberg und Prozeß CDU Baden-Württemberg gegen Staeck

Eilt sehr!

13.April 1972

B/BL.

An das
Landgericht
-Zivilkammer-

6900 Heidelberg 1

In Sachen
der Christlichen demokratischen Union Kreisverband Heidelberg-Stadt, vertr.dch.d.Vorstand Alois Link, stellvertretender Vorsitzender u.Wahlkampfleiter
69 Heidelberg, Poststraße 30

Begl.Abschr.anb.

-Antragsteller-

Proz.Bevollm.:RA.Dr.H.Benstz, Heidelberg

EINGANG
14.4.72
Schneider, OGer.Vollz.

gegen

Herrn Klaus Steack, 69 Heidelberg
Theaterstraße 9, Rechtsanwalt.

-Antragsgegner-

wegen einstw. Verfügung

beantrage ich unter Vollmachtsvorlage gem.§§ 935 folg.ZPO -wegen der bestehenden Dringlichkeit ohne vorgängige mündliche Verhandlung- den Erlaß folgender

einstweiligen Verfügung:

1. Der Antragsgegner wird verurteilt sämtliche ~~Plakate~~ im Stadtgebiet Heidelberg angebrachten Plakate mit dem Inhalt: " Die Reichen müssen noch reicher werden - Deshalb CDU " innerhalb von 12 Stunden zu entfernen, widrigenfalls eine Geld-oder Haftstrafe, deren Höhe in das Ermessen des Gerichts gestellt wird (eine empfindliche Strafandrohung erscheint angebracht) verwirkt ist.

Hilfsweise: Der Antragstellerin wird gestattet die vorstehend genannten Plakate auf Kosten des Antragsgegners selbst zu entfernen oder zu überkleben.

2. Dem Antragsgegner wird bei Vermeidung einer vom Gericht für jeden Fall der Zuwiderhandlung festzusetzenden Geldstrafe oder Haftstrafe -die Bestimmung der Höhe wird in das Ermessen des Gerichts gestellt (auch hier erscheint eine empfindliche Strafandrohung angebracht) - Plakate mit der Aufschrift: " Die Reichen müssen noch reicher werden -deshalb CDU " oder ähnlichen polemisch-verleumderischen Inhalts auf Plakatständern der Antragstellerin oder einer anderen politischen Partei, auf gemieteten Plakatflächen, auf Litfaßsäulen oder sonst in der Öffentlichkeit anzubringen.

untersagt

3. Der Antragsgegner trägt die Kosten des Rechtstreits.

Gleichzeitig bitte ich die Zustellung und Vollstreckung der einstweiligen Verfügung durch die Vermittlung der Geschäftstelle an den zuständigen Herrn Gerichtsvollzieher zu veranlassen.

B e g r ü n d u n g:

I. Sachverhalt:

Die Antragsstellerin ist die örtlich selbständige Gliederung einer der beiden großen politischen Parteien in der Bundespepublik Deutschland. Sie befindet sich mitten im Wahlkampf für die Landtagswahl am 23. April 1972.

In den frühen Morgenstunden des heutigen Tages konnte an vielen Stellen im Stadtbezirk Heidelberg festgestellt werden, daß Plakatflächen der Antragstellerin und der FDP überklebt wardn mit fremden Plakaten folgenden Inhalts:

" Die Reichen müssen noch reicher werden - deshalb CDU "
Diese Plakate sind mit dem Namen des Antragsgegners, der sich damit als Urheber bekannt hat, gezeichnet.

Der Antragsgegner, der offenbar extrem linksgerichtete Tendenzen verfolgt, will damit in einer die Tatsachen grob verfälschenden Art und Weise beim einfachen Wähler den Eindruck erwecken, als ob die Antragstellerin eine Partei der " Reichen " sei und nur für deren Interessen eintrete. Es handelt sich um eine grobe politische Irreführung der Öffentlichkeit, welche die Antragstellerin unter keinen Umständen hinnehmen kann. Bezeichnenderweise wurden nach den bisher getroffenen Feststellungen ausschließlich Plakatflächen der Antragstellerin und der FDP für die beanstandeten Plakate verwendet und nicht solche der SPD.

Die vorstehend beschriebene Absicht des Antragsgegners ist so offenkundig, daß sich jede weitere Erläuterung erübrigt.

II. Anspruchsgrundlage:

Die kleineren Plakatständer, die von der Antragstellerin zur Wahlwerbung benutzt werden, befinden sich in ihrem Eigentum. Die großen Flächen an markanten Punkten der Stadt wie z.B. am Bismarkplatz, am Universitätsplatz und an anderen Stellen sind von einer Firma gemietet. Daraus ergibt sich ein Anspruch der Antragstellerin aus §§ 992, 823 BGB. Da sich diese Flächen im Eigenbesitz der Antragstellerin befinden, ergibt sich außerdem ein Beseitigungs-u.Unterlassungsanspruch gem.§ 862,1 BGB. Die Wiederholungsgefahr ist dadurch begründet, daß der Antragsgegner vor etwa 2 Wochen ein Plakat mit der Aufschrift: " Wir sind für die Ostverträge, Herr Barzel !, Interessengemeinschaft der Boten des 2. Weltkrieges k.e.V. " An zahlreichen Litfaßsäulen im Stadtgebiet von Heidelberg angebracht hat.
Bei den Tendenzen, die der Antragsgegner vertritt, ist ohne weiteres damit zu rechnen, daß er ähnliche Aktionen vor dem Wahltag wiederholen wird. Wie der Unterzeichnete bei der Abfassung dieses Schriftsatzes soeben erfährt - allerdings noch unverbürgt- sollen bereits neue Plakate dieser Art zur Verteilung gelangt sein.

Der Name der Antragsstellerin ist rechtlich geschützt. Der Antragsgegner ist nicht befugt diesen Namen für seine Zwecke zu gebrauchen. Hieraus ergibt sich ebenfalls ein Beseitigungs-u.Unterlassungsanspruch gem.§ 12 BGB.

Das Plakat des Antragsgegners bedeutet inhaltlich und

strafrechtlich eine üble Nachrede der Antragsstellerin im Sinne des § 186 StGB. Es liegt auf der Hand, Daß hiermit die Antragstellerin als eine Partei der Reichen dikriminiert werden soll. Daraus ergibt sich ebenfalls ein Beseitigungs-u. Unterlassungsanspruch gem. § 823,2 BGB. Auf die Möglichkeit einer analogen Anwendung des § 1004 BGB auf dem Gebiet des Ehrenrechtschutzes gestatte ich mir hinzuweisen.

III. Dringlichkeit:

Da sich der Wahlkampf zur Zeit in seiner " heißen Phase " befindet, muß die Antragstellerin den aller größten Wwert darauf legen, daß derartige, durch die Wahrnehmung berechtigter Interessen in keiner Weise zu rechtfertigenden Aktionen kurzfristig unterbunden werden, weil sonst die Gefahr einer entsprechenden, für die Antragstellerin ungünstigen Beeinflussung der Bevölkerung besteht. Es ist daher der Erlaß der beantragten einstw. Verfügung, und zwar ohne mündliche Verhandlung, dringend geboten. Die Notwendigkeit dazu besteht auch deshalb, weil die Antragstellerin ein erhebliches Interesse daran hat, ihre legitimen Propagandamittel von rechtswidrigen Eingriffen Dritter frei zu halten, um sie in vollem Umfang für die eigene Werbung einsetzen zu können, und das ganz besonders in der kurzen noch zur Verfügung stehenden Zeit vor dem Wahltag.

IV. Glaubhaftmachung:

Zur Glaubhaftmachung übergebe ich eidesstattliche Erklärungen des Leiters der Geschäftsstelle der Antragstellerin, Hugo Schwöbel, sowie des Herrn Willi Kücherer, beide vom 13.4.1972.

Weiter übergebe ich einen überklebten Plakatständer der Antragstellerin und einen solchen der FDP.

V. Gerichtstand:

Das angerufene Gericht ist gem. §§ 937, 943, 13 ZPO sachlich und örtlich zuständige Bei der Bedeutung der Sache für die

Antragstellerin und im Hinblick auf die Höhe des entstandenen Schadens wird in jedem Fall das Landgericht zur Entscheidung eines etwaigen Hauptverfahrens sachlich berufen sein.

gez.Dr.Benstz

Rechtsanwalt

Landgericht Heidelberg
- Zivilkammer 1 -

Heidelberg, den 13. April 1972

1 O 96/72

In Sachen

CDU - Heidelberg...
gegen
Klaus Staeck...

wegen einstweiliger Verfügung

Beschluss

Wegen Dringlichkeit wird ohne mündliche Verhandlung angeordnet:

Im Wege einstweiliger Verfügung wird dem Antragsgegner bei Vermeidung von Geld- oder Haftstrafe untersagt, Plakate mit der Aufschrift

"Die Reichen müssen noch reicher werden
deshalb CDU"

im Stadtgebiet Heidelberg in der Öffentlichkeit anzubringen und / oder zu belassen.

Der Antragsgegner trägt die Kosten.

gez. Steinhilber Landgerichtsrat	Dr.Blauth Landgerichtsrat	Zarbock Landgerichtsrat

E. NERZ
RECHTSANWALT

bei allen Amtsgerichten, bei den Landgerichten Mannheim und Heidelberg.

E. NERZ · RECHTSANWALT · 68 MANNHEIM 1 · O 3, 2

68 MANNHEIM 1
O 3, 2 (an der Hauptpost)
Telefon 26062

P 1. Großparkhaus N 2
2. Paradeplatzbunker N 1

An das
Landgericht
Zivilkammer I

6900 Heidelberg

Mannheim, den
19. 4. 1972

BETR. SACHE:
bitte stets angeben AZ: 1 -O- 96/72
2 Abschr.anbei

n-w.

In Sachen

CDU - Heidelberg...
gegen
Klaus Staeck...

wegen einstweiliger Verfügung

erlaube ich mir anzuzeigen, daß ich den Antragsgegner vertrete. Namens meines Mandanten erhebe ich gegen die einstweilige Verfügung des Landgerichts Heidelberg vom 13.4.1972 (AZ: 1 -O- 96/72) - zugestellt am 14.4.1972 (durch Niederlegung bei der Wachtmeisterei des Landgerichts) -

W i d e r s p r u c h

Ich bitte um Anberaumung eines Verhandlungstermins. Im Termin werde ich beantragen, das Gericht möge für Recht erkennen:

1.
Die einstweilige Verfügung des Landgerichts Heidelberg vom 13.4.1972 - 1 -O- 96/72 - wird aufgehoben.

2.
Der Antragssteller trägt die Kosten des Verfahrens.

Fürsorglich für den Fall, daß das Gericht auf den Widerspruch hin, die einstweilige Verfügung nicht aufhebt, bitte ich, der Antragsstellerin aufzugeben, innerhalb einer Frist von 1 Woche Klage zur Hauptsache zu erheben.

Zur

B e g r ü n d u n g

trage ich vor:

I.
Die einstweilige Verfügung entbehrt der Anspruchsgrundlage.
1.
Eine Verletzung des Namensrechts der CDU liegt nicht vor.
a)
Sieht man zunächst vom Inhalt des Plakates ab, so erfolgt der Aufruf, eine bestimmte Partei zu wählen nicht notwendig im Namen dieser Partei. Zahlreiche Wählerinitiativen aller drei im Bundestag vertretenen Parteien zeigen dies zur Genüge. Der Hinweis des Plakates auf eine Wahl der CDU bezieht sich t a t s ä c h l i c h auch nicht auf die CDU als Urheberin des Plakates.

b)
Ein unbefugter Gebrauch des Namens der CDU durch den Antragsgegner ergibt sich auch nicht aus den Umständen. Abgesehen davon, daß auch außerparteiliche Wählerinitiativen auf den Plakatwänden der favorisierten Parteien erscheinen, hat der Antragsgegner die Plakate weder auf CDU-Plakatständern geklebt, noch gewußt, daß dort solche Plakate geklebt werden würden. Er hat damit auch nicht gerechnet oder dies billiegend in Kauf genommen. Der Antragsgegner hat vielmehr das inkriminierte Plakat entworfen und sodann verkauft.

Beweis: anliegende eidesstattliche Versicherung des Antragsgegners.

c)
Die Tatsache, daß die Worte "deshalb CDU" üblicherweise von der CDU verwendet werden, rechtfertigt es nicht, einen Namensmißbrauch "aus den Umständen" zu entnehmen. Abgesehen von den zahlreichen Ausnahmen, auf die bereits verwiesen wurde, ist die Welt, wie jedermann aus Sprachen und Litheratur weiß, voll von solchen Stil-Figuren, die von der durchschaubaren Gegenposition her, gemeint sind. Wer jemandem entgegenhält, doch "rüber zu gehen in das Paradies der Werktätigen" redet offenbar nicht als Kommunist, sondern trotz des entgegenstehenden äußeren Anscheins als Anti-Kommunist; und wer sagt, jemand solle mit seiner starken Raucherei nur so weiter machen, wird von niemandem als Werber für verstärkten Tabakgenuß angesehen.

Daß die auf dem Plakat verwendete Sprachfigur dem Leser bevor er den Witz der Sache erkennt, im ersten Augenblick an eine ausdrückliche Forderung der CDU denken läßt, ist im Grunde ein spezifisches Mittel der Verfremdung, der sich - bewußt oder unbewußt - jeder bedient, der um kritische Aufmerksamkeit für ein bestimmtes Anliegen bittet, so wie alle Kunst als ein Versuch bezeichnet werden kann, durch Verfremdung alltäglicher

Auffassung überraschend auf bestimmte Anliegen hinzuweisen. Dieses Mittel ist auch - und erst recht - im Wahlkampf legitim. Dieses Mittel durch Gerichtsentscheidungen zu verbieten oder einzuschränken, würde die subtilen Ausdrucksmöglichkeiten des Menschen in Kunst und Alltag unerträglich beschneiden.

Daß nicht nur die vom Antragssteller in seiner Antragsschrift zitierten einfachen Wählerschichten, sondern auch die aller-einfachsten Gemüter und Sympathisanten des Antragsstellers solche Sprachfiguren sofort durchschauen und wissen, was damit gemeint ist, zeigt die Tatsache, daß dem Antragsgegner seitdem Auftauchen der Plakate in der Öffentlichkeit, Prügel, Totschlag und ähnliche Übel angedroht wurden. Auf die anliegende eidesstattliche Versicherung wird verwiesen.

2.
Der Inhalt des Plakats geht dahin: Wenn Ihr die Reichen noch reicher machen wollt, dann müßt ihr CDU wählen. Die damit gleichzeitig vorgebrachte Behauptung, daß die CDU tendenziell eine Partei der Begüterten ist, bleibt aufrecht erhalten. Daß die einstweilige Verfügung ihren Rechtsgrund auch nicht in dieser im Wahlkampf aufgestellten Behauptung haben kann, erscheint offensichtlich.

II.
Ich erlaube mir bei dieser Gelegenheit darauf hinzuweisen, daß die einstweilige Verfügung vom 13.4.1972 im Vergleich zum Antrag vom gleichen Tage dem Antragssteller weniger zugesprochen hat, als dieser begehrte, begehrte doch der Antragssteller außerdem, es dem Antragsgegner zu untersagen "Plakate mit der Aufschrift: Die Reichen müssen noch reicher werden - deshalb CDU, o d e r ä h n l i c h e n p o l e m i s c h - v e r l e u m d e r i s c h e n I n h a l t s .... anzubringen."

.....

gez. E. Nerz
Rechtsanwalt

Ausfertigung

Landgericht

Geschäfts-Nr.: 1 O 99/72

Bitte bei allen Schreiben angeben!

Im Namen des Volkes

Urteil

In Sachen

Christlich Demokratischen Union Deutschlands, Landesverband Baden-Württemberg, 7 Stuttgart, Hohenheimer Str. 9, vertr. d. d. Generalsekretär Wolfgang Schall u. d. Wahlkampfleiter Dr. Gerhard Mahler

Verkündet
am 4. Mai 1972
gez. Menrath
Justizangestellte

Kläger

Prozeßbevollmächtigter: Rechtsanwalt Dr. Benstz, Heidelberg

gegen

Klaus Staeck, Rechtsanwalt, Heidelberg, Theaterstr. 9

Beklagter

Prozeßbevollmächtigter: Rechtsanwalt ~~Dr.~~ Nerz, Mannheim

wegen einstw. Verfügung

hat die 1. Zivil/Kammer ~~- für Handelssachen -~~

des Landgerichts Heidelberg

auf die ~~– ohne –~~ mündliche Verhandlung vom ~~am~~ 25. April 1972

unter Mitwirkung von Landgerichtsdirektor Mentz als Vorsitzendem
Landgerichtsrat Steinhilber u. Gerichtsassessor Weiß als beisitzenden Richter

für Recht erkannt:

1. Die Hauptsache ist erledigt.
2. Der Beklagte trägt die Kosten.
3. Das Urteil ist vorläufig vollstreckbar.

Herrn
Rechtsanwalt
Nerz
Mannheim

— Anzeige —

Mit-bürger!

Die Landtagswahl am 23. April entscheidet darüber, ob die CDU weiterhin die Landespolitik führt. Die Landtagswahl beeinflußt auch die Bundespolitik. Schließlich geht es darum, daß die Grundwerte unserer gesellschaftlichen und staatlichen Ordnung gesichert werden: die Leistungsfähigkeit in allen Bereichen, die sachbezogene Diskussion, die Loyalität gegenüber Verfassung und Recht.

Wie wenig selbstverständlich dies geworden ist, sieht man gerade in Heidelberg am Beispiel der Universität. Dort sind Forschung, Lehre und Studieren teils deutlich beeinträchtigt, teils erheblich gefährdet. Recht und Ordnung werden vielfach mißachtet. Sie sind aber die Grundlage für sinnvolle Reformen. Dieser elementare Zusammenhang wird heute oft verkannt. Das wirkt sich nicht nur in der Universität, sondern in der ganzen Gesellschaft schädlich aus.

Die CDU hat auf die Gefahren dieser Entwicklung hingewiesen und sich nach Kräften bemüht, ihnen entgegenzuwirken. Insbesondere kann dies Prof. Wilhelm Hahn, der Abgeordnete Heidelbergs im Landtag und Kultusminister des Landes Baden-Württembergs, für sich beanspruchen. Er hat dies vor allem durch seine sorgfältig geplante und realistische Bildungspolitik bewiesen.

Wir halten es deshalb für richtig, am 23. April 1972 Prof. Wilhelm Hahn, den Kandidaten der CDU, zu wählen.

Fritz Bornemann, Rechtsanwalt
Dr. Otto Bott, Unternehmer
Peter Bräuer, Versicherungsdirektor
Prof. Dr. Christian Habicht, Universitätsprofessor
Prof. Dr. Rainhard Schaeder
Dr. Anneliese Dittmann, Hausfrau
Prof. Dr. Emil Vierneisel
Frau Christine Schneider, Hausfrau
Dr. Ewald Krupp, Rechtsanwalt
Freiin von Campenhausen, Rechtsanwältin
Dr. Dietrich Lang, Reg.-Baurat
Dr. Erich Knoll, Zahnarzt
Ernst Henn, Vers.-Kaufmann
Manfred Melliand, Verleger
Dr. Hanna Grisebach
Stadtrat Werner Poppen, Rechtsanwalt
Hans Schulze, Dozent
Gertrud Kayser, Restauratorin
Wilhelm Ernst, Verwaltungsdirektor
Stadtrat Erich Hoffmann, Fabrikant
Richard Mentz, Landgerichtsdirektor
Dr. Hanns Wehrfritz, Rechtsanwalt, Bezirksvors. der Freien Wählervereinigung Nord-Baden
Dr. Georg Ress, wiss. Referent
Dr. Hartmut Schiedermair, wiss. Referent

Anzeige in *Rhein-Neckar-Zeitung,* 21.4.1972
LGDir Mentz war Vorsitzender der I. Zivilkammer im Verfahren CDU/Staeck

Wird das Signum einer politischen Partei auf einem zur Propaganda *gegen* sie bestimmten Plakat in einer Weise verwendet, die das Plakat im ersten Anschein als eines dieser Partei erscheinen läßt, so kann die Partei auf Grund ihres Namensrechts dagegen vorgehen.

OLG KARLSRUHE, Urt. v. 1. 9. 1972 – 10 U 137/72

Der Beklagte, der sich außer als Rechtsanwalt auch als Grafiker betätigt, stellte während des Landtagswahlkampfes in Baden-Württemberg 1972 (Wahltag 23. 4.) ein Plakat her, das auf weißem Grund in großen Buchstaben den Text enthielt: „Die Reichen müssen noch reicher werden – deshalb CDU".

Die Buchstaben CDU sind in der Form und der roten Farbe des Signums gehalten, das die CDU als charakteristisches Zeichen in diesem Landtagswahlkampf allgemein für sich verwendet hat. Der übrige Text des Plakats ist schwarz gedruckt. Solche Plakate tauchten zunächst am 13. 4. 1972 in Heidelberg auf Plakatflächen der CDU und der FDP auf, wo sie über die dort befindlichen Plakate geklebt waren. Das Impressum wies auf den Beklagten als Hersteller hin. Auf Antrag des Klägers (Landesverband der CDU) erließ das LG H. am 13. 4. 1972 eine einstweilige Verfügung, die dem Beklagten bei Vermeidung von Geld- oder Haftstrafe untersagte, Plakate mit der Aufschrift „Die Reichen müssen noch reicher werden – deshalb CDU" im Stadtgebiet Heidelberg in der Öffentlichkeit anzubringen und/oder zu belassen.

Am 18. 4. 1972 begehrte der Kläger mit der Begründung, weitere Plakate seien an anderen Orten in Baden-Württemberg aufgetaucht, den Erlaß einer weiteren einstweiligen Verfügung des Inhalts, dem Antragsgegner bei Vermeidung einer Geld- oder Haftstrafe zu untersagen, Plakate mit der Aufschrift „Die Reichen müssen noch reicher werden – deshalb CDU" auch außerhalb des Stadtgebiets von H. in der Öffentlichkeit anzubringen und/oder zu belassen. Das LG H. gab dem Antrag durch Erlaß der beantragten einstweiligen Verfügung am selben Tage statt.

Am 20. 4. 1972 erhob der Beklagte gegen beide einstweilige Verfügungen Widerspruch mit der Begründung, daß eine Verletzung des Namensrechts des Klägers nicht vorliege.

Im Termin v. 25. 4. 1972 erklärte der Kläger die Hauptsache in beiden Verfahren der einstweiligen Verfügung für erledigt und beantragte, dem Beklagten die Kosten aufzuerlegen, fürsorglich, die einstweiligen Verfügungen zu bestätigen.

Der Beklagte stimmte der Erledigungserklärung nicht zu, sondern beantragte Aufhebung der einstweiligen Verfügungen.

Durch Urteil v. 4. 5. 1972 hat das LG H. die Hauptsache in beiden Verfahren für erledigt erklärt und dem Beklagten die Kosten der Verfahren auferlegt.

Die Berufung des Beklagten hatte keinen Erfolg.

Aus den Gründen: Der Rechtsstreit geht im Kern um die Frage, ob es Rechtens ist, daß der Beklagte das Signum der CDU auf einem zur Propaganda gegen sie bestimmten Plakat in einer Weise verwendet hat, die im ersten Anschein das Plakat als ein solches der CDU erscheinen ließ.

1. Entgegen der Auffassung des Beklagten verletzen die Plakate das Namensrecht der CDU. Daß die CDU auch für ihr Signum, die Abkürzung ihres vollen Namens, den Schutz des § 12 BGB genießt, ist nicht zu bezweifeln. Denn dieses Signum ist genau wie bei den anderen Parteien für sie so kennzeichnungskräftig wie ihr voller Name. Nicht der volle Name, sondern das Signum wird in der Regel zur Bezeichnung der Partei im Alltagsleben gebraucht. Diese Abkürzung hat somit die Verkehrsgeltung, die zur Gewährung von Namensschutz für Buchstabenfolgen erforderlich ist (vgl. *BGHZ* 43, 245, 252 = NJW 65, 859). Sie ist die Marke, unter der die Partei vor allem auch im Wahlkampf und auf Plakaten in der Öffentlichkeit auftritt und die sie kennzeichnet.

a) Ein Gebrauch des Namens im Sinne von § 12 BGB liegt vor, wenn der Name in einer Weise verwendet wird, die auf den Namensträger als Urheber hinweist, wenn also Identität mit diesem vorgetäuscht wird (STAUDINGER-COING, BGB, 11. Aufl., § 12 Rdnr. 76). Ein solcher Identitätsirrtum wird im Betrachter des Plakats zunächst hervorgerufen. Das Zeichen CDU ist so angebracht, daß der Anschein erweckt wird, es handle sich um ein Wahlplakat der CDU. Hinzu kommt die Form des Zeichens. Bei dem dem Senat vorliegenden Plakat, mit dem ein Originalplakat der CDU überklebt ist, wird der Identitätsirrtum besonders anschaulich. Diese Verwendung des Signums führt dazu, daß derjenige, der das Plakat zunächst sieht, annimmt, es handele sich um eine Werbung für die CDU. Beim Lesen des

Textes merkt allerdings der kundige Betrachter, daß es sich um eine Werbung *gegen* und nicht *für* die CDU handelt. Der Sinn und Zweck des Plakats besteht darin, zunächst einen Identitätsirrtum hervorzurufen. Das ist gerade „der Witz an der Sache", wie der Beklagte formuliert hat. Durch diesen Identitätsirrtum will der Beklagte den von ihm erstrebten Effekt erreichen. Er beruft sich als Beispiel auf das Stilmittel der Verfremdung. Die Leser sollen das Plakat zunächst für eines der CDU halten und als solches lesen. Erst nach dem Lesen kommt der Gedanke: Da kann doch etwas nicht stimmen. Das muß doch von einem Gegner der CDU sein. Der Identitätsirrtum wird also beim politisch kundigen Leser zwar rasch beseitigt, zunächst einmal aber bewußt als Mittel des politischen Kampfes verwendet.

b) Dieser unbefugte Gebrauch ihres Namens verletzt auch die berechtigten Interessen des Namensträgers. Es ist unerheblich, ob der Beklagte und die SPD, der er angehört, die Aussage des Plakats für richtig halten. Entscheidend ist allein, daß der Name der CDU im Wahlkampf namensmäßig gebraucht wird, um gegen sie Propaganda zu machen. Das verletzt auf jeden Fall berechtigte Interessen des Namensträgers. Er braucht es sich nicht gefallen zu lassen, daß eine gegen ihn gerichtete Parole in einer Weise verwendet wird, die durch den Gebrauch seines Namens zunächst den Irrtum hervorruft, daß sie von ihm stamme. Das hat mit dem Stilmittel der Parodie nichts zu tun. Denn die Parodie ruft keinen Identitätsirrtum über den Urheber hervor, wenn sie die Eigentümlichkeit einer Person oder eines Werks durch Übersteigerung ins Lächerliche zieht. Dasselbe gilt für die Satire als literarische Form.

Das Impressum, das den Namen des Beklagten nennt, weist ihn nur als den presserechtlich Verantwortlichen aus, wie es § 8 des Landespressegesetzes vorschreibt. Über den befugten oder unbefugten Gebrauch des Namens der CDU gibt es keine Auskunft und ist deshalb nicht geeignet, den Identitätsirrtum des Lesers zu beseitigen, abgesehen davon, daß es bei einem Straßenplakat kaum gelesen wird.

2. Dem Kläger stand auf Grund des unbefugten Ge-

brauchs seines Namens nicht nur ein negatorischer Beseitigungsanspruch aus § 12 Satz 1 BGB, sondern auch ein deliktischer Beseitigungsanspruch aus §§ 823 Abs. 1, 249 BGB zu. Das Namensrecht ist ein absolutes Recht im Sinne von § 823 Abs. 1 BGB (vgl. SOERGEL-ZEUNER, BGB, 10. Aufl., § 823 Rdnr. 46; PALANDT-THOMAS, BGB, 31. Aufl., § 823 Anm. 6c). Seine schuldhafte Verletzung zieht daher einen Schadensersatzanspruch aus § 823 Abs. 1 BGB nach sich. Dieser geht gemäß § 249 BGB auf Wiederherstellung des Zustandes, der ohne die den Schaden verursachende Handlung bestände, also auf Beseitigung der Beeinträchtigung des Namensrechts. Daß der Beklagte den Namen der CDU vorsätzlich gebraucht hat, bestreitet er nicht. Das Plakat war nach seiner Ausgestaltung auch dazu bestimmt, in der Öffentlichkeit verbreitet zu werden. Ein solches Plakat wird in der „heißen" Phase des Wahlkampfs nicht gedruckt und verkauft, damit es als Poster eine Wohnzimmerwand schmücke. Es soll vielmehr in der Öffentlichkeit Passanten im Sinne der politischen Einstellung des Herstellers beeinflussen. Wie der Beklagte bei der Erörterung des Stilmittels der Verfremdung vorträgt, sollten die Plakate im Beschauer den Eindruck erwecken, er habe ein Plakat der CDU vor sich. Diesen Eindruck konnten sie aber nur erwecken, wenn sie in der Öffentlichkeit als Wahlplakat angebracht wurden. Außerdem hatte der Beklagte größere Posten der Plakate verkauft und rechnete damit, daß noch nach dem 17. 4. 1972 Plakate in der Öffentlichkeit auftauchen könnten. Er hat mithin die Plakate zur Verbreitung in der Öffentlicheit bestimmt gehabt und mit diesem Ziel veräußert. Infolgedessen hat der Beklagte auch insoweit vorsätzlich gehandelt, als es um die Verbreitung des Plakats in der Öffentlichkeit geht. Daß er nicht gewollt hat, daß damit andere Plakate überklebt würden, glaubt ihm der Senat. Das Überkleben der anderen Plakate ist jedoch nicht entscheidend für die Verletzung des Namensrechts. Entscheidend ist allein der unbefugte, gegen die Interessen des Namensträgers gerichtete Gebrauch. Der deliktische Beseitigungsanspruch richtet sich gemäß §§ 830 Abs. 1, 840 Abs. 1 BGB gegen den Beklagten als Gesamtschuldner der unerlaubten Handlung der Verletzung des Namensrechts, die durch die Herstellung und den Verkauf der Plakate zur Verwendung in der Öffentlichkeit und durch deren Anbringen in der Öffentlichkeit durch Abnehmer geschah. Daher kann der Kläger gemäß § 421 Satz 1 BGB vom Beklagten als dem einzigen ihm bekannten Gesamtschuldner dieses Beseitigungsanspruchs die Beseitigung fordern.

3. Diesen Beseitigungsanspruch hat das LG in der einstweiligen Verfügung gemäß dem an der früheren einstweiligen Verfügung derselben Kammer orientierten Antrag des Klägers in die Form gekleidet, daß es dem Beklagten unter Strafandrohung verbot, die Plakate in der Öffentlichkeit „zu belassen". Dieses *Verbot*, die Plakate zu belassen, bedeutet rechtlich trotz der an § 890 ZPO orientierten Formulierung ein *Gebot* zum Handeln, nämlich den durch die in der Öffentlichkeit hängenden Plakate eingetretenen Zustand einer fortdauernden Verletzung des Namensrechts des Klägers zu beseitigen. Die einstweilige Verfügung war also nicht ganz richtig formuliert. Das macht sie jedoch weder unwirksam noch rechtswidrig. Es wäre angesichts des § 938 ZPO Sache der Kammer gewesen, sofern das Verfahren weitergegangen wäre, in dem auf den Widerspruch des Beklagten ergehenden Urteil, die richtige Formulierung für das Gebot der Beseitigung zu finden. Sie ging damit nicht über den Antrag des Klägers hinaus. Denn daß dieser nicht allein Unterlassung künftiger Beeinträchtigungen, sondern Beseitigung der bereits vorhandenen wollte, ging aus dem Antrag auf Erlaß der einstweiligen Verfügung eindeutig hervor.

Die Wendung „zu belassen" ist entgegen der Ansicht des Beklagten auch weder zu unbestimmt noch gebietet sie dem Beklagten mehr, als zur Beseitigung der Beeinträchtigung des Namensrechts des Klägers notwendig ist. Indem das LG, das Wort „belassen" verwendete, sollte ersichtlich dem Beklagten freigestellt werden, wie er die Beeinträchtigung des Namensrechts des Klägers beseitigte. Das Gebot ging nur dahin, die Plakate mit *dieser* Aufschrift in der Öffentlichkeit zu belassen. Darauf hatte der Kläger einen namensrechtlichen Anspruch. Wie der Beklagte diesem Gebot nachkam, ob durch Abreißen der ganzen Plakate, durch Überkleben oder durch Überkleben nur des Signums der CDU, das blieb ihm überlassen. Infolgedessen verlangt das Gebot vom Beklagten, nicht mehr als zur Behebung der Verletzung des Namensrechts der CDU notwendig ist.

4. Dem Kläger stand auch ein Unterlassungsanspruch gemäß § 12 Satz 2 BGB gegen den Beklagten zu. Dieser setzt die Gefahr weiterer Beeinträchtigung des Namensrechts, also Wiederholungsgefahr, voraus. Die Besorgnis weiterer Verletzungen des Namensrechts bestand. Die vorausgegangene Verletzung des Namensrechts und ihre Wiederholung legten die Gefahr weiterer Verletzungen nahe, jedenfalls für die Dauer des Wahlkampfes. Die Erklärung des Beklagten v. 17. 4. 1972 beseitigte die Wiederholungsgefahr nicht. Im Wettbewerb wird vielfach ein strafbewehrtes Verprechen, die beanstandete Verletzungshandlung in Zukunft zu unterlassen, die Wiederholungsgefahr beseitigen (vgl. *BGH*, GRUR 1955, 390, 391 und NJW 62, 1390, 1392). Jedoch kommt es stets auf die Umstände des Einzelfalls an. An die Beseitigung der Wiederholungsgefahr sind grundsätzlich strenge Anforderungen zu stellen. So wird in aller Regel die Wiederholungsgefahr nicht ausgeräumt, wenn der Antrag auf Klagabweisung mit der Begründung aufrechterhalten wird, die beanstandete Handlung sei rechtmäßig, und zwar selbst dann nicht, wenn der Beklagte im Verlauf des Verfahrens das Versprechen abgibt, die Handlung zu unterlassen (*BGHZ* 14, 163, 167 = NJW 54, 1682).

Im vorliegenden Verfahren hat der Beklagte stets den Standpunkt vertreten, er sei zur Verwendung des Namens CDU berechtigt und daher stehe dem Kläger kein Unterlassungsanspruch zu. In dem Schreiben v. 17. 4. 1972 verpflichtete er sich, keine Plakate selbst in der Öffentlichkeit anzubringen, und bot für den Fall der Zuwiderhandlung gegen diese Verpflichtung eine Konventionalstrafe an, die das LG festsetzen sollte. Es kann dahin stehen, ob eine solche, die im Falle der Zuwiderhandlung zu zahlende Strafe nicht nennende Unterlassungserklärung geeignet sein kann, die Wiederholungsgefahr zu beseitigen. Denn hier beseitigte das Schreiben die Wiederholungsgefahr schon deshalb nicht, weil der Beklagte sich nur verpflichtete, selbst keine Plakate anzubringen. Da er selbst keine Plakate angebracht hat, sondern das andere Personen taten, räumte diese Erklärung die Wiederholungsgefahr künftiger Verletzungen des Namensrechts des Klägers, für die der Beklagte, wie oben ausgeführt, gemäß §§ 830 Abs. 1, 840 Abs. 1 BGB gesamtschuldnerisch haftete, nicht aus. Mit solchen weiteren Verletzungen des Namensrechts rechnete er, wie er bei der Erläuterung seiner Erklärung v. 17. 4. 1972 schriftsätzlich ausgeführt hat.

5. Das Recht der freien Meinungsäußerung des Beklagten wird durch die Untersagung des Gebrauchs eines fremden Namens nicht verletzt. Das Recht der freien Meinungsäußerung steht nach Art. 5 Abs. 2 GG unter dem Vorbehalt der allgemeinen Gesetze. Zu diesen allgemeinen Gesetzen hören die Normen des bürgerlichen Rechts und daher auch § 12 BGB. Zwar müssen die allgemeinen Gesetze nach der Rechtsprechung des *BVerfG* seit dem Lüth-Urteil v. 15. 1. 1958 (*BVerfGE* 7, 198ff., 208 = NJW 58, 257) in ihrer

„das Grundrecht beschränkenden Wirkung ihrerseits im Lichte der Bedeutung dieses Grundrechts gesehen und so interpretiert werden, daß der besondere Wertgehalt dieses Rechts, der in der freiheitlichen Demokratie zu einer grundsätzlichen Vermutung für die Freiheit der Rede in allen Bereichen, namentlich aber im öffentlichen Leben, führen muß, auf jeden Fall gewahrt bleibt. Die gegenseitige Beziehung zwischen Grundrecht und ‚allgemeinem Gesetz' ist also nicht als einseitige Beschränkung der Geltungskraft des Grundrechts durch die allgemeinen Gesetze" aufzufassen; es findet vielmehr eine Wechselwirkung in dem Sinne statt, daß die ‚allgemeinen Gesetze' zwar dem Wortlaut **nach dem Grundrecht Schranken setzen, ihrerseits aber aus der Erkenntnis der wertsetzenden Bedeutung dieses Grundrechts im freiheitlichen demokratischen Staat ausgelegt und so in ihrer das Grundrecht begrenzenden Wirkung selbst wieder eingeschränkt werden müssen".**

Im vorliegenden Fall führt diese Abwägung des Rechts des Klägers, gegen Mißbrauch seines Namens gerade im Wahlkampf vorzugehen, und der Freiheit der Meinungsäußerung des Beklagten dazu, daß das allgemeine Gesetz des § 12 BGB nach Art. 5 Abs. 2 GG dem Beklagten die von ihm gewählte Form der Meinungsäußerung untersagt. Es stehen ihm alle möglichen Formen frei, seine Meinung über die CDU zu äußern, die dahingeht, wer die CDU wähle, bewirke, daß infolge ihrer Politik die Reichen noch reicher würden, aber nicht so, daß dies in Plakaten geschieht, die die CDU als Urheberin dieses Spruches ausgeben. Der

Schutz des Namens einer politischen Partei gegen den Gebrauch im Sinne des § 12 BGB durch den politischen Gegner dient gleichzeitig der Offenheit und Fairneß des politischen Kampfes. Der Gegner einer Partei muß sich als solcher zu erkennen geben und darf nicht mit einem fremden Namen operieren. Dadurch wird seine Freiheit, die Meinung über den jeweiligen Gegner zu sagen, nicht beschränkt. Er kann sie sagen, muß es aber im eigenen und nicht unter Mißbrauch des Namens des Gegners tun.

6. Auch die Freiheit der Kunst wird nicht verletzt, wenn dem Beklagten der Mißbrauch des Namens der CDU verwehrt wird. Trotz der scheinbar absolute Freiheit garantierenden Formulierung des Art. 5 Abs. 3 Satz 1 GG ist sie nicht von jeder Schranke frei. In dem Zusammenleben der Menschen gibt es keine absolute Freiheit, sobald es sich um Wirkungen im sozialen Bereich handelt, und es kann auch keine geben. Denn jeder trifft mit seinem Handeln und Wirken auf die Mitmenschen und deren Freiheitsräume, die ebenfalls gewahrt werden müssen. Keiner könnte daher seine Freiheit absolut setzen, ohne die den anderen ebenso wie ihm gewährten Freiheiten und Rechte zu beschränken. Auch die Freiheitsverbürgung des Art. 5 Abs. 3 Satz 1 GG geht von dem Menschenbild des GG aus, d. h. vom Menschen als eigenverantwortlicher Persönlichkeit, die sich innerhalb der sozialen Gemeinschaft frei entfaltet. Der Vorbehaltslosigkeit des Grundrechts kommt die Bedeutung zu, daß seine Grenzen von der Verfassung her unter Berücksichtigung ihrer Wertordnung zu bestimmen sind (*BVerfGE* 30, 173, 193 = NJW 71, 1645). So kann die Kunstfreiheit etwa mit dem ebenfalls verfassungsrechtlich geschützten Persönlichkeitsbereich mit der Menschenwürde, in Konflikt kommen (aaO S. 193/194). Zu den Konkretisierungen der Menschenwürde im einfachen Recht gehören das Recht der persönlichen Ehre, das Recht am eigenen Bilde und das Recht am eigenen Namen. Der Kunstfreiheit steht das Namensrecht der Klägerin gegenüber, wie ihr das Recht am eigenen Bilde und das Recht der persönlichen Ehre gegenüberstehen. So wenig wie die Berufung auf die

Freiheit der Kunst einem Fotografen oder Maler gestatten kann, jemanden unter Verletzung des § 22 KunstUrhG zu fotografieren oder zu malen, oder einem verleumderischen Gedicht den Charakter der Verleumdung nimmt, macht sie den unbefugten Namensgebrauch rechtmäßig. Denn die Kunst kann sich auch ohne den erwähnten Einbruch in die Rechte anderer entfalten. Es ist dem Beklagten zuzugeben, daß der Einfall, auf den er mit der Herstellung dieses Plakats kam, durchaus originell ist. Der Leser des Plakats sieht nicht nur ein Schlagwort, sondern wird zum Nachdenken angeregt. Aber dieser Einfall konnte nur in die Tat umgesetzt werden, unter Verletzung des Rechts des Klägers an seinem eigenen Namen, also auf Kosten eines anderen, und insofern zieht das Recht des anderen an seinem Namen der Konkretisierung auch guter Einfälle Schranken.

Das Vorgehen des Beklagten war daher widerrechtlich, auch wenn man es unter dem Gesichtspunkt der Kunstfreiheit betrachtet. Zusätzlich ist zu bemerken, daß der Gehalt des Plakats in erster Linie nicht in einer künstlerischen Darstellung, sondern in einer politischen Meinungsäußerung liegt, die als solche unter Art. 5 Abs. 1 bzw. Abs. 2 GG fällt. Künstlerisch ist allenfalls die Gestaltung und Anordnung der Buchstaben, mit denen die Meinung geäußert wird, wobei das Signum der CDU, das mißbräuchlich verwendet wird, nicht vom Beklagten künstlerisch gestaltet wurde.

7. Daß es sich bei dem Kläger um den Landesverband der politischen Partei handelt, deren Signum unbefugt gebraucht wurde, läßt seinen namensrechtlichen Anspruch gegenüber der Meinungs- und Kunstfreiheit nicht schwächer als den einer Privatperson erscheinen. Die Parteien sind durch Art. 21 Abs. 1 GG nach der Rechtsprechung des *BVerfG* (*BVerfGE* 1, 208, 225; 2, 1, 73 = NJW 52, 1407; *BVerfGE* 4, 27, 30 = NJW 55, 17) zu verfassungsmäßigen Institutionen und integrierenden Bestandteilen des verfassungsrechtlich geordneten politischen Lebens geworden. Dieser Bedeutung würde man nicht gerecht, wenn man ihnen nicht den namensrechtlichen Schutz gewähren

würde, auf den eine Privatperson Anspruch hätte.

8. Die mit der einstweiligen Verfügung verfolgten Ansprüche des Klägers gegen den Beklagten waren demnach begründet. Die einstweilige Verfügung hat sich durch die Wahl in der Hauptsache erledigt. Nach der Wahl v. 23. 4. 1972 war nicht mehr zu befürchten, daß solche Plakate auftauchen und das Wahlergebnis beeinflussen könnten. Sie waren ersichtlich nur für die Wahl gedacht und zur Beeinflussung des Wahlergebnisses in die Öffentlichkeit gebracht worden. Der Kläger hat daher zu Recht die Hauptsache für erledigt erklärt.

(Mitgeteilt von OLGRätin Dr. R. Rentschler, Karlsruhe)

Anm. d. Schriftltg.: Zu der oben zit. Entsch. *BGHZ* 43, 245 = NJW 65, 859 beachte die Anm. von Ascher bei LM Nr. 33 zu § 12 BGB. Zum Schutz des Namens eines geselligen Vereins s. *BGH* in NJW 70, 1270, zum Namensrecht von Gebietskörperschaften Veelken in DÖV 71, 158. Das Thema: „Extensive Anwendung des § 12 BGB?" behandelte Fabricius in JR 72, 15.

---

10. *BGB § 276 (Verschulden eines Maklers bei Vertragsschluß; schuldhaft falsche Beratung)*

Urteil des Oberlandesgerichts Karlsruhe, abgedruckt in: *Neue Juristische Wochenschrift* Heft 40, 1972 (Seite 1810)

Gesamtkosten der beiden Verfahren:

1. Prozeß: Anwaltsgebühren 1392,60 DM
   Gerichtskosten 182,30 DM
2. Prozeß: Anwaltsgebühren 3390,78 DM
   Gerichtskosten LG 464,90 DM

2. und 3. Prozeß CDU Heidelberg gegen Staeck

In der 1. Einstweiligen Verfügung wurde Staeck aufgegeben, sämtliche in der Öffentlichkeit angebrachten Plakate wieder zu entfernen. Da die CDU am 17. April noch 11 und am 18. April noch 5 Plakate in Heidelberg erspäht hatte, stellte sie gegen Staeck zwei Bestrafungsanträge. Kurz vor dem Termin zur mündlichen Verhandlung vor dem Landgericht Heidelberg am 23. Mai 1972 zog die CDU die beiden Anträge kostenpflichtig ohne Begründung zurück.

17.April 1972

B/BL.

An das

Landgericht -ZK I-

6900 Heidelberg

In Sachen

C D U / Staeck

wegen einstw. Verfügung

Az.: 1 O 96/72

Begl.Abschr.f.Gegn.anb.

beantrage ich unter Bezugnahme auf den Beschluß vom 13.4.1972,

eine empfindliche Strafe gegen den Schuldner auszusprechen.

Die einstw. Verfügung wurde dem Schuldner am 14.4.1972 gegen Mittag durch Herrn Obergerichtsvollzieher Schneider zugestellt. Ebenfalls am 14.4.1972 um 11,45 Uhr wurde ihm z.Händen einer Angestelltenin seinem Geschäftsraum Ingrimstraße 3 in Heidelberg die Aufforderung des Unterzeichneten überbracht, die beanstandeten Plakate bis spätestens Samstag, den 15.4.1972, vormittags 6,00 Uhr zu entfernen bzw. zu überkleben (s.h. anliegende Fotokopie).

Am Vormittag des 15.4.1972 hat die Antragstellerin festgestellt, daß eine Reihe von Plakaten im Stadtgebiet von Heidelberg noch angebracht waren und zwar:

10,55 Uhr am Karlstor an einer Mauer Ende der Hauptstraße (ein Plakat)
11,10 Uhr Fabrikstraße/Ecke Heinrich-Fuchs-Straße (zwei Plakate)
11,10 Uhr ebenda (ein Plakat an einer Groß-Fläche)
11,15 Uhr Heuauer Weg Kreuzung Kirchheim (zwei Plakate)
Kirchheim Großfläche (ein Plakat)
11,23 Uhr Hebelstraße/Gottlieb-Daimler-Straße (je 1 Plakat an zwei Groß-Flächen)
11,24 Uhr am Messplatz (ein Plakat an einer Groß-Fläche)
11,45 Uhr Dossenheimer Landstraße - OEG Bahnhof (ein Plakat)
Als Zeugen benenne ich:

Frl.Beate Bissants, Heidelberg Plöck 95
Hubert Schweizer, Heidelberg Freiburgerstraße 31
Helmut Wochelle, 6921 Spechbach Hauptstraße 3

Außerdem können Fotografien mit den beanstandeten Plakaten nachgereicht werden unter Angabe von Zeugen, daß diese Aufnahmen nach dem genannten Zeitpunkt (15.4.1972 6,00 Uhr) angefertigt wurden.

Da die beanstandeten Plakate in einer einzigen Nacht angebracht wurden war es dem Schuldner auch zumutbar, diese Plakate in der Zeit vom 14.4. mittags bis 15.4. morgens 6,00 Uhr zu entfernen bzw. zu überkleben. Darauf mußte die Antragstellerin auch größten Wert legen, weil ein längerer Verbleib,gerade über das Wochenende nicht hingenommen werden konnte und solche Aktionen überlicherweise innerhalb weniger Stunden erledigt zu werden pflegen.

Wie ich schon in dem Antrag vom 13.4.1972 zum Ausdruck gebracht habe, stellt die Handlungsweise des Schuldners einen schweren Verstoß gegen die Grundsätze eines fairen Wahlkampfes dar. Die Verwendung der eigenen Plakatflächen der Antragstellerin die in etwa 250 Fällen zu beobachten war, stellt sich außerdem als vorsätzlicher Übergriff in die Eigentums-u.Besitzrechte der Auftragsstellerin dar. ...

- 3 -

Dr. Benstz
Rechtsanwalt

rechts: Am 18. 4. 1972 erwirkte der CDU-Landesvorstand Baden-Württemberg eine weitere einstweilige Verfügung, weil inzwischen das Reichen-Plakat in anderen Städten (u. a. in Waiblingen, Reutlingen, Tübingen, Nürtingen, Weinheim, Stuttgart und Wernau) aufgetaucht waren.

Prozeß CDU Baden-Württemberg gegen SPD Friedrichshafen

Az.: III O 974/72 Landgericht Ravensburg
Bereitschaftskammer

Beschluß des Vorsitzenden vom 14. Oktober 1972

In Sachen

Christlich Demokratische Union, Landesverband Baden-Württemberg, Stuttgart, Hohenheimerstraße 9, vertreten durch den Generalsekretär, Wolfgang Schall und den Wahlkampfleiter Dr. Gerhard Mahler,

-Antragstellerin-

Prozessbevollm.: Rechtsanwalt Daiber, Ravenburg,

gegen

die Sozialdemokratische Partei Deutschlands, Ortsverband Friedrichshafen, vertreten durch Dieter Brandt, Friedrichshafen, Friedrichstraße 49,

-Antragsgegnerin-

wegen Unterlassung

wird im Wege der einstweiligen Verfügung angeordnet:

1. Der Antr.Gegn. wird untersagt, auf der Oberschwabenschau in Ravensburg mit folgendem Text zu werben:
   "Die Reichen müssen noch reicher werden
   Deshalb CDU"
2. Der Antr.Gegn. werden für jede Zuwiderhandlung Geldstrafen in unbeschränkter Höhe oder Haftstrafen bis zu sechs Monaten, jedoch insgesamt nicht mehr als zwei Jahre Haft angedroht.
3. Die Antr.Geg. hat die Kosten des Verfahrens zu tragen.

--- ---

Streitwert: 5000,- DM

G r ü n d e:

Die ASt hat durch Vorlage zweier Photographien und durch die eidesstattliche Erklärung des Hubert Kessler glaubhaft gemacht, daß die AG ein Plakat mit dem im Tenor erwähnten Text in ihrem Informationsstand auf der Oberschwabenschau in Ravensburg angebracht hat. Sie hat auf dem Plakat das Originalsignet "CDU" der ASt. verwendet.

Die Ag. hat durch dieses Plakat das Namensrecht der ASt. verletzt, die auch für die Abkürzung ihres vollen Namens den Schutz des § 12 BGB geniesst (vgl. OLG Karlsruhe Urteil vom 1,9,1972 - 10 U 137/72).

Die ASt. ist gem. § 12 BGB berechtigt, sowohl die Beseitigung des Plakats als auch die Unterlassung des weiteren Gebrauchs dieses Textes zu verlangen. Das Verlangen auf Unterlassung ist gerechtfertigt, da es sich um eine Werbung handelt, die ihrem Zweck nach für die Dauer der Oberschwabenschau, also auch für die Zukunft geplant ist und da die AG. die Namensverletzung unternommen hat, obwohl bereits das erwähnte rechtskräftige Urteil des OLG Karlsruhe vorliegt, in dem die Unrechtmäßigkeit des Gebrauchs dieses Plakates festgestellt worden ist. Die AG. war deshalb zur Unterlassung, als des umfassenderen Verbots zu verurteilen.

Wegen der Dringlichkeit des Falles war es geboten, ohne mündliche Verhandlung durch den Vorsitzenden zu entscheiden, (§§ 937 Abs. 2, 944 ZPO)
Wegen der Kosten wird auf § 91 ZPO verwiesen.
Der Streitwert war im Hinblick auf die örtliche und zeitliche Beschränkung des Verbots auf DM 5.000 festzusetzen.

gez.: Dr. Sauermann
Vorsitzender Richter

Gericht gegen SPD-Propaganda

Als „unglaubliche Entgleisung der SPD" wertete die baden-württembergische CDU einen Vorfall bei der Oberschwabenschau in Ravensburg, wo die SPD an ihrem Stand ein Plakat des Heidelberger „Polit-Künstlers" und SPD-Mitglieds Staeck angebracht hatte. Dieses Plakat trug den Text: „Die Reichen müssen reicher werden — deshalb CDU", und war mit dem Originalsignet der CDU versehen. Erst im September war Staeck wegen Mißbrauchs des Namensrechts der CDU rechtskräftig verurteilt worden. Daß sich die SPD trotz dieses Urteils des Oberlandesgerichts Karlsruhe nicht gescheut habe, sich dieses verunglimpfenden „Wahlkampfbeitrags" weiter zu bedienen, ist nach Mitteilung der Union Baden-Württembergs nur einer von vielen Punkten in einer Serie von bedauerlichen Entgleisungen, die sich die SPD in ihrer Wahlkampfführung derzeit leiste. — Inzwischen ist vom Landgericht Ravensburg eine einstweilige Verfügung gegen die SPD erlassen worden, in der den Sozialdemokraten erneut untersagt wird, das Staeck-Plakat weiterhin zu benutzen.

Bayern-Kurier, 4.11.1972

Es berichteten außerdem:
Rhein-Neckar-Zeitung, 18.10.1972
Stuttgarter Zeitung, 18.10.1972
Schwarzwälder Bote, 25.10.1972
Westfälische Rundschau, Dortmund, 25.10.1972
Oberbadisches Volksblatt, Lörrach, 25.10.1972
Stuttgarter Zeitung, 25.10.1972
Markgräfler Tagblatt, 25.10.1972
Oldenburgische Volkszeitung, 26.10.1972

SPD

Ortsverein Ravensburg

Geschäftsstelle, Rechenwiesenstraße 26
Telefon 23724
Girokonto 13585
Kreissparkasse Ravensburg

den 30.12.1972

Herrn
RA Klaus S t a e c k
69 H e i d e l b e r g -1
Theaterstr.9

Betr.: Bundestagswahlkampf 1972;
hier: Plakate "Die Reichen müssen noch reichen werden ...."
Bezug: Dein Schreiben vom 13.12.1972

Lieber Genosse S t a e c k !

Es ist richtig, dass während der hiesigen "Oberschwabenschau" Mitte Oktober 1972 auf dem parteieigenen Werbestand auch u.a. eines Deiner Plakate "Die Reichen müssen . . . "zum Aushang kam. Dieses Plakat mußte aufgrund einer von der örtlichen CDU erwirkten einstw.Verfügung des hiesigen Landgerichts entfernt werden. Und zwar weil es auch die Aufforderung zur Wahl der "CDU" enthielt.
Die Unterlagen über dieses einstw.Verfügungsverfahren befinden sich allerdings nicht im Besitz des Ortsvereins, vielmehr beim Antragsgegn., dem SPD-Unterbezirk Friedrichshafen in 799 Friedrichshafen, Friedrichstr. 49.
Ich habe deshalb Dein Schreiben vom 13.12.1972 mit den weiteren Unterlagen an den Unterbezirk in Friedrichshafen zur Erledigung weitergegegeben. Z.Zt. befindet sich aber der Unterbezirkssekretär bis 7.1.73 im Urlaub, deshalb sich die Erledigung möglicherweise noch etwas verzögern wird.
Mit weiteren Deiner Plakate sind wir im Wahlkampf hervorgetreten. Dabei hat insbesondere das Plakat "Deutsche Arbeiter . . . . " Anklang gefunden. Deine Aktivitäten auf diesem Gebiet kann ich nur lobend hervorheben!! Diese Art, die Aussagen des politischen Gegners ad absurdum zu führen, finden eher Beachtung und Verständnis -sowohl beim politisch engagierten wie auch indifferenten Bürger- als langatmige und komplizierte Erklärungen. Zumal Deine Plakate und Worte einen durchaus tieferen Sinn haben und zum Nachdenken anregen. Ich kann nur sagen; Weiter so !! Und herzlichen Dank !!

Mit freundlichen Grüßen und besten Wünschen für 1 9 7 3 !!

(St.Hübner)
Vorsitzender

Prozeß CDU Niedermarsberg gegen Staeck

<u>1 C 168/72</u>

AMTSGERICHT NIEDERMARSBERG

BESCHLUSS

In Sachen

des CDU-Ortsvereins Niedermarsberg, vertreten durch die Vorstandsmitglieder Landrat Bertram Biederbeck, Niedermarsberg, Burg, Rudolf Jurga, Niedermarsberg, Jittenberg, Günther Schmidt, Niedermarsberg, Paulinenstrasse und Hartmut Vietor, Obermarsberg, Bredelarerstraße,

Antragsteller,

g e g e n

Herrn Staeck, Heidelberg, Postfach 471,

Antragsgegner,

wird folgende einstweilige Verfügung erlassen:

Dem Antragsgegner wird aufgegeben, die in Niedermarsberg aushängenden Plakate mit der Aufschrift:

> Die Reichen müssen noch reicher werden, wählt christdemokratisch und
> die Mieten müssen steigen, wählt christdemokratisch

zu entfernen.

Der Antragsteller hat innerhalb einer Frist von einem Monat nach Zustellung der einstweiligen Verfügung die Ladung des Antragsgegners zur mündlichen Verhandlung über die Rechtmäßigkeit der einstweiligen Verfügung bei dem Gericht der Hauptsache zu beantragen.

Die Kosten des Verfahrens werden dem Antragsgegner auferlegt.

- 2 -

Die in Niedermarsberg geklebten und beanstandeten Plakate wurden von «Unbekannt» mit dem Aufkleber überklebt: «JUSO-Plakat. Kein CDU-Plakat»

Am 11. 5. 1973 wurde vor dem Landgericht Arnsberg der Antrag auf Erlaß der einstweiligen Verfügung wieder zurückgenommen. Die Kosten des Rechtsstreits wurden Landrat Bertram Biederbeck als Vorsitzenden der CDU Niedermarsberg auferlegt.

Prozeß CDU Celle gegen SPD Celle

Herrn Rechtsanwalt Herrmann in Celle

Landgericht Lüneburg
5. Zivilkammer
5 O 404/72

Verkündet am 16. November 1972
Jamm, Justizangestellte
als Urkundsbeamtin der Geschäftsstel

Eingegangen
21. DEZ. 1972

Urteil

Im Namen des Volkes

In dem Rechtsstreit

der Christlich-Demokratischen Union, Kreisverband Celle e.V., Celle, Westerceller Torstraße 15 a, vertreten durch den stellvertretenden Kreisvorsitzenden, Dr. Herbert Severin,

Klägers,

- Prozeßbevollmächtigter: Rechtsanwalt Dr. Jung in Celle -

gegen

die Sozialdemokratische Partei Deutschlands, Ortsverein Celle, vertreten durch Herrn Martin Maerker, Celle, Brauhausstr.5,

Beklagten,

- Prozeßbevollmächtigter: Rechtsanwalt Herrmann in Celle

wegen einstweiliger Verfügung

hat die 5. Zivilkammer des Landgerichts Lüneburg auf die mündliche Verhandlung vom 16. November 1972 durch den Vorsitzenden Richter a.LG Beyer und die Richter a. LG Dillmann und Brockmann für Recht erkannt:

Die einstweilige Verfügung des Amtsgerichts Celle vom 16. November 1972 (12 C 1575/72) wird aufgehoben.

Der Antrag auf Erlaß einer einstweiligen Verfügung wird zurückgewiesen.

Die Kosten des Rechtsstreits werden dem Kläger auferlegt.

Das Urteil ist vorläufig vollstreckbar.

Streitwert: 3.000,-DM.

T a t b e s t a n d

Das Amtsgericht Celle hat am 10. November 1972 auf Antrag des Klägers gem. §§ 935 ff, 942 ZPO eine einstweilige Verfügung folgenden Inhalts erlassen:

1. Der Antragsgegnerin wird untersagt, in der Stadt Celle mit folgendem Text zu werben:
   " Die Reichen müssen noch reicher werden.
   Wählt christdemokratisch."
2. Der Antragsgegnerin werden für jede Zuwiderhandlung Geldstrafen in unbeschränkter Höhe oder Haftstrafen bis zu 6 Monaten, jedoch insgesamt nicht mehr als 2 Jahre Haft, angedroht.
3. Die Antragstellerin hat die Ladung der Gegnerin zur mündlichen Verhandlung über die Rechtmäßigkeit der einstweiligen Verfügung bei dem Gericht der Hauptsache bis zum 25. November 1972 zu beantragen.

...

Der Kläger hatte behauptet, der SPD-Ortsverein Celle habe in Celle ein Plakat (DIN A 1) mit dem oben genannten Text aufgestellt und die Ansicht vertreten, der Beklagte habe damit das Namensrecht des Klägers verletzt. Zur Glaubhaftmachung hatte der Kläger u.a, 2 Lichtbilder eingereicht (vgl. Hülle Bl.9).

Nunmehr betreiben der Kläger das Rechtfertigungs- , der Beklagte das Widerspruchsverfahren. Der Kläger bekräftigt seine bisherigen Behauptungen, insbesondere darüber, daß der Beklagte verantwortlich für die Aufstellung des genannten Wahlplakates sei, und wiederholt seine Rechtsansicht, daß hierin eine Verletzung des Namensrechtes gem. § 12 BGB liege.

Der Kläger beantragt,

die einstweilige Verfügung des Amtsgerichts Celle vom 10. November 1972 zu bestätigen,

hilfsweise

anzuordnen,

dem Beklagten werde untersagt, in der Stadt Celle Plakate mit folgendem Text: "Die Reichen müssen noch reicher werden
Wählt christdemokratisch"
auf seinen Plakatständern und/ oder reservierten Plakatflächen zu dulden.

Der Beklagte beantragt,

die einstweilige Verfügung des Amtsgerichts Celle aufzuheben.

Der Beklagte meint in erster Linie, er sei nicht passiv legitimiert. Aus § 3 des Gesetzes über die politischen Parteien (Parteiengesetz) i.V. mit § 8 Abs.1 des Organisationsstatutes der SPD vom 18. Dezember 1971 ergebe sich nämlich, daß für den vorliegenden Rechtsstreit der SPD-Bezirk Hannover, ein Gebietsverband der höchsten Stufe, verklagt werden müsse.

Darüber hinaus behauptet der Beklagte, er wisse nicht, wer das betreffende Plakat vertrieben bzw. geklebt habe, er, der Beklagte, sei es jedenfalls nicht gewesen. Möglicherweise sei die Verantwortung bei dem ihm übergeordneten Unterbezirk Celle der SPD zu suchen.

Wegen des weiteren und näheren Sachvortrags der Parteien wird auf den Inhalt der gewechselten und vorgetragenen Schriftsätze Bezug genommen.

Entscheidungsgründe

Die einstweilige Verfügung des Amtsgerichts Celle vom 10. November 1972 konnte aus Rechtsgründen keinen Bestand haben. Sie war deshalb aufzuheben sowie der Antrag auf Erlaß der einstweiligen Verfügung zurückzuweisen. Das Gericht hat den Antrag des Beklagten - auch insoweit er nicht die Zurückweisung des Antrages auf einstweilige Verfügung ausdrücklich nennt - insoweit ausgelegt.

I.

Die Passivlegitimation des Beklagten ist nicht zweifelhaft. Es ist anerkannt, daß die innere Ordnung der Parteien neben Art.21 Abs.1 Satz 3 GG durch das Vereinsrecht des BGB geregelt ist (vgl. Bonner Kommentar zum GG, Art.21 Randnote 35). Danach ist - soweit eine politische Partei (oder Unterorganisation) eingetragen ist - sie ein rechtsfähiger Verein (wie z.B. der Kläger), oder ein nichtrechtsfähiger Verein (§ 54 BGB), wenn er nicht eingetragen ist, im übrigen aber seine eigenen Angelegenheiten weitgehend selbständig regelt, (vgl. Palandt, 29. Aufl., § 54 Anm.4). Das ist bei dem Beklagten der Fall. Nach § 9 des Organisationsstatutes der SPD vom 18.12.1971 regelt auch ein Ortsverein - und ein solcher ist der Beklagte - seine Angelegenheit durch eine eigene Satzung. Darüber hinaus wirkt er in wesentlichen Angelegenheiten der Partei in - allerdings kontrollierter - Selbständigkeit mit. So entscheidet er in erster Instanz z.B. über die Aufnahme eines Mitgliedes (§ 3 Abs.1 des Organisationsstatutes).

Als nichtrechtsfähiger Verein ist der Beklagte gem. § 50 Abs.2 ZPO passiv prozeßfähig und damit passiv legitimiert. Daran kann auch § 3 des Parteiengesetzes nichts ändern.

II.

Das Gericht hatte nunmehr zu prüfen, ob dem Kläger der begehrte Unterlassungsanspruch zusteht. Eine Anspruchsgrundlage, die hier durchgreift, besteht nicht.

1. § 12 BGB (Namensrecht) kann als Anspruchsgrundlage nicht herangezogen werden. Zwar ist es richtig, daß ein unbefugter Namensgebrauch schon dann vorliegt, wenn die Benutzung eines Wortes erkennbar auf einen bestimmten Namensträger hinweist (vgl. Palandt, 29. Aufl., § 12 Anm.4). Das Gericht teilt ferner die Ansicht des Klägers, daß dies bei dem Wort "christdemokratisch" der Fall ist. Es bedarf - namentlich im Wahlkampf - keiner größeren Phantasie, um eine direkte Linie von dem Wort "christdemokratisch" zur CDU/CSU zu ziehen. Um den Unterlassungsanspruch aus § 12 BGB zu rechtfertigen, muß jedoch weiter hinzukommen, daß jemand anders - das Gericht läßt ausdrücklich offen, um wen es sich hier handelt - diese namensrechtlich geschützte Be-

zeichnung unbefugt gebraucht. Das bedeutet, daß ein Unterlassungsanspruch des Klägers nur dann gegeben ist, wenn das Plakat bei dem durchschnittlichen Wähler, der es liest, den Eindruck erwecken muß, es handele sich um ein Plakat der CDU, obwohl es in Wirklichkeit von einer anderen Partei aufgestellt ist. Daß ein derartiger Eindruck bei dem Durchschnittswähler nicht erweckt wird, ergibt sich zur Überzeugung des Gerichts aus Ausgestaltung und Inhalt des beanstandeten Plakates selbst. Eine Partei, die mit der Parole "Die Reichen müssen noch reicher werden" zu ihrer eigenen Wahl aufrufen würde, brauchte zum Wahlkampf überhaupt nicht erst anzutreten. Schon aus diesem Grunde läßt die Verbindung des erwähnten Wahlslogans mit dem Aufruf "Wählt christdemokratisch" bei jedem nur halbwegs vernunftbegabten Wähler sofort die Erkenntnis entstehen, daß mit dieser Parole nicht etwa die CDU zu ihrer eigenen Wahl aufrufen will, sondern daß diese Parole von einem Gegner der CDU - gleich welcher Art - der CDU untergeschoben werden soll. Dann liegt jedoch keine Verletzung des Namensrechts nach § 12 BGB vor.

Der anderslautenden Entscheidung des OLG Karlsruhe vom 1.9. 1972 (vgl. NJW 1972, S. 1810 ff) vermag das Gericht sich nicht anzuschließen. Das OLG Karlsruhe würdigt vom Standpunkt des vernünftigen Wählers aus die auf dem Plakat enthaltene Wahlparole getrennt von dem angeblichen Urheber der Parole. Damit wird jedoch der Inhalt des Plakates, das aus Wahlslogan und Urheberbezeichnung besteht, in einer Art und Weise aufgesplittert, wie sie - jedenfalls bei dem vorliegenden Plakat - dem normalen Wahrnehmungsvorgang nicht entspricht. Das Plakat tritt als Ganzes dem Leser entgegen und wird von diesem auch so wahrgenommen und geistig erfaßt. Etwas anderes könnte lediglich dann gelten, wenn die - falsche - Urheberbezeichnung in ihrer äußerlichen Aufmachung in einem erkennbaren Mißverhältnis zum Wahlslogan stehen würde, etwa dann, wenn die Urheberbezeichnung in auffallend großer Schrift geschrieben wäre, während die Parole als solche erst durch mehr oder weniger mühsame Versuche entziffert werden könnte. In einem solchen Fall würde es möglicherweise dem tatsächlichen Wahrnehmungsvorgang des normalen Durchschnittswählers entsprechen, den Inhalt des Plakats aufzuteilen. Das ist hier jedoch nicht der Fall.

2. §§ 823 Abs.2 BGB i.V. mit § 186, 187 StGB scheiden als Anspruchsgrundlage schon deshalb aus, weil nach Auffassung des Gerichts die Parole "Die Reichen müssen noch reicher werden" keine Tatsachenbehauptungen bezüglich der Politik der CDU, sondern lediglich eine allgemeine zusammenfassende Wertung darstellt.

3. § 823 Abs.1 BGB sowie §§ 823 Abs.2 BGB, 185 StGB setzen als Anspruchsgrundlage voraus, daß der Beklagte ein "sonstiges Recht" des Klägers widerrechtlich ~~und schuldhaft~~ verletzt hat (§ 823 Abs.1 BGB) bzw. den Kläger beleidigt hat. Beides mündet in die Frage, ob eine politische Partei als Personengesamtheit eine "Ehre" hat bzw. beleidigungsfähig ist.

Das Gericht bejaht in Übereinstimmung mit der Rechtsprechung des Bundesgerichtshofs diese Frage. Es ist anerkannt, daß auch Personengemeinschaften beleidigungsfähig sind bzw. Ehre haben, soweit sie einen als Ehre geschützten sozialen Wert verkörpern (d.h. eine rechtlich anerkannte gesellschaftliche Aufgabe - eine soziale Funktion - haben) und einen einheitlichen Willen bilden können (vgl. Schöncke-Schröder, Kommentar zum StGB, 16. Ausl. Vorbem. zu § 185 Anm.III 1; BGHSt Bd.6 S. 186 ff). Das Grundgesetz fördert und schützt in besonderem Maße u.a. gerade die politischen Parteien (Art.21 GG), so daß deren "soziale Funktion" nicht zweifelhaft sein kann. Ebensowenig ist zweifelhaft, daß die politischen Parteien einen einheitlichen Willen bilden können. Deshalb sind sie beleidigungsfähig und haben eine Parteiehre.

Die Frage, ob die Behauptung, die Politik der CDU bewirke, daß die Reichen noch reicher werden, als Beleidigung der Ehre der CDU bzw. des Klägers anzusehen ist, kann tatbestandsmäßig dahinstehen, da jedenfalls eine Widerrechtlichkeit nicht festzustellen ist. Es ist anerkannt, daß bei Angriffen auf die Ehre die Verwirklichung des Tatbestandes nicht die Widerrechtlichkeit indiziert (vgl. Palandt, 29. Aufl., § 823 BGB Anm.15). Es sind die besonderen Umstände des Einzelfalles abzuwägen. Dabei ist entscheidend zu berücksichtigen, daß die erwähnte Behauptung - gleich, von wem sie aufgestellt ist - im Rahmen einer politischen Auseinandersetzung im Wahlkampf erfolgt ist. Es geht aus Gründen, die im Wesen des Wahlkampfes selbst liegen, nicht an, jede einem selbst nicht passende und möglicherweise auch nicht zutreffende Behauptung des politischen Gegners als ehrenkränkende Beleidigung gerichtlich verfolgen zu lassen. Derartige Auseinandersetzungen müssen, wenn sie nicht den Rahmen des Zumutbaren sprengen, im Wahlkampf selbst und nicht vor den Schranken des Gerichts ausgefochten werden. Das Gericht will davon absehen, eine Unzahl von Äußerungen bekannter Politiker aller Parteien sowie Wahlannoncen aller Parteien zu zitieren, die in ihrem inhaltlichen Gewicht die hier beanstandete Behauptung erheblich übertreffen, jedoch von den Parteien als üblich hingenommen werden. Aus diesen Gründen ist auch bei der hier in Rede stehenden Behauptung nicht festzustellen, daß sie den Kläger widerrechtlich in seiner Ehre kränkt.

Die Kostenentscheidung beruht auf § 91 ZPO, die Entscheidung über die vorläufige Vollstreckbarkeit auf § 708 Ziff.5 ZPO.

Beyer Dillmann Brockmann

Gegen dieses Urteil legte die CDU Celle am 16.11.1972 beim Oberlandesgericht Celle Berufung ein. Am 4.12.1972 wurde die Berufung wieder zurückgenommen, „nachdem sich die Angelegenheit durch die Bundestagswahl erledigt hat und damit der Verfügungsgrund entfallen ist“.

Plakatstreit für die SPD entschieden

Lüneburg (dpa)

Die SPD und ihr nahestehende Wählerinitiativen dürfen auch künftig ein Plakat kleben auf dem es heißt: „Die Reichen müssen noch reicher werden — wählt christdemokratisch!“ In einem Eilverfahren hob eine Zivilkammer des Landgerichts Lüneburg eine in der vergangenen Woche vom CDU-Kreisverband Celle vor dem Amtsgericht Celle erwirkte Einstweilige Verfügung auf. Nach Auffassung des Gerichts ist die Äußerung der Meinung „Die CDU macht die Reichen noch reicher“ nicht widerrechtlich und fällt „in den Rahmen des Wahlkampfes“.

Süddeutsche Zeitung (Titelseite), 17.11.1972

SPD Mainz gegen Sozialminister Geißler

SPD Sozialdemokratische Partei Deutschlands
BEZIRK RHEINHESSEN

SPD · Bezirk Rheinhessen · 65 Mainz · Klarastr. 15A

Fernruf: (06131) 24184
Fernschreiber: 04187680
Bank: Stadtsp. Mainz 5449
Postscheck: Ludwigsh. 27702

An das
Polizeipräsidium Mainz
- Kriminalpolizei -

6500 M a i n z

Klarastraße

Ihre Zeichen | Ihre Nachricht vom | Unsere Zeichen Ku/Fa. | 6500 MAINZ, Klarastr. 15A 18. November 1972

Strafanzeige gegen Dr. Heinrich Geißler und Johannes Gerster

Sehr geehrte Herren,

die SPD, Bezirk Rheinhessen, erstattet hiermit gegen Herrn Sozialminister Dr. Heinrich Geißler, 6500 Mainz, Göttelmannstraße 53, und Herrn Johannes Gerster, 6500 Mainz, Rheinstraße 46, (Bundestagskandidat der CDU),

S t r a f a n z e i g e

und bittet die Kriminalpolizei, entsprechende Ermittlungen einzuleiten.

Die Herren Dr. Geißler und Gerster haben am Samstag, dem 18. November 1972 in der Mittagszeit auf dem Gutenbergplatz in Mainz Wahlplakate vom VW-Bus mit dem polizeilichen Kennzeichen MZ - LY 330 abgerissen und zerknüllt.

Aus der beigefügten Kopie eines Aktenvermerkes, der vom Besitzer des VW-Busses, Herrn Konrad Woede, und seinem Begleiter, Herrn Willi Abts, unterzeichnet ist, können Sie weitere Einzelheiten, die zur Begründung unserer Strafanzeige dienen, entnehmen. Dieser Aktenvermerk enthält außerdem Angaben über Zeugen, die den Vorgang beobachtet haben und auch bereit sind, darüber auszusagen.

Hochachtungsvoll

(Helmut Kuhn)
Bezirks-Geschäftsführer

Anlage

Bei Redaktionsschluß des Buches war die juristische Auseinandersetzung noch nicht abgeschlossen.

LESUNG:
KLAUS STAECK
liest aus Gerichtsurteilen
in eigener Sache.
Samstag, 20. 1. 73, 19 Uhr
Kunstverein, Gartenhalle des Kurpfälzischen Museums Heidelberg

Diffamierung einer Volkspartei

Zu den seit gestern im Stadtbereich von Heidelberg angebrachten Plakaten, die von dem Graphiker Klaus Staeck entworfen wurden, nimmt die CDU Heidelberg Stellung:

„Seit gestern werden auf Plakatflächen, die sich in unserem Eigentum befinden, von Herrn Staeck Plakate mit nachstehendem Text veröffentlicht: „Die Reichen müssen noch reicher werden. Deshalb CDU". Als Vorsitzender des Wahlkampfausschusses der hiesigen CDU verwahre ich mich mit aller Entschiedenheit gegen die in diesem Plakat zum Ausdruck kommenden Diffamierungen einer großen Volkspartei und gegen die aufgestellten unwahren Behauptungen. Hier werden extrem links gerichtete Tendenzen verfolgt, die den Tatsachen, welche allen Bürgern unserer Stadt bekannt sind, in grob verfälschender Weise entgegenstehen. Die politische Arbeit unserer Partei und ihre große Aufbauleistung seit 1949 kann durch so grobe politische Irreführung der Öffentlichkeit nicht verwischt werden. Wir werden der Verleumdung durch Herrn Staeck mit allen Mitteln entgegentreten. Wir können nicht annehmen, daß unser großer politischer Gegner im Wahlkampf sich mit dem Vorgehen von Herrn Staeck identifiziert".

Alois Link, Stadtrat

Heidelberger Tageblatt
14.4.1972

(Untauglicher) Versuch der Umdrehung des Plakates als Antwort auf das Reichen-Plakat, wenige Tage vor der Landtagswahl auf SPD-Plakate geklebt (anonym)

Pressereaktionen auf das Reichen-Plakat

CDU: Einstweilige Verfügung ...

... gegen Plakate „Die Reichen müssen noch reicher werden“

Durch eine einstweilige Verfügung gegen Rechtsanwalt Klaus Staeck hat die CDU Heidelberg erwirkt, daß Plakate mit der Aufschrift „Die Reichen müssen noch reicher werden – deshalb CDU“ nicht weiter im Stadtgebiet belassen werden dürfen. Wie die CDU in einer Pressenotiz mitteilt, wurde dem Antragsgegner die Kosten des Verfahrens auferlegt. Der CDU-Wahlkampfleiter, Stadtrat Alois Link, schreibt in dieser Erklärung weiter:

„Erneut weist die CDU mit Entschiedenheit die Diffamierung zurück, sie sei eine Partei der „Reichen“. Lange bevor die SPD für den Arbeitnehmer „Leistungen“ vollbringen konnte, hat die CDU gehandelt mit einer Politik für alle Bürger. Wir bedauern ausdrücklich, daß die Heidelberger SPD sich nicht von dem falschen Plakat distanziert hat. Daraus folgern wir, daß sie diesen Stil politischer Auseinandersetzung akzeptiert. Mit gleicher Deutlichkeit weist die CDU die in gleichem Maße diffamierenden Flugblätter, die heute für die SPD verteilt wurden, zurück. Die „kalten Krieger“ sitzen nicht in den Reihen der CDU – die „kalten Krieger“ befinden sich noch immer in den Gebieten hinter Mauer und Stacheldraht. Wer der CDU unterstellt, „sie steuert eine Katastrophe an“, lügt, verleumdet und hat jedes Maß für politischen Kampf verloren. Es geht am 23. April nicht um Moskau, Warschau oder Ostberlin – es geht um die Menschen in unserem Land, um Baden-Württemberg, um solide Verhältnisse für uns alle. Es geht auch um die Bürger in der Bundesrepublik. Notwendig für den Weg in die Zukunft sind: soziale Sicherheit, solide Finanzen und eine klare Konzeption. Wer von der Verhinderung der totalen Macht der CDU spricht, will diese selbst. Es geht – wie bei jeder Wahl – darum, die Mehrheit zu erringen. Die CDU weiß, daß sie nur auf sich allein gestellt, diese Wahl gewinnen kann. Die Heidelberger CDU ist sicher, daß die Bevölkerung die Panikmache, Verleumdung und Hetze durchschaut und sich nicht durch noch so viele Diffamierungen bei ihrer Entscheidung irremachen läßt.“

Rhein-Neckar-Zeitung, 15.4.1972

„SPD distanziert sich nicht...“

Stellungnahme zu Plakaten „Die Reichen müssen noch reicher werden“

In die Auseinandersetzung um die Staeck-Plakate „Die Reichen müssen noch reicher werden – deshalb CDU“, in der, wie am Samstag berichtet, die CDU eine Einstweilige Verfügung gegen Rechtsanwalt Klaus Staeck erwirkt hat, hat sich jetzt auch der Kreisverband Heidelberg der SPD eingeschaltet. Der Wahlkampfleiter der CDU, Stadtrat Link, hatte in einer Erklärung bedauert, „daß die Heidelberger SPD sich nicht von dem falschen Plakat distanziert hat“, und gefolgert, „daß sie diesen Stil politischer Auseinandersetzung akzeptiert“. In einer Presseerklärung der Heidelberger SPD – gez. Harald B. Schäfer, Kreisvorsitzender – heißt es:

„Die SPD Heidelberg distanziert sich nicht von einem Plakat, das nicht von ihr stammt. Im übrigen ist der Slogan „Die Reichen müssen noch reicher werden – Deshalb CDU“ wie kaum ein anderer geeignet, 20 Jahre CDU-Politik in der Bundesrepublik zu charakterisieren, wie sie sich besonders in der Einkommens- und Vermögensverteilung und im Steuersystem niedergeschlagen hat. Der Beschluß zur Mitbestimmung auf dem Düsseldorfer Parteitag der CDU (Norbert Blüm, Geschäftsführer der CDU-Sozialausschüsse: ‚Die CDU ist eine Unternehmerpartei geworden!‘) und die Debatte um Städtebauförderungsgesetz, Mieterschutz und Betriebsverfassungsgesetz haben verdeutlicht, daß die Politik der CDU nach wie vor von den Konzernherren ihres Wirtschaftsrats und nicht von den Sozialausschüssen bestimmt wird. Die Heidelberger CDU hat diese Tatsache in der Gemeinderatsdiskussion über die Erhöhung der Gewerbesteuer unterstrichen.

Augenscheinlich geht die CDU aber selbst davon aus, daß die Bevölkerung die Devise „Die Reichen müssen noch reicher werden – Deshalb CDU“ tatsächlich mit der CDU identifiziert. Die CDU hat kein Vertrauen mehr in ihre eigene Volkspartei-Propaganda, weil sie weiß, daß sie unglaubwürdig geworden ist. Das liegt aber nicht am Plakat von Klaus Staeck, sondern an der einseitigen Interessenpolitik der CDU. Merke: Auf Gerichtsscheidungen gegen Einzelne beruft sich gern, wer die Mehrheitsentscheidung der Wähler fürchtet.“

Rhein-Neckar-Zeitung, 18.4.1972

Plakatmaler will keinen Vergleich mit CDU

Heidelberger Landgericht entscheidet über die Rechtmäßigkeit der einstweiligen Verfügung

kk. HEIDELBERG. Die Erste Zivilkammer des Heidelberger Landgerichts muß noch eine Nachlese zum baden-württembergischen Landtagswahlkampf halten: bis Donnerstag nächster Woche will sie darüber entscheiden, ob eine einstweilige Verfügung gegen den Graphiker, Rechtsanwalt und SPD-Genossen Klaus Staeck zu Recht ergangen ist, mit der ihm die Verbreitung eines Plakats untersagt worden war, das lautete: „Die Reichen müssen noch reicher werden, deshalb CDU". In der mündlichen Verhandlung gestern wollte es die CDU gut sein lassen, weil die Wahlen doch vorbei sind; aber Klaus Staeck besteht auf einem Urteil.

Zehn Tage vor den Landtagswahlen reagierten die Heidelberger Christdemokraten empört: das von Klaus Staeck entworfene und verkaufte, von Unbekannten auf CDU-Ständer geklebte Plakat „Die Reichen müssen noch reicher werden, deshalb CDU" mißbrauche den Namen einer „großen Volkspartei". Die CDU, stellte ihr Wahlleiter Alois Link klar, sei erwiesenermaßen nicht die Partei der Reichen, und er verwahre sich gegen die „Diffamierung", die extrem linke Tendenzen enthülle. Während die CDU gerichtlich gegen das Staeck-Plakat vorging, ignorierte die SPD den Gegenposter „Die Armen müssen noch ärmer werden, deshalb SPD".

Nach gewonnener Wahl zeigte sich die CDU versöhnlich. Sie erklärte die Angelegenheit in der Hauptsache für erledigt und beantragte fürsorglich, die einstweilige Verfügung gegen die Staeck-Parole zu bestätigen, denn sie glaubt, daß der Inhalt des Plakattextes „den einfachen Mann zumindest verwirren" könne. Die Union wollte sicher sein, daß Staeck auch künftig solcherlei Spitzen gegen sie unterläßt, denn die habe Staeck ja eigentlich auch gar nicht nötig, gab der CDU-Anwalt Benstz zu verstehen. Die „lyrischen" und „romantischen" Werke Staecks, etwa vom Heidelberger Schloß, empfände er als hinreichende künstlerische Ausdrucksweise des Graphikers.

Indes, das traf Klaus Staecks empfindlichen Nerv: Er wolle sich „Arbeiten ähnlichen Stils nicht verbieten lassen." Seine Arbeit sei „nun einmal darauf ausgerichtet", ironisch und satirisch zu sein, und das halte er auch für ein zulässiges Ausdrucksmittel. Zugegeben, räumte er ein, das auf die CDU gemünzte Plakat sei überzogen im Ausdruck, aber eben deshalb auch für jedermann als Spitze zu erkennen. „Ich weiß natürlich, daß meine Sachen treffen", bekannte Staeck, und „ich war entsetzt", als er gesehen habe, daß sein Werk auf den Ständern der CDU klebte, doch wolle er sich nicht dafür auch die Verantwortung in die Schuhe schieben lassen. „Die Plakate sind gemacht worden, um verkauft zu werden", erklärte sein Anwalt Nerz, der dem CDU-Anwalt widersprach der meinte, sein Mandant habe auch damit rechnen müssen, daß das Plakat auch fremde Anschlagsflächen zieren würde. Nerz blieb dabei: „Wir wollen uns nicht vergleichen."

Dann ging es noch um den Namen, denn Staeck hatte die gleichen CDU-Initialen verwendet, wie sie eigens von den Christdemokraten für diesen Wahlkampf ausgesucht worden waren. Das sei möglicherweise eine Rechtsverletzung, „die zum Ehrenschutz tendiert", erwog Landgerichtsdirektor Richard Mentz, der zu den Unterzeichnern eines Wahlaufrufs für die CDU gehört. Die optische Gleichheit der Schriftzüge berge die Gefahr der Verwechslung, daß also jemand das Staeck-Plakat für ein authentisches CDU-Werk halten könnte. Die Entscheidung über „das beste Plakat in diesem Wahlkampf" (Nerz) soll in der nächsten Woche verkündet werden.

Stuttgarter Zeitung, 26.4.1972

Heidelberger Schloß-Innenhof, Offset, Postkarte, 1973.
Staeck griff die Anregung des CDU-Vertreters auf, er solle doch lieber das Heidelberger Schloß malen, statt sich mit politischen Themen zu beschäftigen. Er widmete ihr diese romantische Postkarte.

Parodie und Urheberrecht

Zu einer Gerichtsentscheidung in Karlsruhe

„Die Reichen müssen noch reicher werden" stand auf einem Plakat zu lesen, das während des Wahlkampfes in Baden-Württemberg aufgetaucht war, bisweilen kurzerhand auf andere Wahlplakate aufgeklebt. Verblüffend an dem Satz war vor allem der Absender: In roten Buchstaben stand nämlich zu lesen: „Deshalb CDU". Natürlich war es nicht die CDU, die in dieser Weise um Wähler warb. Verfasser des Plakats war der Heidelberger Rechtsanwalt und Graphiker Klaus Staeck, der seinen politischen Standort „links" sieht und dem von wohlmeinenden Freunden bescheinigt wird, daß er als „Repräsentant der jungen politischen Kunst" anzuerkennen ist. Als politische Kunst, jedenfalls aber als politische Meinungsäußerung, will er auch sein Plakat verstanden wissen, das den Landesverband Baden-Württemberg der CDU zu gerichtlichen Maßnahmen veranlaßte. Im Wege der einstweiligen Verfügung war Staeck vom Landgericht Heidelberg damals verboten worden, das Plakat in der Öffentlichkeit anzubringen oder zu belassen.

Ende vergangener Woche ist die Entscheidung vom Oberlandesgericht Karlsruhe bestätigt worden. Auch in offenbar ironischer Weise, auf diesen Nenner kann man das Urteil bringen, ist es nicht zulässig, den Namen einer politischen Partei zu mißbrauchen. Die „Offenheit und Fairneß" des Wahlkampfes gebieten es nach Meinung der Richter, daß sich ein politischer Gegner offen bekennt und nicht unter dem Namen einer Partei gegen sie Propaganda macht.

Das Gericht hat sich seine Arbeit zwar nicht leichtgemacht, dennoch aber für die Lösung des Interessenwiderstreits eine verhältnismäßig einfache Formel gefunden: Staeck habe durch die Ausgestaltung des Plakates das Namensrecht der CDU verletzt, das auch einer politischen Partei zustehe und unmittelbarer Ausdruck der Menschenwürde sei. Die Richter lassen dabei dahingestellt, ob das Plakat mit seinem lapidaren Satz ein Kunstwerk ist. Denn Kunstwerk wie Meinungsfreiheit enden nach Ansicht der Richter am Namensschutz, der auch bei Berücksichtigung der vom Bundesverfassungsgericht verlangten Abwägung diese Grundrechte einschränke.

So nahtlos sich diese juristische Ableitung auch aneinanderfügt — ob sie die tiefere Bedeutung von Scherz, Satire, Ironie ausschöpft, bleibt dennoch zweifelhaft. Parodien und Persiflagen haben die Gerichte bisher vor allem unter dem Gesichtspunkt geprüft, ob sie eine Verletzung fremder Urheberrechte bedeuten. Denn zum Wesen dieses Genres zählt es, daß es mit dem Original spielt, sich also vorübergehend an dieses anlehnt, daß die fremde Form benutzt wird, um gegen den fremden Gedanken zu polemisieren.

„Die Parodie", so heißt es in einem Buch von Robert Neumann, „schießt auf einen Mann mit der Waffe seiner eigenen Form. Das ist ihr besonderes Mittel der Aggression." Die Parodie benutzt also die fremden Federn und den eigenen Gedanken — und sie bedeutet auch bei der Übernahme weiter Passagen des literarischen Opfers dann keine Verletzung des fremden Urheberrechts, wenn sie dieses Werk hinreichend verfremdet und selbst zu einem eigenständigen Werk gelangt.

Ähnliche Voraussetzungen gelten auch für die Parodie von Werken aus dem Bereich der bildenden Kunst, wobei hier der Abstand von der Vorlage noch schwerer einzuhalten ist als bei literarischen Vorbildern. In einer nicht allzulange zurückliegenden Entscheidung hatte der Bundesgerichtshof über die Parodie einer Mickymaus-Geschichte zu entscheiden, in der der damals soeben verstorbene Walt Disney seine Gestalten zu sich in den Himmel ruft, um ihn in ein Disney-Land zu verwandeln. Obwohl der den Figuren beigelegte Text klar erkennen ließ, daß der Verfasser (Josef Traxler) herbe Kritik an der „kleinbürgerlichen Humorigkeit" üben wollte, die er aus Walt Disneys Bilderwelt herausliest, haben die Bundesrichter die Verletzung des fremden Urheberrechts bejaht. Die Parodie muß nach Meinung der Richter ein selbständiges Werk sein, das erkennen läßt, „daß es sich bei der Anknüpfung (an das Vorbild) nur um ein notwendiges Mittel zur Durchführung der Parodie handelt". Die parodistische Zielsetzung darf kein Freibrief dafür sein, das Vorbild nach Belieben auszuschlachten und die an sich urheberrechtlich geschützten Teile nachzuahmen. Kennzeichen der Parodie soll die „antithematische Behandlung" sein, also der Versuch, dem Vorbild einen gegenläufigen Inhalt unterzuschieben, wodurch dessen angegriffene Eigenschaften, für den aufgeschlossenen Betrachter klar als Ironie erkennbar, ins Komische oder Satirische gezogen werden.

Nichts anderes hatte Staeck versucht, denn natürlich wäre es ihm keinesfalls recht gewesen, wenn der Inhalt seines Plakats einen Wähler veranlaßt hätte, sich der CDU zuzuwenden. Ist der Satz „Die Reichen müssen noch reicher werden. Deshalb CDU" also eine Parodie, die ein fremdes Namensrecht zu überspringen geeignet ist? Das könnte man allenfalls dann bejahen, wenn die Absurdität der Werbeverheißung so erkennbar wäre, daß auch für den flüchtigen Betrachter die parodistische Absicht offen zutage liegen müßte.

RUDOLF GERHARDT

Frankfurter Allgemeine Zeitung, 6.9.1972

CDU-Plakate darf man nicht verfremden

KARLSRUHE. Das Oberlandesgericht Karlsruhe hat die Revision des Graphikers Klaus Staeck in einem von der CDU angestrengten Verfahren zurückgewiesen. Staeck hatte im Dürerjahr in Nürnberg Plakatflächen gemietet und am Rande eines Porträts, das Dürer von seiner abgehärmten Mutter gezeichnet hatte, die Frage gestellt: „Würden Sie dieser Frau ein Zimmer vermieten?" Später hatte ein Plakat im Namen einer „Interessengemeinschaft der Toten des II. Weltkriegs k.e.V." drucken lassen, auf dem ein Bulldozer zu sehen ist, der einen Berg mit Leichen umgekommener KZ-Häftlinge forträumt; darüber stand ein Text „Wir sind für die Ostverträge, Herr Barzel." Als Staeck, der auch Rechtsanwalt ist, während des baden-württembergischen Landtagswahlkampfes 500 Plakate mit der Aufschrift herstellen ließ „Die Reichen müssen noch reicher werden — Deshalb CDU", diese für eine Mark an private Käufer absetzte, welche sie zum Teil an CDU-Anschlagflächen aufklebten, rief die Partei Gerichte an und erwirkte einstweilige Verfügungen. Sie hatte dabei das Namensrecht für sich: mißbräuchliche Verwendung des Parteizeichens. Staeck berief sich auf das künstlerische Stilmittel der Verfremdung. Mit launiger Höflichkeit den bescheidenen Wissensstand des Gerichts in Sachen Kunst einräumend, bat ihn der vorsitzende Senatspräsident, sein Hauptargument darzulegen. Staeck faßte sich kurz, nannte die Verfremdung ein seit „dem guten Bert Brecht" selbstverständliches Mittel, Interesse zu wecken. Dieser Auffassung folgte das Gericht nicht.

Hat Staeck sich zu kurz gefaßt? Hätte das Gutachten einer Verfremdungskapazität das Ruder herumgerissen oder wenigstens den Glauben des Gerichts an seine Kompetenz, der sich ja in der Verwerfung der Revision manifestierte, erschüttert? Das Urteil steht nun da. Nein, es berechtige nicht zur Verletzung fremden Namensrechts, das (ominöse) Stilmittel der Verfremdung. Aber auch wenn man sich auf den Kopf stellt, will es in diesen nicht hinein, daß dadurch (wir zitieren weiter aus der Presseverlautbarung) „die Kunstfreiheit nicht beeinträchtigt sei."

GERHARD HESLER

Frankfurter Rundschau, 7.9.1972

«Die Reichen müssen noch reicher werden — deshalb CDU»

Künstler in der Zange der Justiz

Die von der CDU erwirkten einstweiligen Verfügungen gegen das Plakat des bekannten politischen Künstlers Klaus Staeck «Die Reichen müssen noch reicher werden — deshalb CDU» sind im Berufungsverfahren vom 10. Zivilsenat des Oberlandesgerichts Karlsruhe bestätigt worden. Nach Auffassung des Gerichts darf Wahlpropaganda gegen eine politische Partei aus Geboten der Fairness nicht unter dem Namen oder mit dem Zeichen der angegriffenen Organisation betrieben werden. Das Grundrecht der freien Meinungsäusserung werde dadurch nicht beeinträchtigt, diese dürfe jedoch nicht unter missbräuchlicher Verwendung des Namens der CDU geschehen. Auch die Kunstfreiheit sei nicht beeinträchtigt. Das Stilmittel der Verfremdung, auf das Staeck sich berufen hatte, berechtige nicht zur Verletzung eines fremden Namensrechts.

Soweit der Tenor des Urteils, das bereits vor seiner Verkündung über DPA verbreitet wurde. Der Betroffene entnahm das Urteil der Presse. Darüber zeigten sich die Zeitungen am Ort empört. Die «Rhein-Neckar-Zeitung» kritisiert diese Praxis als «ungewöhnlich», das «Heidelberger Tageblatt» spricht gar von einem «handfesten Skandal», denn: «es stellt sich die Frage, ob hier die vielgepriesene Fairness beachtet wurde». (Siehe Urteilbegründung laut DPA.) Freilich wird durch diese Empörung der Kern einer verwickelten Auseinandersetzung noch verdeckter.

Zum Wahlkampf in Baden-Württemberg dieses Frühjahr hatte Klaus Staeck, bekannt vor allem durch seinen Aufruf gegen den Kunstmarkt, seine Plakataktionen zum Dürerjahr und zu den Ostverträgen sowie seine Gegendokumentation «Befragung der documenta», ein Plakat herausgegeben mit der Aufschrift: «Die Reichen müssen noch reicher werden — deshalb CDU.» Das Plakat wurde an den Kunsthandel und an Privatpersonen abgegeben und tauchte unversehens auf Anschlagflächen auf, zunächst in Heidelberg, dann verstreut überall in Nordbaden. Der Heidelberger Wahlkampfleiter der CDU sah darin «extrem links gerichtete Tendenzen» und erreichte eine einstweilige Verfügung; eine weitere des Landesverbandes der CDU Baden-Württemberg folgte.

Zur Distanzierung aufgefordert, gab der Kreisvorsitzende der Heidelberger SPD die Presseerklärung heraus, «die SPD Heidelberg distanziert sich nicht von einem Plakat, das nicht von ihr stammt. Im übrigen ist der Slogan ‹Die Reichen müssen noch reicher werden — deshalb CDU› wie kaum ein anderer geeignet, 20 Jahre CDU-Politik in der Bundesrepublik zu charakterisieren... Augenscheinlich geht die CDU aber selbst davon aus, dass die Bevölkerung die Devise ‹Die Reichen müssen noch reicher werden — deshalb CDU› tatsächlich mit der CDU identifiziert. Die CDU hat kein Vertrauen mehr in ihre eigene Volkspartei-Propaganda... Merke: Auf Gerichtsentscheidungen gegen einzelne beruft sich gern, wer die Mehrheitsentscheidung der Wähler fürchtet.»

Das ist zwar Wahldonner, immerhin zeigte sich die SPD vom Gegenposter «Die Armen müssen noch ärmer werden, deshalb SPD» ganz unberührt, so dass er klanglos unterging, während die CDU den Streitwert pro Verfahren mit 10 000 Mark ansetzte. Zwar zog sie nach gewonnener Wahl zwei weitere Bestrafungsanträge zurück, und mit dem Antrag einer Art Vorzensur, Staeck habe in Zukunft die «Herstellung von Plakaten mit ähnlichem polemischen Inhalt» zu unterlassen, kam sie nicht durch. Es kam zu einer hübschen Szene im Gerichtssaal, als der CDU-Anwalt, Klaus Staeck mit Dieter Rot verwechselnd, meinte, die «lyrischen» und «romantischen» Werke wie die vom Heidelberger Schloss seien doch ausreichend als künstlerische Legitimation. Aber es blieb dabei, dass die einstweiligen Verfügungen rechtens erfolgten. Dem Urheber konnte zwar eine eigenhändige Plakatierung nicht nachgewiesen werden, er hätte aber die Folgen der Verbreitung voraussehen müssen.

Welches Fazit ist daraus zu ziehen? Ein Plakat beschäftigt die Wahlkampfleiter — wovon politische Künstler bislang nur zu träumen wagten. Es wird aber nicht als Kunst anerkannt, dafür ist es zu wenig «romantisch», es regt nicht zum Träumen an, ganz im Gegenteil. Staeck hat sich auch nicht auf Künstlertum berufen, um nicht eventuell eine Narrenfreiheit zu bekommen, sondern auf das Recht des einzelnen zu Ironie. Mit Ironie tun sich deutsche Gerichte seit Fritz Teufel schwer. Betritt ein Künstler politischen Raum, muss er erwarten, dass ihm mit politischen Mitteln begegnet wird. Aber gerade da zieht sich das Oberlandesgericht Karlsruhe auf einen ganz formalen Standpunkt zurück: Missbrauch eines fremden Namens, und lässt die entscheidenden Fragen offen: welche Rechte hat der einzelne, Künstler oder nicht, seine Meinung gegen eine Partei zu äussern? Hört die Meinungsfreiheit dort auf, wo sie wirkungsvoll wird? Warum setzt sich das Urteil nicht mit dem Inhalt des Slogans auseinander? Die Grenzen zwischen Ironie und Verunglimpfung zu ziehen, war offenbar zu mühsam, oder zu riskant. Positiv oder negativ — aber die Initiative des einzelnen Staatsbürgers hätte beurteilt werden müssen. So bleibt nur die undemokratische Resignation, dass der einzelne nicht vermag. 40 000 DM können eine Privatperson ruinieren. «Als einzelner kannst du nichts — deshalb CDU». Austauschbar: Deshalb SPD. Deshalb FDP. Deshalb wähle und schweige. Bereits fühlt sich die Edition Olympia ermuntert, ein Verfahren gegen Staecks Olympia-Plakat anzustrengen. Streitwert: 50 000 DM.

Georg Jappe

P. S. Staeck zeigt gegenwärtig seine politische Kunst in der Galerie Regio in Lörrach.

Basler National-Zeitung, 19.9.1972

Porträt eines Künstlers

Klaus Staeck im ZDF-Kulturmagazin „Titel, Thesen, Temperamente"

Klaus Staeck wird zufrieden gewesen sein. Und vielleicht fühlte sich sogar Heidelbergs CDU gerecht behandelt in dem 16-Minuten-Beitrag des ZDF-Kulturmagazins „Titel, Thesen, Temperamente". Redakteur Herbert Stelz nämlich hatte es den anderen wie sich selbst leicht gemacht. Er ließ die Betroffenen zu Wort kommen, stellte Aussage neben Aussage, verzichtete auf jeglichen Kommentar und widmete sich dann ausführlich dem Stein des Anstoßes: dem Heidelberger Rechtsanwalt, Grafiker und Galeristen Klaus Staeck, von „TTT" als „wirkungsvollster politischer Künstler in Deutschland" apostrophiert.

Heidelbergs kleine Sensation aus dem vergangenen Landtagswahlkampf, der Prozeß der CDU gegen Staecks Plakat „Die Reichen müssen noch reicher werden – deshalb CDU" gab somit nur den Aufhänger ab zu einem ausführlichen, fast liebevollen Porträt des ebenso witzigen wie vorwitzigen Bürgerschrecks. Um die Beantwortung der vom Gericht entschiedenen Frage – Staeck hat den Prozeß gegen die CDU verloren – nach der Legitimität eines derartigen Plakats drückte sich der Kulturbeitrag tunlichst herum.

Alois Link, damaliger CDU-Wahlkampfleiter, sprach im Hinblick auf die verblüffende Gleichheit des Parteisignums auf dem anstößigen Plakat von der „Diffamierung einer großen Volkspartei", die von Leuten vorgebracht werde, die sich „links von der Sozialdemokratie" befänden. Doch Heidelbergs SPD mochte sich von dem Plakat des Parteigenossen Staeck nicht distanzieren, zunächst, wie SPD-Vorsitzender Harald B. Schäfer betonte, weil das Plakat nicht von der Partei stamme und weil der Slogan, was die Politik der CDU angehe, zutreffend sei. Bernd Schmidbauer von der CDU Heidelberg-Land schließlich sprach von einigen Zeugen, die das Plakat in Verwirrung gestürzt habe. Diese wollten freilich (erklärlicherweise) nicht vor der Kamera aussagen.

Der überwiegende Rest des Beitrags zeigte Klaus Staeck durch Heidelbergs Gassen wandernd, dabei von seiner Haßliebe zur Neckarstadt sprechend und sein künstlerisch-politisches Wollen charakterisierend; Staeck in den Räumen seiner „edition tangente", Briefe diktierend; vor allem aber Staeck über Staeck, der sich nicht damit begnügen möchte, das Heidelberger Schloß zu malen, es sei denn, es säßen wenigstens ein paar Hakenkreuzträger davor. Anders wäre es zu witzlos.

Bemerkungen zu Kunst und Politik verdeutlichten die Ziele des künstlerisch engagierten Rechtsanwalts. Als politischen Realismus bezeichnete er seine Arbeiten, die aus Ironie, Satire, Parodie gespeist werden. Allen Etikettierungen abhold, hat er die törichte Frage, ob das noch und was denn überhaupt Kunst sei, mit der Einführung eines „Deutschen Kunstsiegels" beantwortet, das dem Käufer die Antwort schwarz auf weiß gibt. So führt er, der sich des Vorhandenen bedient, der das bürgerliche Kunstverständnis bewußt als Arbeitsmittel benutzt und ständig auf der Grenze von Politik und Kunst balanciert, auch diese Frage ad absurdum.

Staeck, der zur Verwirklichung seines Wollens auch die alte Kunst ins Rampenlicht der Wirklichkeit zieht, machte überzeugend klar, daß er trotz erfolgter Morddrohungen und empfindlicher finanzieller Einbußen in der einmal eingeschlagenen Richtung fortzufahren gedenke. Noch hat sich die Angst vor seinen Gegnern nicht lähmend ausgewirkt. **le**

Rhein-Neckar-Zeitung, 9.10.1972

Rhein-Neckar-Zeitung, 22.9.1972

Kontroverse um Staeck-Film im Fernsehen

Der Heidelberger Grafiker und Rechtsanwalt Klaus Staeck steht im Mittelpunkt eines Streifens, den ein Film-Team für die ARD-Fernsehsendung „Titel, Thesen, Temperamente" gedreht hat. „Aufhänger" für den Film war, wie verlautet, die Auseinandersetzung Staecks mit der CDU um ein von Staeck entworfenes und dann an verschiedenen öffentlichen Anschlagflächen erschienenes Anti-CDU-Plakat im Landtagswahlkampf in diesem Frühjahr. Wie gestern zu erfahren war, ist es fraglich, ob der Beitrag, der eventuell für die heutige Ausgabe des Kulturmagazins vorgesehen war, überhaupt gesendet wird. Maßgebliche Stimmen sollen sich gegen die Aufnahme des Films in das Fernsehprogramm ausgesprochen haben.

Vorsicht mit Wählerinitiativen — sie können falsch geladen sein

Frankfurter Allgemeine Zeitung, 10.11.1972

Über das Reichen-Plakat berichteten außerdem:

Weinheimer Nachrichten, 14.4.1972
Rhein-Neckar-Zeitung, 14.4.1972
Heidelberger Tageblatt, 15.4.1972
Heidelberger Tageblatt, 18.4.1972
Heidelberger Tageblatt, 19. 4.1972
Rhein-Neckar-Zeitung, 20.4.1972
Badisches Tageblatt, 20.4.1972
Cannstatter Zeitung, 20.4.1972
Südkurier, Konstanz, 20.4.1972
Schwäbische Zeitung, 20.4.1972
Nord-Stuttgarter Rundschau 20.4.1972
Heidelberger Tageblatt, 21.4.1972
Rhein-Neckar-Zeitung, 21.4.1972
Badische Neueste Nachrichten, 21.4.1972
Heilbronner Stimme, 21.4.1972
Stuttgarter Zeitung, 21.4.1972
Reutlinger Generalanzeiger, 21.4.1972
Stuttgarter Zeitung, 24.4.1972
Rhein-Neckar-Zeitung, 26.4.1972
Heidelberger Tageblatt, 26.4.1972
Heidelberger Tageblatt, 27.4.1972
Rhein-Neckar-Zeitung, 3.5.1972
Rhein-Neckar-Zeitung, 5.5.1972
Heidelberger Tageblatt, 6.5.1972
Stuttgarter Zeitung, 6.5.1972
Rhein-Neckar-Zeitung, 10/11.5.1972 (Leserbrief nicht vollständig abgedruckt)

Deutsche Volkszeitung, 18.5.1972
Rhein-Zeitung Koblenz, 24.5.1972
Heidelberger Tageblatt, 24.5.1972
Heidelberger Tageblatt, 2.6.1972
Heidelberger Tageblatt, 7.6.1972
Rhein-Neckar-Zeitung 16./17.6.1972
Badische Zeitung, Freiburg 18.8.1972
Abendzeitung, München, 18.8.1972
Westdeutsche Allgemeine Zeitung 19.8.1972
Heidelberger Tageblatt, 19.8.1972
Rhein-Neckar-Zeitung, 19.8.1972
Aachener Nachrichten, 21.8.1972
Rhein-Neckar-Zeitung, 1.9.1972
Heidelberger Tageblatt, 1.9.1972
Die Tat, Frankfurt a.M., 2.9.1972
Heidelberger Tageblatt, 2.9.1972
Schwetzinger Zeitung, 2.9.1972
Fränkische Nachrichten, 2.9.1972
Rhein-Neckar-Zeitung, 2.9.1972
Stuttgarter Zeitung, 2.9.1972
Badische Zeitung, 5.9.1972
Heidelberger Tageblatt, 11.9.1972
Stuttgarter Zeitung, 12.9.1972
Heidelberger Tageblatt, 22.9.1972
Stern Nr. 40, 24.9.1972
Hessische Allgemeine, 7.10.1972
Stuttgarter Zeitung 18.10.1972
Rhein-Neckar-Zeitung, 18. 10. 1972
Der Spiegel, Nr. 44, 23. 10. 1972
Schwarzwälder Bote, 25. 10. 1972
Stuttgarter Zeitung, 25. 10. 1972
Westfälische Rundschau 25.10.1972
Oberbadisches Volksblatt 25.10.1972
Markgräfler Tagblatt, 25.10.1972
Oldenburgische Volkszeitung 26.10.1972
Deutsches Allgemeines Sonntagsblatt, 29.10.1972
Tendenzen Nr. 85, Okt./Nov. 1972
Umbruch, Juso-Zeit. Oberhausen Nov. 1972
Juso-Info, Wunstorf Nr. 17–19 1972
Sindelfinger Zeitung, 3.11.1972
Westdeutsche Allgemeine Zeitung 14.11.1972
Abendzeitung, München 16.11.1972
Iserlohner Kreisanzeiger 16.11.1972
Göttinger Allgemeine, 17.11.1972
Rhein-Neckar-Zeitung, 20.11.1972
Die Rheinpfalz, 20.11.1972
SPD-Info, Heidelberg, Dez. 1972
Kunst, Mainz, Nr. 48, Dez. 1972
Arbetet, Malmö, 23.12.1972
'ran, 3. Jg., H 1, 1.1.1973
Dialog-Wahldokumentation, Jan. 1973
Format, H. 1, Februar 1973
Heidelberger Tageblatt, 15.2.1973
Rhein-Neckar-Zeitung, 17/18.2.1973
Wirtschaftswoche, 2.3.1973
Südwestpresse, 23.3.1973
Pardon, März 1973
Der Spiegel Nr. 13, 26.3.1973
Zeit-Magazin Nr. 29, 13.7.1973
Magazin Kunst Nr. 49, März 1973

Private Vorschläge, Weiterentwicklung, Raubdrucke

An Staeck geschickte Plakatvorschläge von Privatpersonen:
25.9.1972 Karl B. aus Braunschweig

Bild: Auf Schachbrett eine einzige Figur, die oben die montierten Köpfe von Strauß und Barzel zeigt.
Umrißhaft in Übergröße ein dickbauchiger Magnat, der sich mit spitzen, ringgeschmückten Fingern gerade dieser Figur bemächtigen will.

Text: Wir warnen vor dem Janus-Kopf
denn leider kann nicht jeder Tropf
die hier gepaarten beiden
gehörig unterscheiden!

9.10.1972 Michael K. aus Berlin
... darf ich Ihnen noch einige Gründe an die Hand geben, CDU oder noch besser CSU zu wählen:

1. Die SPD (FDP oder auch DGB) muß endlich verboten werden
2. Aktion kleine Löhne (Kleine Leute brauchen kleine Löhne)
3. Kleine Leute brauchen große Klassen
4. Zwei Parteien genügen: CDU & CSU
5. Eine gesunde Wirtschaft braucht mehr Arbeitslose
6. Alle Macht den Unternehmern

22.10.1972 Werner L. aus Essen:

Text: Schluß mit dem langweiligen Frieden
Strauß schafft Abhilfe
Auch an der Ostgrenze wird seit drei Jahren viel zuwenig geschossen
Darum wählt die sogenannte CDU

23.10.1972 Günther W. aus Berlin
Als Zeichnung schlage ich im Vordergrund einen Panzer oder ein Kampfflugzeug vor. Über dieser Zeichnung im Hintergrund der Kopf der Herren Quandt, Bölkow oder Diehl.

Als Text: Alle Freiheit für die Unternehmer
– wählt christdemokratisch

23.10.1972 Fritz R. (Rentner) aus Hage, Ostfriesland
Lukas 19, Vers 27:
Wir wollen nicht töten
Wir wollen den Frieden
Wir wählen SPD

23.10.1972 anonym aus Hannover
Schutzlose Hauswirte!
Wie lange verwüsten Jusokinder eure Wohnungen?
Wann kommt das Kinderabschlachtgesetz?
Wählt den C lub D er U nbestechlichen!

23.10.1972 K. aus Schorndorf
Können Sie mit folgenden Slogans etwas anfangen:

1. Primaten sind bessere Springer
(weil sie unge-Bild-et sind)

2. C hristliche D umme U ntertanen wählen die Partei der C hristlichen D eutschen U nternehmer

24.10.1972 Dr. Karl S. (Rechtsanwalt) aus Zürich

Vielleicht können Sie folgenden Zynismus verwenden:

«Herr XY ist ein Ehrenmann, man kann es ihm nur nicht beweisen.»

Für XY können Sie Strauß, den «Old Schwurhand»-Zimmermann, den Mende oder die abtrünnigen und sonstigen Brüder nach Belieben einsetzen.

24.10.1972 Oliver B. aus München

1. Wer mit der SPD lacht, lacht am längsten.
2. Wer hetzt, der frißt auch kleine Kinder.
3. Wer den politischen Gegner achtet, wird exkommuniziert. Wählt christlich-sozial! (christdemokratisch)
4. Ehe das deutsche Volk untergeht, wird es in einem Meer von Zwergschulen versinken.
   Die christlich-sozialen (christdemokratischen) Zwergschulen sind die besten!
5. Unseren Banken und Großkonzernen darf nicht länger erschwert werden, im Ausland billige Kredite aufzunehmen, um damit im Inland besser die Inflation anheizen zu können. Darum sind wir für die freie Marktwirtschaft! Deshalb hat Karl Schiller recht: weil Inflation schön ist!
6. Die CSU (CDU) glaubt zwar nicht mehr an den Klapperstorch, weiß aber, wie man in den Himmel kommt. Wählt christlich-sozial! (Wählt christdemokratisch!)
7. Glaube (Barzel), Liebe (Strauß), Hoffnung (Narjes).

24.10.1972 anonym aus Rosenheim:

Auch weiSS-blauer Faschismus
riecht wie Hitler sein brauner
vollgeschiSSener Hosenboden

25.10.1972 Peter S. aus Berlin:

alle reden vom faschismus
aber wir lassen ihn zu
worte kommen und darum wählt
CDU

27.10.1972 Manfred R. aus Friedberg

Ihre feine englische Art gewissermaßen regte mich selbst an:

1. Wir haben die besseren Männer:
   Mende, Müller, Hupka, Starke, Zoglmann, Kühlmann-Stumm, mehr CDU in den Bundestag
2. Das Kapital läßt grüßen, wählt CDU
3. Gott mit uns CDU/CSU
4. Foto: F.J. Strauß (erhöht) hinter R. Barzel stehend, diesem die Rechte weihevoll auf die Schulter gelegt
   Text: der Pate (oder: der Macher kommt)

27.10.1972 H. aus Kiel
Wer abtreibt gehört ins Gefängnis. Wählt CDU
27.10.1972 E. B. aus Konstanz
Wenn Sie auf folgenden Slogan noch nicht selbst gekommen sind, können Sie ihn gerne verwenden:
Chancengleichheit für *alle* Privilegierten
wählt christdemokratisch
28.10.1972 Hermann T. aus Heidelberg
Wie lange noch soll der CDU/CSU-Wahlbetrug mit über 2 Millionen Wählerstimmen fortgeführt werden? *Tun Sie bitte etwas!*
Nonnen und Mönche sowie sonstige Insassen von Klöstern, Stiften usw., die sich vom weltlichen Leben abgesondert haben, sind nicht berechtigt, über uns weltliche Menschen zu entscheiden, und haben kein Wahlrecht. Zudem stehen solche Elemente unter Druck und dürfen nicht einzeln in Wahl-Lokale gehen.
Es ist ein Verbrechen gegenüber dem deutschen Volk, wenn nicht vor der Wahl am 19. 11. 1972 eine Volksbefragung bzgl. Wahlverbot für Klöster und Stifte durchgeführt wird.
Unter anderem müßte die in katholischen Kirchen betriebene Hetzpropaganda gegen die SPD angeprangert werden.
Warum haben Sie beim Gericht gegen Ihr Plakatverbot nicht Einspruch erhoben wegen Befangenheit des Richters? Ein katholischer Richter bzw. einer, der mit der CDU/CSU sympathisiert, ist doch abzulehnen.
29.10.1972 Ferdinand G. (Taxifahrer) aus Tangstedt/Schlesw.-Holst.
Ein Konterfei von F. J. Strauß mit Zepter, Krone und Hermelinmantel mit dem Text:
Wer Franz Joseph den I. als König von Bayern und womöglich als Kaiser von Deutschland haben will, wählt christsozial oder christdemokratisch
30.10.1972 XY (87 1/2) aus Nürnberg
Wie man hört, soll Barzel beabsichtigen, als Dank für intensive Wahlhilfe an *nützliche Idioten,* einen goldenen oder silbernen Rosenkranz zu verteilen. Erste Empfänger sollen der EKD-Ratsvorsitzende Diezfelbinger, der Abgeordnete von Weizsäcker, der Hamburger Professor Thielike, Gerhard Schröder und andere sein
Also: CDU/CSU wählen!
3.11.1972 Ingrid K. aus Gießen
1. Schwester mit Untergewicht (FDP $< 5\%$)
   ist der Nagel zu unserem Sarg (sprich CDU-Regierung)
2. Wenn der kleine Bruder fällt,
   reißt er den großen mit.

6.11.1972 Kurt F. aus Ulm
Gott schütze das Land Bayern
vor F. J. Strauß

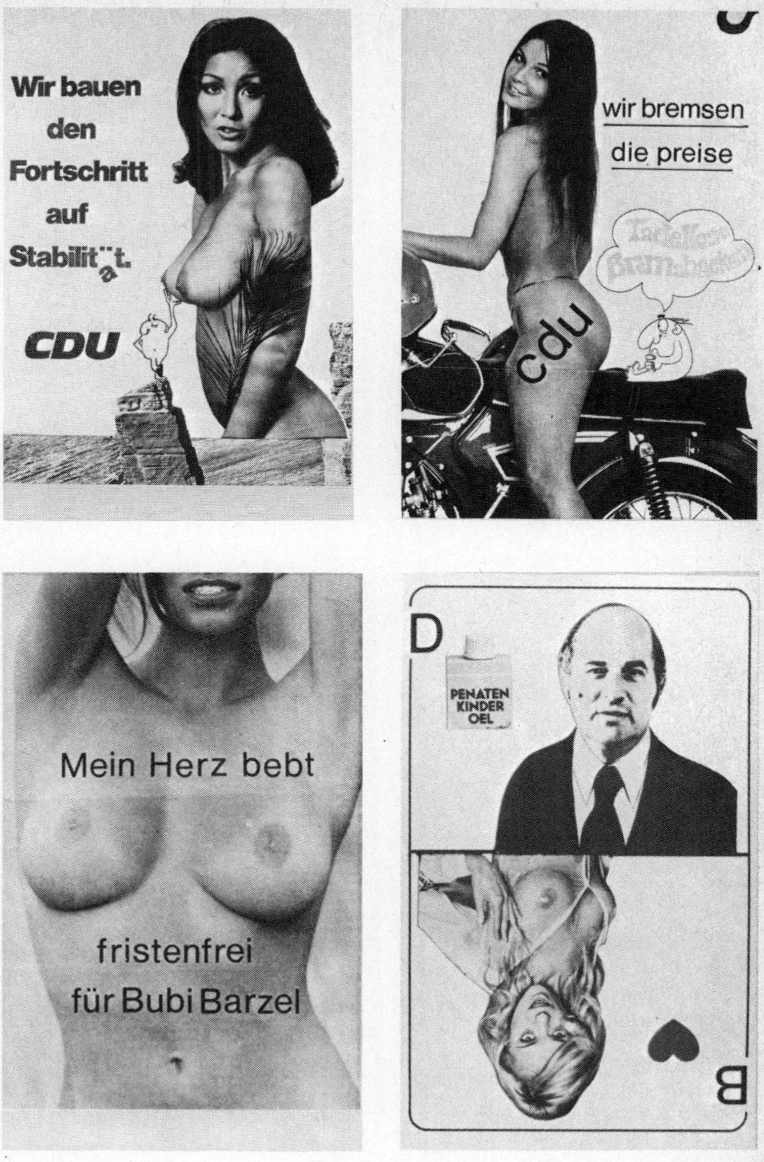

Vier Fotos von Arnold Link als fertige Bildvorschläge

Sehr geehrter Herr Staeck!

Im Spiegel vom 23. Okt. 1972 sah ich zum erstenmal Ihre Plakate zur Bundestags-wahl, die mich sofort begeisterten. Besonders sagten mir die Arbeitervillen im Tessin zu. Ich selbst bin als angelernter Arbeiter in einer Fabrik tätig. Ich sende Ihnen einen Entwurf eines Plakates, der von mir als Collage aus einer Graphik des Gewerkschaftsjugendmagazins "ran" und einer Original CDU Anzeige hergestellt wurde. Da ich heimatloser Ausländer bin, und somit nicht wahlberechtigt

bin, möchte ich so meinen Beitrag zur Bundestagswahl leisten.
Falls Sie meinen Entwurf zum Druck geeignet finden, bitte ich Sie mir lediglich einige Freiexemplare zuzusenden.

Mit freundlichen Grüßen

28.10.72

Sehr geehrter Herr Staeck!

Vielleicht können Sie auch folgenden Text gebrauchen

LANDWIRTE!

DIE CDU TUT MEHR FÜR DIE SCHWEINE!

Hochachtungsvoll

Kalenderblatt

Aufkleber

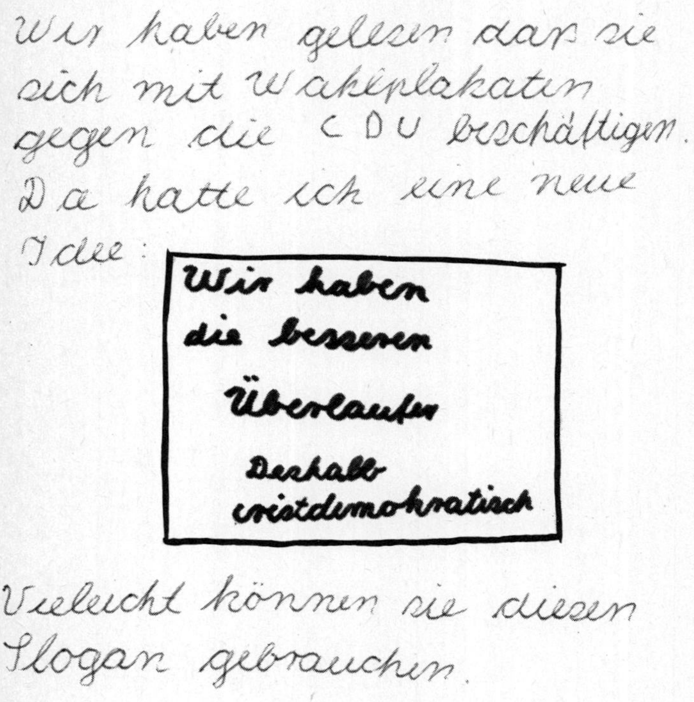

Wir haben gelesen daß sie sich mit Wahlplakaten gegen die CDU beschäftigen. Da hatte ich eine neue Idee:

Wir haben die besseren Überlaufer Deshalb cristdemokratisch

Vielleicht können sie diesen Slogan gebrauchen.

Bildvorschläge von Reinhold S. aus Hasenfeld (Kalenderblatt), Hans-Werner B. aus Kassel (Aufkleber), Nicolas S. aus Eppelheim.

10.11.1972 Heinz J. aus München

... wir haben Sie ein wenig plagiiert, erweitert und verteilen und kleben die beiliegenden und andere Zettel (Unterteile eines Buches) 12 000mal in München und da, wo Ihre köstlichen Plakate noch nicht hängen.

Mit Dank für die Anregungen und Gruß

1. Wir brauchen Riesenklassen in Zwergschulen. Wählt CSU
2. Stoppt die Barzel-Strauß-Bande!
3. Strauß darf nicht verarmen:
   wir brauchen Fibag, Onkel Alois, HS 30-Skandal. Deshalb CSU!
4. Die Reichen müssen noch viel reicher werden! Deshalb CSU
5. Wir wollen wieder mehr Skandale! Deshalb Franz Josef Strauß!
6. Wir brauchen Männer, die den Mut haben, das Parlament zu belügen! Deshalb Franz Josef Strauß und seine CSU

1.11.1972 Christoph S. aus Münster

1. Dem dümmsten Wähler
   Die *dickste* Kartoffel!
   Deshalb CDU
   (Flugblatt)
2. Korruption – Kalter Krieg – Rückschritt
   Gemeinsam werden wir das schaffen CDU

Die Industrie produziert für den Verschleiss.

Sie lebt davon, dass alles immer schneller kaputt geht.

Die Industrie finanziert alle, die ihr dabei helfen. Damals Hitler und seine Mannschaft. Heute:

CDU/CSU – Strauss/Barzel.
Damit alles wieder schnell kaputt geht!

Gebr.
Annteskind

19 Bundesrepublik 72
Im Blickwinkel 33–45

1.11.1972 Flugblatt (anonym)

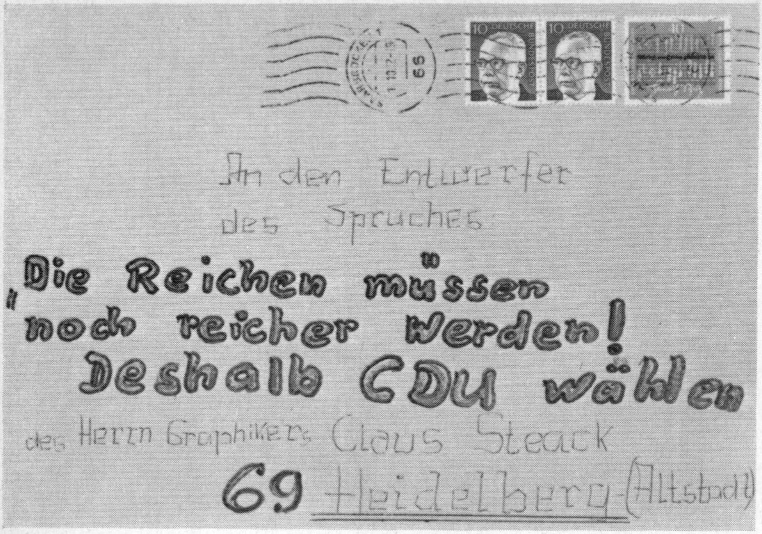

Sehr geehrter Herr Steck!
Zunächst: Entschuldigen, Sie, bitte, aber mein Absender stimmt nicht. Deshalb auch *keine* Antwort *bitte!*
Hier in dem «super-schwarzen» diktatorischen CDU-Bundesland Saar muß man mit Repressionen rechnen, wenn man eine Sympathie für die SPD erkennen läßt.
Anbei 5,— DM als Kleinen Dank von mir.
Ich bewundere Sie: Ihren Mut und Ihr Können.
Aber: schaden Sie nicht für andere, die es u. U. nicht wert sind. – Die Deutschen sind doch soo – Bild – dumm?
Herzlichst
Ein Freund
(Originalbrief handgeschrieben)

Anzeige der SPD Frankenthal in der Schülerzeitschrift *Kaktus* Nr. 2/1972

Mit Gags sollen die Wähler mobil werden

„Bürger für Brandt" planen in Nürnberg bis zum 19. November noch große Aktionen

Für Gags im Wahlkampf will die Nürnberger Wählerinitiative „Bürger für Brandt" mit drei größeren Aktionen sorgen. Damit sollen die Bürger vor allem aufgefordert werden, am 19. November zur Urne zu gehen.

Heute fährt von 10 bis 14 Uhr ein großer Wagen mit Chauffeur durch die Stadt mit dem Slogan „Damit ich noch reicher werde — CSU". Dahinter läuft ein Esel — als Kontrastprogramm. Am 11. 11. plant die Wählerinitiative einen Faschingsumzug. Die kostümierten Teilnehmer sollen dabei noch einmal auf den Wahltermin aufmerksam machen.

Zum Finale schließlich ist am letzten Wochenende vor der Entscheidung eine Luftballon-Aktion vorgesehen, bei der die „Bürger für Brandt" auch Straßentheater vorführen wollen. Außerdem will man vor Betrieben werben, um die Arbeitnehmer anzusprechen.

Nürnberger Nachrichten 4/5.11.1972

Aufkleber (anonym), Verbreitung Baden-Württ. und Nordrhein-Westfalen

Aufkleber (anonym), Verbreitung Nordrhein-Westfalen

Aufkleber (anonym) Verbreitung
Niedersachsen

Plakat (anonym) Verbreitung
Nordrhein-Westfalen

Plakat (Juso) Verbreitung
Nordrhein-Westfalen

Plakat, handgespritzt (anonym)
Verbreitung Bayern

Polizei...
– Heidelberg
Kriminalkommissariat
Heidelberg
(Dienststelle)

Heidelberg , den 13.12.
1972

27251 App. 326

(Geschäftszeichen) (Fernsprecher)

EINSCHREIBEN

Herrn, ~~Frau, Fräulein~~

Klaus Staeck

Wohnort 69 Heidelberg

Postleitz.

Straße Theaterstraße 9

Falls verzogen, mit neuer Anschrift zurückerbeten

Sehr geehrte r Herr Staeck

~~Zu Ihrer Vernehmung als Zeuge –~~ Zur Erörterung eines Schreibens der Landespolizeistation Rothenburg o.d.Tbr. bezüglich Wahlplakate

bitten wir Sie ~~erneut – sich am~~ Montag – Freitag, 18.12. – 22.12.1972

dem ______ 19__, in der Zeit zwischen 08.00 und 11.00 Uhr

bei Kriminalkommissariat

in 69 Heidelberg, Rohrbacher straße 11

Zimmer Nr. 68 unter Vorzeigen dieser Vorladung einzufinden.

Wir bitten mitzubringen: Ausweispapiere über Ihre Person

Sollten Sie zu dem angegebenen Zeitpunkt am Erscheinen verhindert sein, bitten wir um rechtzeitige Mitteilung unter Angabe des Grundes. Falls Sie in der Zwischenzeit nach außerhalb verziehen, bitten wir um Rücksendung der Vorladung unter Angabe Ihrer neuen Anschrift

Hochachtungsvoll !

Im Auftrag

727

Vorladung zur Kriminalpolizei (Politische Abteilung) Heidelberg wegen der handgespritzten Plakate mit dem Reichen-Slogan (siehe vorhergehende Seite). Der Slogan war außerdem mehrfach auf die Rothenburger Stadtmauer gespritzt worden. Die Polizei schützt das geistige Urheberrecht im weitesten Sinne.

Raubdruck für die französischen Parlamentswahlen, März 1973 (anonym)

SOZIALDEMOKRATISCHE PARTEI DEUTSCHLANDS

KREISVERBAND WAIBLINGEN
Kreisvorsitzender
Rainer Brechtken
706 Schorndorf
Wilh.-Maybach-Str. 21

2.10.72

Herrn Klaus Staeck 69 Heidelberg box 471
edition tangente

Lieber Genosse Staeck!
Die Kreisdel.Konf. in Waiblingen hat spontan 135,- DM gesammelt zur Abdeckung der Kosten Deines Prozesses. Der Betrag geht in den nächsten Tagen auf Dein Konto
Postscheckkonto 135639 Karlsruhe.
Für eine Bestätigung bezügl. des Eingangs des Betrags danke ich im Voraus.

Hzl. Grüße

Rainer B[illegible]

Herrn
Klaus Staeck
Rechtsanwalt

6900 Heidelberg
Theaterstrasse 9

TAG: 18.Juli 72

BETR.: Heidelberger Grafiker, Wahlplakat.
Bezug: Artikel im Heidelberger Tageblatt.

Sehr geehrter Herr Staeck!

Durch das Tageblatt erfuhr ich, daß ein Heidelberger Grafiker wegen eines Wahlplakates in Schwierigkeiten kam.

Da ich mit dem Text des Plakates übereinstimme möchte ich, falls dies erforderlich ist, diesem Grafiker in die Seite treten und geren meine Kirchensteuer, als Ausgleich zur Bestreitung des Prozesses, zur Verfügung stellen.

In Erwartung Ihrer Rückantwort,

mit freundlichen Grüßen

TAG: 10.Oktober 72

BETR.:

Lieber Herr Staek

Vom Urlaub zurückgekehrt, habe ich den Ausgang erfahren, sicherlich kein Ruhmesblatt für die CDU!

Bedauerlich ist nur, daß der Arbeiter, um den es ja ~~auch~~ geht, dies alles nicht kapiert. Die meisten, auch SPD-und Gewerkschaftsmitglieder, sind ohnehin tägliche Bildleser.

Ich glaube Sie müßten schon, so schwer es auch fällt, sich auf Bild-Niveau begeben, um sich diesen Leuten verständlich zu machen. Vielleicht sehe ich auch zu schwarz!

Anbei der Rest meiner Kirchensteuer für Ihre weiteren Aktionen. Weitere Beträge habe ich bereits für andere Wahlaktionen zur Verfügung gestellt.

Wenn es Ihre und meine Zeit erlaubt könnte man einmal einen Gedankenaustausch vereinbaren.

Weiterhin noch guten Erfolg,

mit freundlichem Gruß

Anlage: Verr.Scheck No 100999040,
DM 100,--

Gangelt, den 20.11.

Sehr geehrter Herr Staeck!

Ich bitte Sie, mir kostenlos folgende Plakate zuzusenden: 6x Strauß und 2x Villa in Tessin.
Wo doch die Wahl vorbei ist, sollten Sie mir die Plakate kostenlos zusenden, statt sie einzustampfen.

Hochachtungsvoll

100	Ex. Plakat Deutsche Arbeiter	DM
	Ex. Postkarte Deutsche Arbeiter	DM
100	Ex. Aufkleber Deutscher Arbeiter	DM
	Ex. Plakat Die Mieten...	DM
	Ex. Postkarte Die Mieten...	DM
100	Ex. Aufkleber Die Mieten...	DM
	Ex. Plakaten Die Reichen...	DM
	Ex. Postkarte Die Reichen...	DM
100	Ex. Aufkleber Die Reichen...	DM
100	Ex. Löwenthal-Aufkleber	DM
	Porto und Verpackung bei Best. bis DM 50,00 nur Aufkleber 2,00 DM, Plakate 4,00 DM	DM
	Summe	DM

Name

Unterschrift [signature]

Ort

Datum 17.10.72

Straße

Bitte kostenlos

Im Briefumschlag an Edition Staeck 69 Heidelberg Postfach 471 senden.
Pschkto.: Karlsruhe 135639 Bank: BfG Heidelberg 10764506

Poster "Die Reichen müssen noch reicher werden"

Sehr geehrte Herren!

Ihr obiges Plakat würden wir gerne in unserem Vereinslokal aufhängen und gleichzeitig würde ich es gerne einigen Freunden und Gesinnungsgenossen schenken. Ich wäre Ihnen sehr dankbar, wenn Sie mir 5 Stück dieser Plakate kostenlos zusenden würden. Herzlichen Dank.

Mit freundlichen Grüßen

Weitere Wahlplakate

Plakat 70 000 Auflage, Aufkleber 90 000 Auflage, Postkarte 60 000 Auflage. Auflagenstärkstes Motiv.

aufgelesen ...

Plakat von Klaus Staeck, Heidelberg

Deutsche Arbeiter!

Die SPD will euch eure Villen im Tessin wegnehmen

BÜRGER FÜR BRANDT

Wählerinitiative
7290 Freudenstadt, Landhausstraße 84
Spendenkonto Kreisspark. FDS 100 000-9

schlußhandlung gewesen, räumte er vor
ein, er habe seine Rechnung bezahlen
und nur auf das Geld gewartet, das ma
aus München schicken sollte.

Es drehte sich eigentlich alles um diese
von dem er nicht sicher wußte, wohin
geschickt werde und wie hoch der Betra
würde. Angeblich sei dies eine Auszahlu
seine Arbeit einer Schweizer Firma ge
Deren Kontaktpersonen sollten in Münche
nen. Auch damit war es anscheinend nicht
bei den polizeilichen Ermittlungen fest
wurde. Der Angeklagte hat bereits öfter
Betruges und Diebstahls vor Gericht ges
und hat im Frühjahr dieses Jahres eine Haf
verbüßt.

Seltsam ist auch eine Serie von Diebs
die anfingen, als er in Freudenstadt sei
wesen trieb", wie es der Richter ausdrückt
sofort wieder aufhörte, als er in Haft gen
wurde.

Deutsche Arbeiter! Die SPD will Euch Eure Villen im Tessin wegnehmen! Paßt auf!
Rainer Lagemann, Industriekfm.

Übernahme der Arbeiter-Plakat-Idee von Wählerinitiativen und Privatpersonen. Anzeigen u.a. in *Schwarzwälder Bote,* 11.11.1972, *Ludwigsburger Kreiszeitung,* 14.11.1972, *Mindener Zeitung,* 10.11.1972.

Absender:
Postleitzahl
(Straße und Hausnummer oder Postfach)
5
JEDERZEIT SICHERHEIT
DEUTSCHE BUNDESPOST
Deutsche Bundespost
5
STETTIN/POMMERN
Deutsche Bundespost
20
POSTKARTE
PLEIDELSHEIM
7121
Oder können sich solche Villen nur Gewerkschaftsbosse leisten?
Herrn
S. Kirchner
714 Ludwigsburg
Postleitzahl
Westfalenstr. 20
(Straße und Hausnummer oder Postfach)

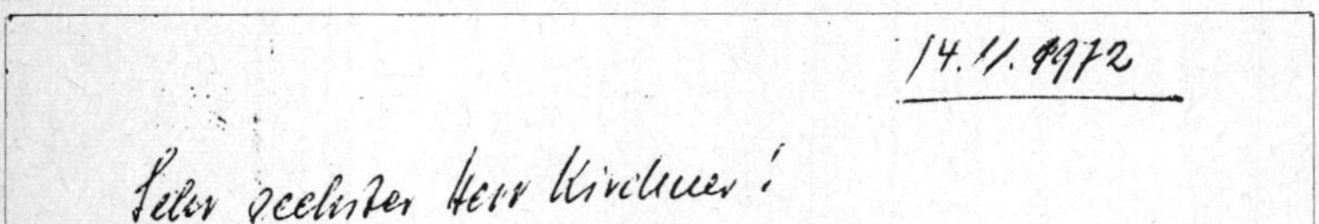

14.11.1972
Sehr geehrter Herr Kirchner!
Wieviel Arbeiter konnten sich bis jetzt eine Villa – wie in Ihrer Anzeige – im Tessin leisten? Wann würden diese gebaut?
Welche Gewerkschaft oder welche Partei ermöglicht es einem Arbeiter bzw. Arbeitnehmer eine solche Villa zu bauen?
Mit freundlichen Grüßen

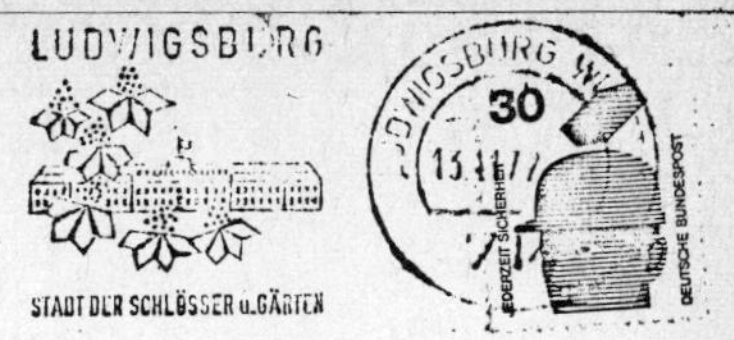

Der Schreiber gehört keiner Partei an, aber so ein Blödsinn fordert Vergeltung.

POSTKARTE

An das Rindvieh

S. Kirchner,

714 Ludwigsburg

Westfalenstr. 20.

Bettr. Anzeige in der L.K.Z. v. 11.11.72.

Antwort:

Du blödes dummdreistes Mistvich, du politischer Verläumter !!

Nenne einmal einen einfachen Deutschen Arbeiter, der in Tessin eine Villa besitzt, du Arschloch !!

Beweise nur ein einziges mal, daß sich die SPD gegen eine Vermögensbildung von Hausbesitz wendet!

Du bist dümmer als ein Rindvich weil Du so einen Blödsinn in eine öffentlich Zeitung einsetzt.

Du gehörst zu einen Untersuchung Deines Geisteszustandes nach Winnenden.

Du Saukalb !!!!!

Funktionäre und Gewerkschaftsbosse
Deutsche !
Die SPD will euch eure Villen im Tessin wegnehmen
nur SPD-Möller behält seine Luxusyacht am Luganer-See!

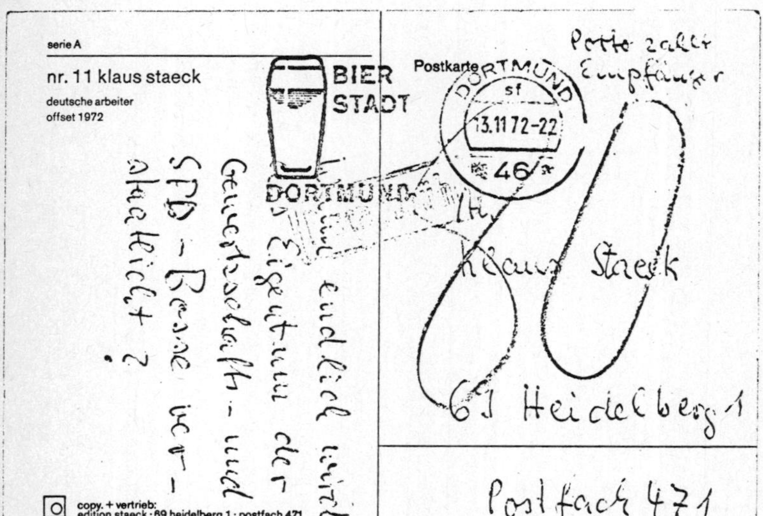
serie A
nr. 11 klaus staeck
deutsche arbeiter
offset 1972
copy. + vertrieb:
edition staeck · 69 heidelberg 1 · postfach 471
BIER STADT
DORTMUND
Postkarte
DORTMUND sf
13.11.72-22
46
Porto zahlt Empfänger
Hr. Klaus Staeck
69 Heidelberg 1
Postfach 471
und endlich wird
Eigentum der
Gewerkschafts- und
SPD-Bonzen ver-
staatlicht?

Herrn
Klaus Staeck

69 H e i d e l b e r g   29.9.72
Theaterstr.: 9

Betr.: "Wählerinitiative" Stern Nr.40

Sehr geehrter Herr Staeck!

Auch ich habe mir eine Villa im Tessin gebaut.Als erster Schritt zu meiner Auswanderung,die ich z.Zt.vorbereite.Ich emigriere weil hier in Deutschland meinem Sohn ein Platz an der Hochschule bei weitem nicht so sicher ist,wie ein Platz in der Kaserne. An diesem erbärmlichen Zustand haben auch Ihre Parteigenossen nichts geändert.

Hochachtungsvoll!

Albert Vietor, 50, SPD-Genosse und Chef der gewerkschaftseigenen Baugesellschaft „Neue Heimat", mußte sich sein Schweizer Domizil vorhalten lassen: den Luxusbau „Casa Tesorito" (Haus Schätzchen) in Ronco bei Ascona, der im Grundbuch auf den Namen seiner Frau Gerda, geb. Brencher, eingetragen ist. Das Finanzblatt „Wirtschaftswoche" verglich Vietors Tessiner neue Heimat mit einem SPD-Wahlhilfeplakat. Das Plakat des Heidelberger Grafikers Klaus Staeck hatte ironisch vor der Enteignung deutscher Arbeitsvillen im Tessin gewarnt.

Stern, 5.4.1973 und in *Wirtschaftswoche,* Nr. 10, März 1973

Wahlkampfbüro SPD Oberhausen, November 1972

wochenend

Nr. 42 — 3. Oktoberheft / 7 7484 C — 40 Pf

NEUE SERIE

Hochzeitsnächte

NEUE SERIE

Schmerzlose Geburt

Wunschtraum von Millionen werdender Mütter — Seite 9

*

Belauschte Liebespaare

(Bericht auf dieser Seite)

Im November werden in Deutschland 1500 Kinder geschändet!

SANFT blickt Marie-José Nat, eine begabte junge Filmschauspielerin, von ihren Eltern sorgsam behütet. Gerade in unseren Tagen haben junge Mädchen Schutz nötig. Die Statistik beweist es. I. P. A. Press

Deshalb fordert Professor Lejeune im Sonder-Interview mit WOCHENEND:

Entmannt alle Wüstlinge!

Als Antwort auf die Kindermorde der letzten Zeit enthüllte der Präsident des Deutschen Kinderschutzbundes, Professor Dr. Dr. Dr. Lejeune, in einem Sonder-Interview unserem Mitarbeiter Gerhard Kurtz seinen kühnen Plan, den Triebverbrechern endgültig ihr scheußliches Handwerk zu legen: Entmannung oder Verbannung!

Allein im kommenden Monat werden, laut Statistik, fünfzehnhundert Kinder in der Bundesrepublik das Opfer von Sittlichkeitsverbrechern werden. Und wenn man den Statistiken Glauben schenken darf, wird sich die Zahl dieser Verbrechen in Zukunft noch steigern. Im sechsten Stockwerk eines Hamburger Hochhauses sitzt ein Mann, der nicht gewillt ist, zuzulassen, daß sich die Voraussage dieser Statistik des Grauens erfüllt. Dieser Mann, der Präsident des Deutschen Kinderschutzbundes, hat den Kinderschändern jetzt den Kampf bis aufs Messer angesagt.

Der weißhaarige Professor mit dem eigenwilligen Charakterkopf zeigt auf die prall mit Akten gefüllten Ordner in einem Regal.

„Jede dieser Akten", sagt er, „enthält ein Kinderschicksal. Wenn manchem Parlamentarier diese Dokumente bekannt wären, würde er bei der Abstimmung zu neuen Gesetzen anders entscheiden!"

Was von den heute noch gültigen Gesetzen in der Praxis zu erwarten ist, erklärt mir Lejeune an vielen Beispielen. Darunter ist auch der Fall Ewald Kunz. Dieser typische Triebverbrecher war kein unbeschriebenes Blatt mehr, als er in das psychiatrische Krankenhaus in Haina/Hessen eingeliefert wurde: einem vierjährigen Mädchen hatte er die Schädeldecke mit einer Bierflasche zertrümmert.

Man versteht daher nicht, daß die für Kunz getroffenen Sicherheitsmaßnahmen so dürftig waren, daß es ihm dreimal gelingen konnte, aus der Anstalt auszubrechen. Völlig unbegreiflich jedoch ist, daß Kunz dann mit einem Urlaubschein in der Tasche Weihnachten 1956 nach Hause geschickt wurde. Kunz nutzte die Festtage auf seine Weise: Auf offener Straße fiel er über eine Studentin her und stach sie nieder. Als Sühne für diese Tat erhielt er, man höre und staune, ganze drei Jahre Jugendgefängnis, die er wegen guter Führung noch nicht einmal voll abzusitzen brauchte!

Im März 1960 geriet Kunz in den Verdacht, Autofallen gestellt zu haben. Abermals kam er in eine Nervenheilanstalt, und zwar diesmal nach Goddelau/Hessen, wo er erneut psychiatrisch begutachtet wurde. Obschon die Ärzte warnten, durfte sich Kunz bald wieder der goldenen Freiheit erfreuen. Verholfen hatte ihm dazu der Beschluß des Darmstädter Amtsgerichts vom 13. Juli 1960. Ein Jahr danach verging sich Kunz in Wiesbaden an einem siebenjährigen Mädchen. Als er es zu würgen begann, erlitt das Kind einen tödlichen Schock …

„Das ist nur ein Fall von vielen", erklärt mir der Professor. „Immer wieder kommt es vor, daß Triebverbrecher nach Verbüßung ihrer Tat entlassen werden. Man vergißt, daß diese Männer auf keine Strafe ansprechen und ihr Schänden und Morden fortsetzen, sobald sie wieder frei sind. Deshalb droht auch nicht nur Gefahr von solchen Männern, die bereits einschlägig vorbestraft sind, sondern von allen, auch bisher nicht ertappten, abartig veranlagten Personen. Meist sind sie der Polizei genau bekannt. Und mit an Sicherheit grenzender Wahrscheinlichkeit werden sie heute oder morgen ein Kind anfallen. Aber der Polizei sind die Hände gebunden. Erst muß der Verbrecher eine Tat begehen. Vorher hat man gegen ihn keine Handhabe!"

Ich frage den Präsidenten, was der Kinderschutzbund unternehmen will, damit die Polizei gegen diese Verbrecher vorgehen kann, wie es sich gehört.

„Jedem Verbrecher soll zukünftig", so antwortet Lejeune, „der Weg, der für ihn der einzige Ausweg aus den Klauen seiner Triebe ist, von Amts wegen offenstehen. Die behandelnden Aerzte sollen ihm klarmachen, daß nur eine Kastration (Entfernung der männlichen Geschlechtsdrüsen, auch Entmannung genannt, d. Red.) ihn retten kann. Er selbst aber soll den Antrag für diesen Eingriff stellen.

Während sonst jeder Eingriff, der das Geschlecht eines Menschen verändert, verboten ist, sollen Amtsgericht und Gesundheitsbehörden bei diesen Verbrechern Ausnahmegenehmigungen erteilen können.

ALLE ELTERN wird der kühne Plan interessieren, den Professor Lejeune zur Ausmerzung der Triebverbrecher WOCHENEND in einem Sonder-Interview bekanntgab.

Man muß diese Männer dann in besondere Kliniken einweisen, wo der Eingriff vorgenommen wird. Danach müssen sie noch ein Jahr lang in einer geschlossenen Anstalt verbringen, bis man sicher ist, daß auch der letzte Funken ihres verhängnisvollen Triebes erloschen ist."

„Und wenn sich die Delinquenten trotzdem weigern, einer Kastration zuzustimmen?" So frage ich den Professor.

„Dann bleibt nur der zweite Ausweg, den ich in meinem Aufruf ebenfalls aufzeige!"

Und nun höre ich von Lejeune nähere Einzelheiten dieses Planes, der sich zwar zunächst phantastisch anhört, aber bei näherem Nachdenken durchaus durchführbar erscheint und von vielen maßgebenden Experten befürwortet wird.

„Zu früheren Zeiten", erklärt mir Lejeune, „war es in vielen Staaten üblich, die Verbrecher auf schwer zugängliche Inseln zu verbannen. Die Franzosen, die Spanier und auch die Engländer unterhielten derartige Sträflingsinseln. Bekanntlich war ganz Australien früher eine englische Strafkolonie. Die Sträflinge konnten dort bei harter Arbeit, aber in verhältnismäßiger Freiheit nicht nur ihre Strafe verbüßen, sondern durch Kolonisation auch ihrem Land einen Dienst erweisen.

Die gleichen Inseln fordern wir für Triebverbrecher! Wir haben deshalb der Bundesregierung vorgeschlagen, die NATO solle uns eine Insel zuweisen, auf die alle Triebverbrecher, die sich einer Kastration widersetzen, deportiert werden. Wer von ihnen sich später doch lieber kastrieren lassen möchte, soll die Möglichkeit haben, seinen Antrag vorzutragen. Er würde dann gleich an Ort und Stelle operiert, müßte nach dem Eingriff noch ein Jahr in der Inselgemeinschaft leben, könnte aber dann anschließend wieder in die zivilisierte Welt zurückkehren. Lebensmittel und andere Dinge des täglichen Bedarfs sollen den Verbannten ausreichend zur Verfügung stehen. Es soll ihnen an nichts fehlen", schließt der zu allem entschlossene Professor seine Schilderung, „nur an der Gelegenheit, noch mehr Kinder morden und unglücklich machen zu können!"

Sind Liebespaare vogelfrei?

Auf einer lauschigen Parkbank sitzt ein Liebespaar. Bäume und Sträucher schützen die beiden Menschen vor dem Blick Vorübergehender. Die Nacht ist mondhell und warm. Die Liebenden haben kein Auge für ihre Umgebung.

Leise knackt es im Unterholz hinter der Bank. Ein Gesicht, weiß vom Mondlicht beschienen, schiebt sich aus dem Gezweig heraus. Es ist ein junger Mann. Er lauscht und beobachtet. Die Entfernung von ihm zur Bank beträgt nur fünf, sechs Meter. Und trotzdem scheint ihm das nicht nahe genug. Es bereitet ihm unsagbares Vergnügen, Liebende bei ihren Zärtlichkeiten zu ertappen.

Diese Bewegung jetzt war unvorsichtig! Es knackt lauter. Der Mann auf der Bank wendet sich um, erblickt das Gesicht des Beobachters, springt auf. Das Mädchen stößt einen kleinen Entsetzensschrei aus. Und schon sind die beiden Männer im Handgemenge.

„Verschwinde von hier! Was hast du hier zu lauschen?!"

„Ich kann bleiben, wo ich will. Das hier ist ein öffentlicher Park. Ich habe das gleiche Recht wie Sie!"

Der Belauschte faßt den jungen Mann an der Jacke, schüttelt ihn im Zorn. „Hauen Sie ab! Es ist eine Gemeinheit, was Sie getan haben!"

Der Lauscher zieht sein Messer, sticht zu. Der Stahl fährt dem Gegner in den Arm. Vor Gericht sehen sie sich wieder.

Das Gericht sagt: Wer Liebespaare belauscht, verletzt zwar das allgemeine Scham- und Sittengefühl. Aber wenn das Belauschen in einem öffentlichen Park, in einer öffentlichen Anlage stattfindet, ist es doch nicht rechtswidrig. Das Gericht sagt weiter: Das Liebespaar hat keinen rechtlichen Anspruch darauf, im Freien Zärtlichkeiten auszutauschen und dabei unbehelligt zu bleiben. Man muß mit Störungen rechnen.

In unserem Fall also hatte der Belauschte kein Recht, den Beobachter an der Jacke zu fassen und zu schütteln. Der andere durfte sich gegen diesen Angriff wehren.

Nun fällt es keinem vernünftigen Menschen ein, zu verlangen, daß Liebespaare gewissermaßen unter Denkmalsschutz stehen, wenn sie sich auf einer Bank in einem Park küssen. Es verstößt ja wohl auch nicht gegen die guten Sitten, daß sich junge Liebesleute küssen. Wäre es denn besser und sittlicher, wenn sie ihre Zärtlichkeiten beispielsweise in einem Absteigequartier tauschen würden? Deshalb kann man nur sagen: es ist nicht anständig, sich anzuschleichen und mit lüsternem Auge und Ohr die Heimlichkeiten anderer aufzuschnappen.

Es darf nicht soweit kommen, daß Liebespaare vogelfrei werden. In Hamburg hatte sich eine Bande Jugendlicher gebildet, die regelrechte Hetzjagden auf Liebespaare veranstalteten. Sie griffen sie an und rissen den Mädchen die Kleider vom Leib.

Meine Großmutter sagte immer: „Liebesleute haben sich viel zu erzählen. Man muß sie allein lassen."

Vieles, was man im Leben sagt oder tut, ist nicht für einen Dritten bestimmt. Ungebetene Zuschauer müssen damit rechnen, daß man ihnen nicht freundlich entgegenkommt.

Wolfgang Eger

17. 10. bis 23. 10. 1962 — 15. Jahrgang

wochenend wünscht gutes Wochenend

Österreich S 3,50 — Italien L 80 — Schweiz Rp. 50

Originaltitelseite aus der Regenbogenpresse, *Wochenend*, 17.10.1962

Entmannt alle Wüstlinge, Offset, 1972, Plakat 12 000 Auflage

Juso beißt (Originalfassung) Offset, 1972, Plakat 3000 Auflage
Auf Beanstandung der FAZ nicht weiter vertrieben

Abgeänderte Fassung 25 000 Auflage und 200 000 in der Wahlkampfzeitung der Jungsozialisten: *Juso 2,* Bonn

Frankfurter Allgemeine
ZEITUNG FÜR DEUTSCHLAND
Frankfurter Allgemeine Zeitung GmbH
Geschäftsführung

24. Oktober 1972
HWP/Bo

PER EILBOTEN

Herrn
Rechtsanwalt Klaus Staeck
69oo Heidelberg
Theaterstrasse 9

Sehr geehrter Herr Staeck !

Dem "Spiegel" (Nr. 44/1972, Seite 197) entnehmen wir, daß Sie ein Plakat oder einen Poster entworfen haben, der den Slogan "Dahinter steckt immer ein kluger Kopf" als Unterschrift des die Bild-Zeitung lesenden Herrn Strauss enthält.

Der Slogan "Dahinter steckt immer ein kluger Kopf" ist uns als Warenzeichen beim Deutschen Patentamt unter der Nr. 755 675 seit dem 14. Oktober 196o geschützt. Wir verwenden diesen Spruch ständig zur Werbung für die Frankfurter Allgemeine Zeitung.

Wir haben durchaus Sinn für Ironie, auch und gerade im Wahlkampf. Die politische Aussage des Plakats oder des Posters interessiert uns auch nicht. Wir können es aber aus werblichen Gründen nicht dulden, daß Sie den uns warenzeichenrechtlich geschützten Werbespruch im Wahlkampf verwenden. Haben Sie deshalb bitte Verständnis dafür, wenn wir Sie bitten, das Plakat oder den Poster nicht in Verkehr zu bringen. Seien Sie so freundlich, uns schriftlich zu bestätigen, daß Sie den Werbespruch "Dahinter steckt immer ein kluger Kopf" nicht verwenden werden.

Wir würden es sehr bedauern, wenn Sie uns zwingen würden, zum Schutz unseres Warenzeichens Rechtsschutz gegen Sie in Anspruch zu nehmen.

Mit freundlichen Grüssen
FRANKFURTER ALLGEMEINE ZEITUNG
G.m.b.H.

6000 Frankfurt am Main 1 · Hellerhofstraße 2-4 · Postfach 2901 · Telefon 0611/75911
Frankfurter Allgemeine Zeitung GmbH, HRB 7344, Amtsgericht Frankfurt/Main · Geschäftsführer: Reinhard Mundhenke, Hans-Wolfgang Pfeifer

KLAUS STAECK
RECHTSANWALT
bei den
Landgerichten Heidelberg und Mannheim

6900 HEIDELBERG 1, den 31.1o.72
Postfach 471
~~[illegible]27~~ Theaterstr.9

Dresdner Bank Heidelberg 21132/04
Postscheckkonto Karlsruhe 135639

Tel. o6221--24753

An die Geschäftsführung
der FAZ

6ooo - Frankfurt 1
Hellerhofstr. 2-4

Sehr geehrte Herren,

erlauben Sie, daß ich Ihnen dankend den Eingang Ihres Schreibens vom 24.1o.72 bestätige.

Der Inhalt des Briefes hat mich ein wenig in Erstaunen versetzt. Mir war bisher nicht bekannt, daß Sie sich den "klugen Kopf" im 6oiger Jahr haben warenrechtlich unter der Nr. 755675 beim Patentamt haben schützen lassen. So habe ich auch völlig unbefangen Ihren Spruch übernommen - und wie Sie mir vielleicht zugestehen wollen, noch nicht einmal in bösartiger Absicht. Zugegebenermaßen war es allerdings auch nicht mein erklärtes Ziel, im Sinne Ihres Werbeetats zu arbeiten. Einen warenzeichenrechtlichen Mißbrauch im juristischen Sinne vermag ich daher auc[h] nicht zu erkennen. Bleibt daher nur die leidige Motivation der Ironie, zumal eine offenkundige Verwechslungsgefahr im Falle der Ergänzungszutaten Bild-Zeitung und Franz Joseph Strauß nicht in Frage steht. Ich freue mich daher um so mehr, daß Sie "durchaus Sinn für Ironie" haben.

Als Ironie möchte ich das besagte Plakat auch verstanden wissen. Ich habe natürlich vollstes Verständnis dafür, daß Sie diese schreckliche menschliche Eigenschaft in einem anderen Licht sehen, wenn es um Ihren "klugen Kopf" geht. Aber hat mir doch Ihre von mir sehr geschätzte Zeitung in ihrer Ausgabe vom 24. April dieses Jahres bescheinigt: "die besten Bildsatiren Staecks stimmen nachdenklich dadurch, daß sie nichts erfinden, sondern vorhandene Bilder und Texte dem Werbeteil und den redaktionellen Äußerungen von Illustrierten und Magazinen entnommen, jäh zusammenrücken". Nur um ein solches jähes Zusammenrücken handelt es sich im vorliegenden Falle. Nach den von Ihrer Zeitung gesetzten Maßstäben zählt das "Kopf"-Plakat zu einem meiner besten. In besagtem Artikel wird weiter ausgeführt, daß "nur Neid bestreiten könnte, daß Staeck im Augenblick Deutschlands wirksamster politischer Künstler ist". Deshalb vermag ich mir schlechterdings nicht vorzustellen, daß Sie zwischen sich und einem derart Gefeierten die Niederungen des Warenzeichenrechts schieben wollen.

Ich könnte mir vorstellen, daß ein derartiges Vorgehen Ihre Feuilletonleser nur unnötig verwirren würde. Darüberhinaus können Sie im Hinblick auf zu befürchtende Weiterungen völlig unbesorgt sein: in einem Anflug von autoritärer Gläubigkeit und Wissen um die Prioritäten, habe ich mich nach dem Zugang Ihrer Eildepesche sofort mit meinem Drucker ins Benehmen gesetzt. Da dort fast noch die gesamte Auflage lagerte, haben wir beherzt zum großen Schneidemesser gegriffen und die Testikel abgesägt. Die wenigen versprengten Irrläufer, die sich unserem Zugriff tückisch entzogen haben und wohl auch auf immer werden entzogen bleiben, werden dagegen Ihr Werbekonzept auf Dauer nicht ernstlich gefährden können. Ich bin voll guten Glaubens, daß Sie mich wegen der wenigen Versprengten nicht den Gerichten ausliefern werden.

Mit den besten Grüßen, bin ich Ihr

Staeck

Frankfurter Allgemeine
ZEITUNG FÜR DEUTSCHLAND
Frankfurter Allgemeine Zeitung GmbH
Geschäftsführung

2. November 1972
HWP/Bo

Herrn
Rechtsanwalt Klaus Staeck
69oo Heidelberg 1
Theaterstrasse 9

Sehr geehrter Herr Rechtsanwalt Staeck !

Um es vorweg zu sagen: Ihre Erklärung, es seien nur wenige der beanstandeten Plakate in Umlauf gesetzt worden und bei den restlichen Plakaten sei der Werbeslogan "Dahinter steckt immer ein kluger Kopf" entfernt worden, genügt uns.

Wir haben Ihnen, das ergibt sich aus unserem Brief, weder böse Absicht, noch sonst irgendwelche unlauteren Motive unterstellt. Wir müssen nur sehr vorsichtig sein, wenn unser warenzeichenrechtlich geschützter Slogan im Verkehr von anderen verwendet wird, insbesondere im Zusammenhang mit einem Zeitungsleser.Das wissen Sie als Anwalt ebenso gut wie wir.

Mit Ihrem Brief vom 31. Oktober 1972 ist die Sache für uns erledigt.

Mit freundlichen Grüssen
FRANKFURTER ALLGEMEINE ZEITUNG
G.m.b.H.

6000 Frankfurt am Main 1 · Hellerhofstraße 2-4 · Postfach 2901 · Telefon 0611/75911
Frankfurter Allgemeine Zeitung GmbH, HRB 7344, Amtsgericht Frankfurt/Main · Geschäftsführer: Reinhard Mundhenke, Hans-Wolfgang Pfeifer

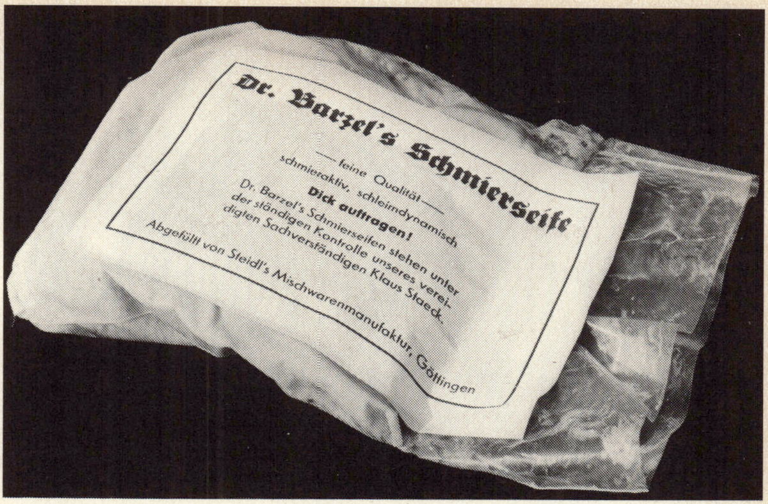

Dr. Barzels Schmierseife, Objekt, November 1972

Aufkleber (rot) 60 000 Auflage 1972

Aufkleber (rot) 60 000 Auflage 1972

Konkret-Poster, erschienen in *Konkret* Nr. 27, 16.11.1972

Achtung! Teilnahmekarte kann Ihr Doppel-Ticket sein!
Die CDU wird bezahlt von Flick Zusatzfrage: Nach der Landung werden Sie herzlich begrüßt von F. J. Strauß.
(Bitte nur eine Antwort eintragen)
Glücksfeld ausfüllen, Zusatzfrage beantworten und im Briefumschlag senden an Klaus Staeck, 69 Heidelberg, Postfach 471.
Name H.-J. Treptau Ort 4047 Dormagen Straße Am Rath 45
Wir möchten Sie schon heute um Verständnis bitten, wenn angesichts der finanziellen Notlage der Union die Preisausschüttung nicht stattfinden kann. Der Rechtsweg ist wegen schlechter Erfahrungen in jedem Falle ausgeschlossen.

Achtung! Teilnahmekarte kann Ihr Doppel-Ticket sein!
Die CDU wird bezahlt von Kapitalisten Zusatzfrage: Nach der Landung werden Sie herzlich begrüßt von F. J. Strauß
(Bitte nur eine Antwort eintragen)
Glücksfeld ausfüllen, Zusatzfrage beantworten und im Briefumschlag senden an Klaus Staeck, 69 Heidelberg, Postfach 471.
Name Diethard Zenker Ort 28 Bremen 1 Straße Grünbergstr. 16
Wir möchten Sie schon heute um Verständnis bitten, wenn angesichts der finanziellen Notlage der Union die Preisausschüttung nicht stattfinden kann. Der Rechtsweg ist wegen schlechter Erfahrungen in jedem Falle ausgeschlossen.

Achtung! Teilnahmekarte kann Ihr Doppel-Ticket sein!
Die CDU wird bezahlt von den Unterprivilegierten Zusatzfrage: Nach der Landung werden Sie herzlich begrüßt von F. J. Strauß.
(Bitte nur eine Antwort eintragen)
Glücksfeld ausfüllen, Zusatzfrage beantworten und im Briefumschlag senden an Klaus Staeck, 69 Heidelberg, Postfach 471.
Name Detlev Burmeister Ort Hamburg 26 Straße Wolfshagen 11
Wir möchten Sie schon heute um Verständnis bitten, wenn angesichts der finanziellen Notlage der Union die Preisausschüttung nicht stattfinden kann. Der Rechtsweg ist wegen schlechter Erfahrungen in jedem Falle ausgeschlossen.
Ich habe volles Verständnis für die „arme" CDU/CSU!
Heil Strauß!

Achtung! Teilnahmekarte kann Ihr Doppel-Ticket sein!
Die CDU wird bezahlt von den Steuerzahlern Zusatzfrage: Nach der Landung werden Sie herzlich begrüßt von F. J. Strauß.
(Bitte nur eine Antwort eintragen)
Glücksfeld ausfüllen, Zusatzfrage beantworten und im Briefumschlag senden an Klaus Staeck, 69 Heidelberg, Postfach 471.
Name Barbara Wolf Ort 6100 Eberstadt 1 Straße [illegible]str. 116
Wir möchten Sie schon heute um Verständnis bitten, wenn angesichts der finanziellen Notlage der Union die Preisausschüttung nicht stattfinden kann. Der Rechtsweg ist wegen schlechter Erfahrungen in jedem Falle ausgeschlossen.

Achtung! Teilnahmekarte kann Ihr Doppel-Ticket sein!
Die CDU wird bezahlt von ECKES Zusatzfrage: Nach der Landung werden Sie herzlich begrüßt von F. J. Strauß.
(Bitte nur eine Antwort eintragen)
Glücksfeld ausfüllen, Zusatzfrage beantworten und im Briefumschlag senden an Klaus Staeck, 69 Heidelberg, Postfach 471.
Name Peter Rech Ort 44 Münster Straße Breslauer Str. 78
Wir möchten Sie schon heute um Verständnis bitten, wenn angesichts der finanziellen Notlage der Union die Preisausschüttung nicht stattfinden kann. Der Rechtsweg ist wegen schlechter Erfahrungen in jedem Falle ausgeschlossen.

Achtung! Teilnahmekarte kann Ihr Doppel-Ticket sein!
Die CDU wird bezahlt von UNS Zusatzfrage: Nach der Landung werden Sie herzlich begrüßt von F. J. Strauß. (Hilfe!)
(Bitte nur eine Antwort eintragen)
Glücksfeld ausfüllen, Zusatzfrage beantworten und im Briefumschlag senden an Klaus Staeck, 69 Heidelberg, Postfach 471.
Name Waltraud [illegible] Ort 6852 [illegible] Straße Hanauer Str. 38
Wir möchten Sie schon heute um Verständnis bitten, wenn angesichts der finanziellen Notlage der Union die Preisausschüttung nicht stattfinden kann. Der Rechtsweg ist wegen schlechter Erfahrungen in jedem Falle ausgeschlossen.
Zugunsten bedürftiger Unternehmer verzichten wir [illegible]

Achtung! Teilnahmekarte kann Ihr Doppel-Ticket sein! von Jesuiten oder Baptisten
Die CDU wird bezahlt vom Papst Zusatzfrage: Nach der Landung werden Sie herzlich begrüßt von F. J. Strauß.
(Bitte nur eine Antwort eintragen)
Glücksfeld ausfüllen, Zusatzfrage beantworten und im Briefumschlag senden an Klaus Staeck, 69 Heidelberg, Postfach 471.
Name Norbert Nov Ort 2 Hamburg 61 Straße König-Heinrich-Weg 91a
Wir möchten Sie schon heute um Verständnis bitten, wenn angesichts der finanziellen Notlage der Union die Preisausschüttung nicht stattfinden kann. Der Rechtsweg ist wegen schlechter Erfahrungen in jedem Falle ausgeschlossen.

Zuschriften auf *Konkret*-Poster

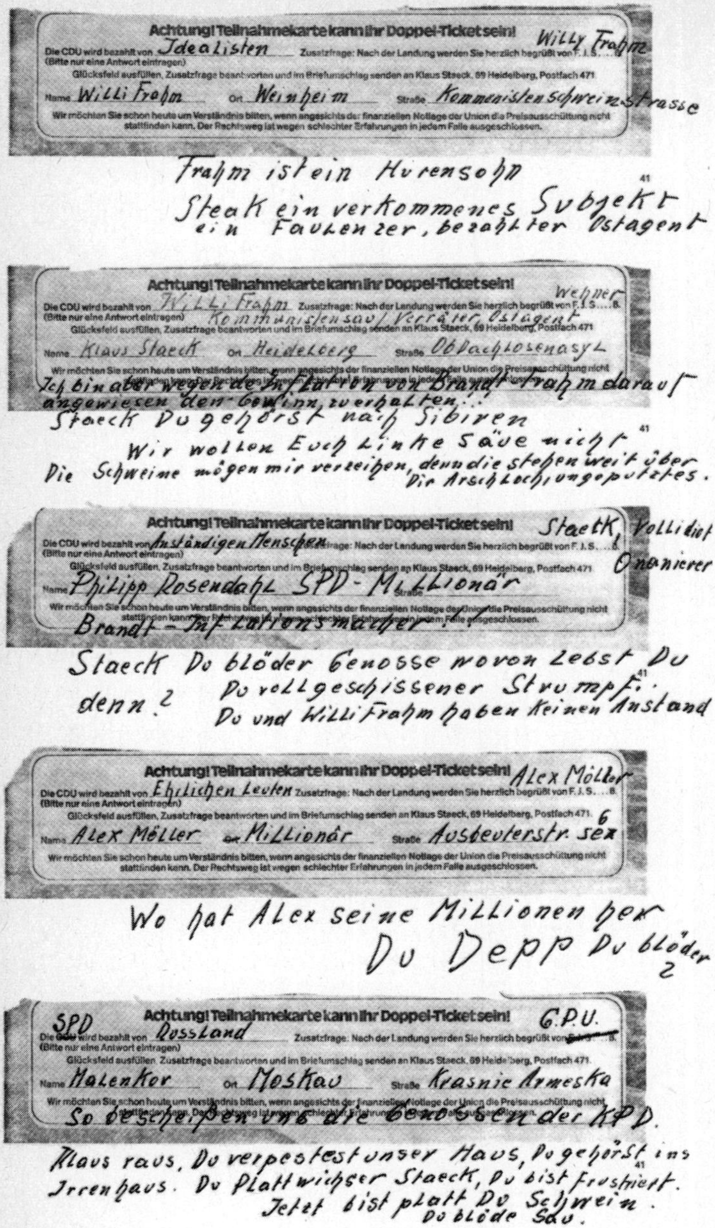
Achtung! Teilnahmekarte kann Ihr Doppel-Ticket sein! Willy Frahm
Die CDU wird bezahlt von Idealisten Zusatzfrage: Nach der Landung werden Sie herzlich begrüßt von F. J. S. ....
(Bitte nur eine Antwort eintragen)
Glücksfeld ausfüllen, Zusatzfrage beantworten und im Briefumschlag senden an Klaus Staeck, 69 Heidelberg, Postfach 471
Name Willi Frahm Ort Weinheim Straße Kommunistenschweinstrasse
Wir möchten Sie schon heute um Verständnis bitten, wenn angesichts der finanziellen Notlage der Union die Preisausschüttung nicht stattfinden kann. Der Rechtsweg ist wegen schlechter Erfahrungen in jedem Falle ausgeschlossen.

Frahm ist ein Hurensohn
Steak ein verkommenes Subjekt
ein Faulenzer, bezahlter Ostagent

Achtung! Teilnahmekarte kann Ihr Doppel-Ticket sein! Wehner
Die CDU wird bezahlt von Willi Frahm Zusatzfrage: Nach der Landung werden Sie herzlich begrüßt von F. J. S. .... 8.
(Bitte nur eine Antwort eintragen) Kommunistensau, Verräter, Ostagent
Glücksfeld ausfüllen, Zusatzfrage beantworten und im Briefumschlag senden an Klaus Staeck, 69 Heidelberg, Postfach 471
Name Klaus Staeck Ort Heidelberg Straße Obdachlosenasyl
Wir möchten Sie schon heute um Verständnis bitten, wenn angesichts der finanziellen Notlage der Union die Preisausschüttung nicht stattfinden kann. Der Rechtsweg ist wegen schlechter Erfahrungen in jedem Falle ausgeschlossen.

Ich bin aber wegen der Inflation von Brandt-Frahm darauf angewiesen den Gewinn zu erhalten..
Staeck Du gehörst nach Sibiren
Wir wollen Euch Linke Säue nicht
Die Schweine mögen mir verzeihen, denn die stehen weit über Dir Arschloch, ungeputztes.

Achtung! Teilnahmekarte kann Ihr Doppel-Ticket sein! Staeck, Vollidiot, Onanierer
Die CDU wird bezahlt von Anständigen Menschen Zusatzfrage: Nach der Landung werden Sie herzlich begrüßt von F. J. S. ....
(Bitte nur eine Antwort eintragen)
Glücksfeld ausfüllen, Zusatzfrage beantworten und im Briefumschlag senden an Klaus Staeck, 69 Heidelberg, Postfach 471
Name Philipp Rosendahl SPD-Millionär Straße
Wir möchten Sie schon heute um Verständnis bitten, wenn angesichts der finanziellen Notlage der Union die Preisausschüttung nicht stattfinden kann. Der Rechtsweg ist wegen schlechter Erfahrungen in jedem Falle ausgeschlossen.
Brandt-Inflationsmacher!!

Staeck Du blöder Genosse wovon lebst Du denn?
Du vollgeschissener Strumpf.
Du und Willi Frahm haben keinen Anstand

Achtung! Teilnahmekarte kann Ihr Doppel-Ticket sein! Alex Möller
Die CDU wird bezahlt von Ehrlichen Leuten Zusatzfrage: Nach der Landung werden Sie herzlich begrüßt von F. J. S. .... 8.
(Bitte nur eine Antwort eintragen)
Glücksfeld ausfüllen, Zusatzfrage beantworten und im Briefumschlag senden an Klaus Staeck, 69 Heidelberg, Postfach 471. 6
Name Alex Möller Ort Millionär Straße Ausbeuterstr. sex
Wir möchten Sie schon heute um Verständnis bitten, wenn angesichts der finanziellen Notlage der Union die Preisausschüttung nicht stattfinden kann. Der Rechtsweg ist wegen schlechter Erfahrungen in jedem Falle ausgeschlossen.

Wo hat Alex seine Millionen her
Du Depp Du blöder

Achtung! Teilnahmekarte kann Ihr Doppel-Ticket sein! G.P.U.
Die SPD wird bezahlt von Russland Zusatzfrage: Nach der Landung werden Sie herzlich begrüßt von ~~F. J. S.~~ 8.
(Bitte nur eine Antwort eintragen)
Glücksfeld ausfüllen, Zusatzfrage beantworten und im Briefumschlag senden an Klaus Staeck, 69 Heidelberg, Postfach 471.
Name Malenkov Ort Moskau Straße Krasnie Armeska
Wir möchten Sie schon heute um Verständnis bitten, wenn angesichts der finanziellen Notlage der Union die Preisausschüttung nicht stattfinden kann. Der Rechtsweg ist wegen schlechter Erfahrungen in jedem Falle ausgeschlossen.
So beschimpfen uns die Genossen der KPD.

Klaus raus, Du verpestest unser Haus, Du gehörst ins Irrenhaus. Du Plattwichser Staeck, Du bist frustriert.
Jetzt bist platt Du Schwein.
Du blöde Sau.

Anonyme Zuschriften auf *Konkret*-Poster

Gemeinheit?

U. a. aus dem Bundesvorstand der Mittelstandsvereinigung der CDU erreichte uns die folgende Zuschrift auf die Präsentation von Klaus Staeck im letzten Heft:

„Nicht neu an Ihren Plakaten ist ohne Zweifel die Gemeinheit, der Rufmord, der miserable Stil. (‚Die Mieten müssen steigen, wählt CDU!'. oder ein Plakat mit einem Leichenhaufen, über welchem steht: ‚Wir sind für die Ostverträge, Herr Barzel!' usw.) 1933 hieß es: ‚Die Juden sind die Blutegel des deutschen Volkes!' oder: ‚Der internationale Zionismus beutet Euch aus!' Dann fing man an, sie umzubringen. Neu ist, daß man so etwas als Kunst bezeichnet. Neu ist auch, daß man (in diesem Falle Sie) durch so etwas reich wird, so reich, daß Sie vielleicht auch in Kürze eine Villa im Tessin haben werden."

(Hansjürgen Doss, 65 Mainz, Rheinallee 7)

Zeitschrift *Kunst* Nr. 50, Juni 1973 (unter der Rubrik Leserbriefe)

Im Himm
auf Erden

Die CDU/CSU ist von ihrer ganzen Struktur her eine Schön-Wetter-Partei. Aber unser Land hat Probleme, die dringend gelöst werden müssen. Jetzt und hier auf Erden.

z. B.: Umweltschutz

CDU-Regierungen haben den Schmutz lange Jahre vor sich hergeschoben. Heute müssen wir alle dafür zahlen. Wir Sozialdemokraten haben auch den Mut, den Interessenten auf die Füße zu treten. Damit wir die Qualität unseres Lebens erhalten.

z. B.: Steuerreform

Als wir unser bis ins einzelne gehende Programm vor einem Jahr vorlegten, haben Strauß, Barzel und die dahinter stehenden Interessenten scharf geschossen. Sie haben uns damals versprochen, ein Gegenprogramm vorzulegen. Darauf warten wir alle noch heute.

z. B.: Bodenrecht

Unser Programm ist klar und wirksam. Was die CDU in Torschlußpanik zusammengezimmert hat, ist ein Schaumschlag mehr, ja schädlich. Wer große Flächen hat, wird begünstigt. Die Blößen des Barzel/Strauß-Programms werden verdeckt mit den alten Geschichten von den Sozialdemokraten, die angeblich das Häusle wegnehmen wollen. Wieder einmal das alte Bild: den Kleinen wird Angst gemacht, um sie besser vor den Karren der Großen spannen zu können.

z. B.: § 218, z. B.: Lebensmittelrecht, z. B.: Berufsausbildung, z. B.: gleiche Chancen für die Frauen...

Alles Probleme, die auf Erden gelöst werden müssen. Um der Menschen willen.

Wie immer vor den Wahlen reden die Politiker der CDU/CSU auch jetzt wieder von sozialer Gerechtigkeit. Allerhand Pläne werden aus dem Hut gezaubert, um der Partei ein fortschrittliches Image zu verleihen. Dabei wissen die Führer der Opposition: sie sind mit Interessenten verstrickt. Diese investieren nicht umsonst in Barzels pompösen Wahlkampf. Sie wollen politische Kasse machen: Reformstopp. Wir dürfen jedoch nicht wieder zurückfallen in die Unbeweglichkeit der 60er Jahre.

Diese Welt braucht starke Sozialdemokraten.

Willy Brandt muß Kanzler bleiben.

el CDU
SPD

Es gibt zwei gute Gründe, SPD zu wählen: Willy Brandt und Franz-Josef Strauß.

SPD-INFORMATION ZUR BUNDESTAGSWAHL

FALSCHE WAHLPROGNOSEN ALS SCHLAFMITTEL

Das der CDU/CSU nahestehende „Allensbacher Institut" veröffentlicht Umfragen, die ein Kopf-an-Kopf-Rennen von CDU/CSU und SPD vorgaukeln. Das ist nach allen sonstigen Umfragen, die uns vorliegen, falsch. Wahrscheinlich wird hier nach dem gleichen Prinzip verfahren wie 1969. Damals sagte Allensbach vorher:

SPD	45 %
CDU/CSU	44,8%

Das tatsächliche Wahlergebnis sah dann — wie Sie wissen — ganz anders aus. Frau Noelle-Neumann redet sich mit der Erststimme heraus. Es wäre interessant zu erfahren, wie sie Erststimmen ermitteln will. Damals wie heute steckt hinter diesem Unsinn Methode: Die SPD-Wähler sollen mit Siegeszuversicht eingeschläfert werden. Aufpassen. Jede Stimme mobilisieren. Reden Sie mit Ihren Freunden und Kollegen.

WILLY BRANDT WÄHLT MAN MIT DER ZWEITSTIMME

Über die Sitzverteilung im Bundestag entscheiden nur die Zweitstimmen. Deshalb beide Stimmen für die SPD. Wer Reformen will, darf keine Stimme verschenken.

FDP KOMMT GLATT ÜBER 5%

Alle seriösen Erhebungen zeigen schon seit Monaten: die FDP liegt weit über 5%. Also keine Sorge um die FDP. Glauben Sie uns, wir sind in diesem Punkt nicht leichtfertig.

ANONYME ANZEIGEN

Beobachten Sie in diesen Tagen Ihre Zeitungen. Barzel, Strauß und ihre Hilfstruppen setzen Millionen ein. Zum Teil anonym. In sogenannten „Aktionen" und „Bürgerinitiativen". Selbst Erhard weiß nicht, wer seine Anzeigen finanziert. Ist Ihnen dabei wohl?

SPD
Sozialdemokraten

SPD-Inserat in *Der Spiegel,* 13.11.1972 (letzte Nummer vor dem Wahltag) mit Slogan von Staeck

Wolfgang Lehmann
714 Ludwigsburg
Reithausberg 9

An
Klaus Staeck
6900 Heidelberg
box 471

Betr.: Die Plakate "Die Mieten und Reichen - wählt christdemokratisch"

Diese Plakate wurden von den Jusos Ludwigsburg auf 15 Plakatständer geklebt. Anfangs wurden die Plakate abgerissen, oder nur die Schriftzeile "wählt christdemokratisch" zerstört. Nach 14 Tagen tauchte der beiliegende Aufkleber auf und wurde (siehe Fotos) so in die Plakate eingeklebt, ohne daß man entnehmen konnte, von welcher Partei dieser Aufkleber kam.

Am 10. 11. 72 (siehe Notiz) haben die Jusos dann auf frischer Tat einen CDU Mann erwischt und namentlich festgestellt. Er bekannte offiziell, daß er von der CDU kam. Weiter wurden die beiden genannten Plakate mit selbstklebenden NPD Aufklebern in der Größe 6 x 12 cm über das ganze Schriftbild geklebt, so daß man nichts mehr lesen konnte. Das Foto schicke ich Dir noch.

Zu dem 3. Foto mit der selbstgemalten Schrift darüber: dieses Plakat wurde schon oft abgerissen bzw. beklebt "dies zeigt die Wirksamkeit unserer Argumente" hat einer unserer Genossen darüber geschrieben, weil in den ersten 14 Tagen dieses Plakat rund ein Dutzend mal abgerissen wurde und einmal sogar mit Ständer gestohlen wurde. Danach wurde an diesen Plakaten nichts mehr abgerissen, bis auf den SPD-Aufkleber, der natürlich auch dort aufgeklebt wurde. Dieser Ständer und das Plakat erregten besonders arg, weil er am belebtesten Platz und genau vor der Kreissparkasse Ludwigsburg stand. Dies wären einige unserer Erfahrungen mit Deinen Plakaten in Ludwigsburg. Wenn noch Fragen auftauchen, schreib mir bitte.

Mit freundlichen Grüßen

L.

Einsatz der Staeck-Plakate im Wahlkampf am Beispiel Ludwigsburg

Notiz und Protokoll

Am 10.11.1972 um 15.oo Uhr wurde in Ludwigsburg vor der Stadthalle beobachtet, wie jemand, der zu einer Plakatklebekolonne der CDU gehört, auf ein‿von den Jungsozialisten Ludwigsburgs aufgestelltes Plakat einen Aufkleber befestigte. (Auf das Plakat von Klaus Staeck mit dem Text "Die Mieten müssen steigen, wählt Christdemokraten" ein Aufkleber mit dem Text "Dies ist ein Plakat der SPD)

Die Adresse dieses Mannes wurde von einem zufällig vorbeikommenden Polizeibeamten festgestellt. Es handelt sich um

Ulrich Guntram 7140 Ludwigsburg
Georg-Kopp-Str. 13

Wie der Polizeibeamte ebenfalls festetellte, handelt es sich dabei um ein Mitglied der CDU.
Der Vorgang wird bezeugt von Wolfgang Lehmann, 714 Ludwigsburg, Reithassberg 9 und Ulrich Fendloff, 714 Ludwigsburg-Eglosheim, Hecklesstr. 3.

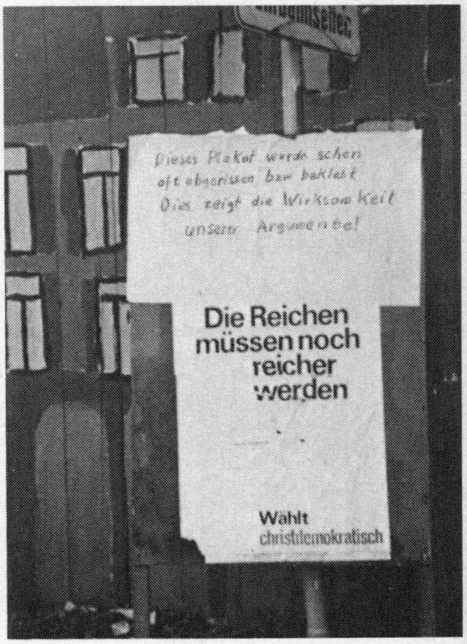

Kurz vor den Bundestagswahlen wurden von zahlreichen Institutionen, den Jusos und Wählerinitiativen Plakatausstellungen veranstaltet. Die Auseinandersetzung um die Plakate wurde meist in der Presse fortgesetzt. Drei Wochen vor den Wahlen schickte Staeck einen gemieteten VW-Bus mit Plakaten und Informationsmaterial durch das Ruhrgebiet.

Kunst mit Anti-CDU-Plakaten

Ausstellung der Jungsozialisten mit Werken des Grafikers Klaus Staeck

Sindelfingen — Viel Aufsehen erregt — bei manch einem aber auch viel Ärger — haben die Wahlkampfplakate des in ganz Deutschland bekanntgewordenen Grafikers Klaus Staeck (Beispiel: „Die Reichen müssen noch reicher werden — wählt christdemokratisch"). Die Jungsozialisten veranstalten am Wochenende im Sindelfinger Jugendhaus eine Ausstellung mit Plakaten und Grafiken dieses Künstlers.

Klaus Staeck aus Heidelberg (dem der vorletzte „SPIEGEL" einen ausführlichen Artikel widmete) ist ab Ende der 60er Jahre durch seine gesellschaftskritischen Grafiken aufgefallen. Mit ihnen versucht er jeweils durch Gegenüberstellung und Verbindung zweier verschiedener Fotos oder durch einen entlarvenden Text auf folgende Probleme aufmerksam zu machen: die Verdeutlichung von Brutalität, Terror und Gewalt in unserer Gesellschaft. Er hat für seine Arbeit 1971 den deutschen „Preis für kritische Grafik" erhalten.

Einer noch breiteren Öffentlichkeit ist er dann durch sein Engagement im Landtags- und im jetzigen Bundestagswahlkampf bekanntgeworden. Dabei ist es auch zu einem Prozeß gekommen, den die CDU gegen ihn angestrengt hatte. Einige seiner Plakate sind jetzt von der SPD und den Jungsozialisten als offizielle Wahlkampfplakate übernommen worden.

Den Sindelfinger Jungsozialisten ist es gelungen, von Klaus Staeck neun Plakate und neun Grafiken zur Verfügung gestellt zu bekommen. Diese werden am 4. und 5. November jeweils von 15 bis 22 Uhr im Sindelfinger Jugendhaus, Leonberger Straße 2, ausgestellt. Die Jungsozialisten wollen damit sowohl über einen wichtigen deutschen Künstler als auch über ihre eigenen Ziele informieren, die oft falsch verstanden würden.

Die Ausstellung wird am Samstag um 15 Uhr mit der Musik einer Amateurband eröffnet werden. Falls es Klaus Staeck zeitlich möglich ist, wird er am Sonntagabend in Sindelfingen anwesend sein. Eine ganze Reihe seiner Plakate und auch einige Aufkleber von Klaus Staeck sind bei dieser Ausstellung käuflich zu erwerben.

Leonberger Kreiszeitung, 4.11.1972

Plakatschau mit Hintersinn

Mit Strauß für die SPD

Von JÖRG HAUSMANN

Politisches Gruppenbild mit Damen: Junge Leute und der Bundestagskandidat Karl-Heinz Hansen präsentieren Passanten Plakate zur Wahl. Und wen die plakative Kandidatenmischung irritieren sollte, dem geben oben an der Fassade elektrisch erleuchtete Köpfe die gewünschte Richtung an . . .
NRZ-Foto: Winfried Göllner

Vor soviel Hintersinn geriet die alte Dame glatt ins Hintertreffen: „Was denn, was denn — wirbt die SPD jetzt etwa für die CDU . . .? Tatsächlich: Im eben eingerichteten Informationsbüro der SPD am Kaiserswerther Klemensplatz 8 lächeln Franz Josef Strauß und Willy Brandt, wenn auch nicht gemeinsam, so doch Wand an Wand werbend auf die Besucher herab.

Mehr noch: „Die Reichen müssen noch reicher werden — wählt christdemokratisch" und „Die Mieten müssen steigen . . ." heißt es da auf Plakaten, in deren unmittelbarer Nachbarschaft immerhin auch der sozialdemokratische Bundestagskandidat Karl-Heinz Hansen plakativ zur Wahl bittet.

Doch, kein Zweifel, einen Jux will er sich machen: In dem Informationsbüro präsentiert Hansen — neben den „offiziellen" Plakaten der SPD — auch die Drucke des Grafikers Klaus Steack, der mit grimmiger Ironie die CDU/CSU aufs Korn nimmt. Paradestück der Plakatausstellung: Der bullige Bayer Strauß weist ein Exemplar von „Bild" mit der Schlagzeile vor „Juso beißt wehrloses Kind".

Und gleich daneben werben die Jungsozialisten — ganz ernst gemeint — so salopp-forsch, daß allzu flüchtige Betrachter vielleicht doch etwas mißverstehen könnten: „Der Mieterschutz ist auf unserem Mist gewachsen". Die ironischen Steack-Stücke können sogar gekauft werden. Und wer sich da für Strauß entscheiden wollte, den kommt's teuer zu stehen: Der großformatige Plakat-Bayer ist unter fünf Mark nicht zu haben.

Neue Rhein-Zeitung, 31.10.1972

Absage an „künstlerische Sauce"
Staeck: Politik hat den Vorrang
Brisante Schau bald in „sohle 1"

Bergkamen. (nau) „Engagierte Grafik von Klaus Staeck" — das ist die nächste Ausstellung in der Bergkamener Galerie „sohle 1" vom 13. November bis 3. Dezember. Damit hat Kulturdezernent Dieter Treeck eine politisch brisante Schau nach Bergkamen geholt, die kurz vor der Wahl noch dazu höchst aktuell ist.

Klaus Staeck machte jüngst als SPD-Wahlhelfer von sich reden. Seine politischen Plakate waren Anlaß zu Rechtsstreitigkeiten: „Die Reichen müssen noch reicher werden — wählt christdemokratisch" empfiehlt er dem Betrachter ironisch. Oder er warnt die deutschen Arbeiter: „Die SPD will euch eure Villen im Tessin wegnehmen."

Nichts kann eindeutiger sein als sein Plakat „Wir sind für die Ostverträge, Herr Barzel! Interessengemeinschaft der Toren des zweiten Weltkrieges" mit einem KZ und einem Haufen Toter und Gebeine. — Ein toter Fisch im verdrecktem Gewässer verdirbt auf einem anderen Poster den Appetit an der Parole „Aus deutschen Landen frisch auf den Tisch".

Staeck, Rechtsanwalt in Heidelberg, beschreibt in dem Buch „Kunst — Praxis heute" seine eigenen, zum Teil bitteren Erfahrungen. Mit seinen besonders stark vereinfachten Arbeiten — beispielsweise Aufklebern — erzielte er die bisher größte Resonanz. Seitdem es ihm gleichgültig ist, ob seine Produkte zur Kunst gerechnet werden — und er betont, daß es keine eigentlich politische Kunst gibt, sondern daß jedwede Kunst irgendwie politisch ist —, ist er in der Wahl seiner Mittel freier geworden. Nichts sei ihm peinlicher als der „unglaubwürdige modische Polit-Glamour, das Uebergießen politischer Themen mit einer künstlerischen Sauce. In meinen Arbeiten hat die Politik den Vorrang vor der Kunst und nicht umgekehrt."

Aktuell zur Wahl: Staeck-Plakat

Westfälische Rundschau, 28.10.1972

„Ausstellung ist eine Taktlosigkeit der Verwaltung"
„Anrüchige" Steack-Poster bis zur Wahl nicht zu sehen

Bergkamen. In ihrer Klausurtagung befaßten sich die Mitglieder der CDU-Fraktion im Rat der Stadt Bergkamen auch mit der gestern eröffneten Ausstellung in der städtischen Kellergalerie „sohle 1". — Hier zeigt bis zum 3. Dezember Klaus Staeck seine engagierte Grafik, die „auf machen CDU-Politiker provozierend oder anrüchtig wirkt".

„Bedauerlich" — so die CDU weiter — „ist allein schon das Prospekt zur Ankündigung dieser Ausstellung, auf dem Löwenthal abgebildet ist", erklärte CDU-Fraktionschef Herbert König. Fraktionsmitglied Scharwey ging noch weiter und behauptete: „Diese Sache ist eine Taktlosigkeit der Bergkamener Verwaltung. Es ist eine offensichtliche Beeinflussung des Wahlkampfes." Bergkamens Kulturdezernent Dieter Treeck — so einige CDUler — könne sich von dem Verdacht der Manipulation nicht freisprechen. Vor einiger Zeit jedoch erklärte Treeck: „Die Plakate, die den Wahlkampf beeinflussen könnten, werden erst am 20. November — also einen Tag nach der Wahl — ausgestellt". — Tatsache ist: Der letzte Raum der „sohle 1", in dem die „anrüchigen" Poster und Grafiken hängen, ist zur Zeit durch eine Sichtblende von den anderen getrennt.

Ebenso hart kritisiert wie die Steack-Ausstellung, wurden auch die Plakatbeschmierereien, die sich zur Zeit auf Großflächenplakate der CDU konzentrieren. „Bisher jedoch hat sich die SPD aus Bergkamen noch nicht von diesen Aktionen distanziert, obwohl einige SPD-Wahlkampfslogans unsere Plakate verschandeln", so die CDU-Fraktion.

Hellweger Anzeiger, 14.11.1972

Kulturdezernent wehrt sich gegen Angriffe der CDU: Staek-Ausstellung lag lange vor dem Wahltermin fest

Bergkamen. (ral) Gegen die Angriffe der CDU-Fraktion, mit der Staek-Ausstellung in „sohle 1" Wahlmanipulation zu betreiben, wandte sich gestern Bergkamens Kulturdezernent Dieter Treeck. Gegenüber dem HA erklärte er, das Kulturamt habe sich wirklich bemüht, Neutralität zu wahren: „Das Löwenthal-Bild sehe ich keinesfalls als Wahlkampf-Beitrag, denn dieser Aufkleber ist älter als der Termin für die Bundestagswahl und gilt darüber hinaus als eines der typischsten Beispiel für Staeks Bemühungen, neue Multiplikationsformen für seine engagierten Grafiken zu sinden." Zudem konterte Treeck, die Ausstellung sei datiert in der Zeit vor dem Mißtrauensvotum, als der November als Wahlmonat noch nicht zur Diskussion stand. Auch diese Tatsache widerspreche dem Verdacht der Manipulation. Zudem seien die engagierten Staek-Wahlplakate erst nach der Wahl in der „sohle 1" zu sehen: Zur Zeit sind sie von der Ausstellung „abgetrennt".

Hellweger Anzeiger, 15.11.1972

„Dummheit der Leute ist nicht mein Problem"

Klaus Staeck erläuterte seine Wahlkampfplakate

Bielefeld. Sprichwörtlicher Weisheit gemäß folgen Taten den Worten. Nicht so beim Juristen Staeck, Grafiker von Beruf, politisch arbeitend aus Neigung und mit Überzeugung. Zur Erläuterung seiner Wahlkampfplakate, seiner „Taten" anzusehen im Jahnplatztunnel und am Bahnhof – war er gestern abend ins Haus Neuland gekommen, eingeladen vom Arbeitskreis Kunst, Politik und Öffentlichkeit in der „Neuen Gesellschaft".

Nicht anders denn als klassische Satire möchte er seine Plakate verstanden wissen: Irritation, Verunsicherung, Steigerung des Realen ins Absurde. Lachen die einen ob der Androhung, die SPD wolle den Arbeitern ihre Villen im Tessin wegnehmen, schimpfen altgediente SPD-Mitglieder über die vermeintliche CDU-Werbung – Staeck hat in beiden Fällen zunächst das erreicht, was er möchte: Reaktion auf das Ungewöhnliche in der gewöhnlichen Sache „Plakate", Reaktion, die, weil sie alten, eingeschliffenen Erfahrungen und Bildern zuwiderläuft, bewußt wird, Überlegungen in Gang setzt und somit zu des Pudels Kern führt: den realen Grund der Überspitzung zu erkennen.

Staeck, seit 1960 Mitglied der SPD, und schon damals nicht mehr Idealist, sieht in der Resignation keine für ihn gültige Alternative, sondern in der Hartnäckigkeit, mit der er an die Veränderlichkeit kleiner Dinge glaubt und an ihr arbeitet. Revolution und Ideologie sind für ihn zu ernst, zu moralisch, riechen zu sehr nach Kirche, als daß sie die Leute berühren könnten. Und beeinflussen möchte er, in gewissem Sinn sicher auch Macht ausüben, die Macht, die darin liegt, daß viele Leute so denken wie er.

Zu „Taten" sind seine Plakate aber auch noch in einem von Staeck nicht beabsichtigten Sinn geworden: zu einer, die Gerichte zunächst nur seiner Heimatstadt Heidelberg, bald aber auch die in Kassel beschäftigten. Da Ironie im Vaterland Heinrich Heines offensichtlich die Hühneraugen zu hart trifft, fanden sich übereifrige CDU-Kreisvorsitzende, die gegen das Anbringen der Plakate einstweilige Verfügung wegen Verunglimpfung einer Gruppe erwirkten. Sie rannten bei den zuständigen Justizbehörden offenen Türen ein, aber auch bei denen, die an der Verbreitung von Staecks satirischen Plakaten und Sprüchen Interesse hatten: Einstweilige Verfügung und anschließende Gerichtsverfahren boten willkommene Gelegenheit, über Staeck ausführlich zu berichten. In der Heidelberger Lokalpresse allein wurden Staecks Sprüche „Damit die Reichen noch reicher werden – Deshalb CDU" 43mal innerhalb von drei Wochen zitiert. Und statt der ursprünglich veranschlagten 10 000 Plakate wurden mittlerweile eine halbe Million in die ganze Bundesrepublik verkauft – in nur sechs Wochen!

Dennoch, auch das von „Deshalb CDU" in „Deshalb christdemokratisch" geänderte Plakat war der Niedermarsberger CDU ein solcher Dorn im Auge, daß sie noch vorgestern eine Einstweilige Verfügung erwirkten. Für neue Publicity ist also gesorgt. Wie sagte doch Staeck gestern abend, als es um die Deutung – nicht Bedeutung – seiner Plakate ging: „Die Dummheit der Leute ist nicht mein Problem." Oder sollte die Niedermarsberger CDU heimlich für die SPD Reklame machen wollen? **ur**

Sicher nur ein Wunschtraum des Grafikers und SPD-Wahlkämpfers Klaus Staeck (links): den CSU-Vorsitzenden Franz-Josef Strauß an seiner Hand baumeln zu lassen. Einstweilen diskutiert er noch seine Plakate mit dem Bielefelder Galeristen Dr. Jürgen Jesse.

Neue Westfälische, Bielefeld, 18.11.1972 (ein Tag vor der Bundestagswahl)

Wir sind nur Gast, Offset, Postkarte, Auflage 30 000
Wenige Tage vor der Bundestagswahl als Trost für die CDU/CSU nach der Wahl entworfen

"Wir sind nur Gast auf Erden und wandern ohne Ruh!
mit mancherlei Beschwerden der ew'gen Heimat zu."

Meinen Sie nicht, meine lieben Damen und Herren, daß das ein bißchen stark ist in der Verbindung, wie Sie es bringen?

Hat man Sie in Ihren Elternhäusern nicht den Sinn des Liebens, Lobens und Menschenschonens gelehrt?
Sie nennen Ihre Arbeit Satyre.
Ich habe schon Dinge in Ihrem Schaufenster gesehen, die damit rein gar nichts mehr zu tun hatten und nur noch Beleidigungen und Gemeinheiten waren.

Glauben Sie, damit die Welt zum Besseren verändern zu können?

Ich bin keine Betschwester, sondern fürchte Gott. Ich gehöre keiner Partei an, sondern kann gottlob nur normal denken.

Aber was Sie, meine lieben Damen und Herren tun, ist reine Gotteslästerung und Verächtlichmachung des Menschen.
Hat nicht jemand von Ihnen auch Kinder?
Wie werden nicht alle Kräfte der Hilfsbereitschaft, des Mitleides und der Liebe mobilisiert, wenn man z.B. ein hilfloses kleines Menschlein sieht! Man möchte am liebsten alle Kinder anlächeln und ihnen zeigen, wie gut man ihnen ist. Und Sie wagen es, Gottes Kinder, die ihre Mütter auch mit Schmerzen geboren und auf die sie sich gefreut haben, so zu verhöhnen? Auch wenn uns die ehemals Hilflosen nun als Erwachsene nicht mehr in unser Konzept passen, haben wir noch lange kein Recht, sie moralisch zu töten.

Ich würde Ihnen von ganzem Herzen raten: Lesen Sie doch einmal die Bibel. Greifen Sie sich irgend etwas heraus, blättern Sie und lesen Sie. Dann werden Sie Frieden und auch Freude finden und wären einfach nicht mehr in der Lage, aus dem Menschen ein Zerrbild zu machen.

Natürlich müßten Sie evtl. Ihren Beruf wechseln oder nur ganz einfach in eine andere Richtung wandern. Aber das wäre schon der Mühe wert !

Ein Mensch kann nicht immer nur in Haß und Opposition, in Menschenverachtung und -diskriminierung leben. Erst, wenn man in der Lage ist, die Menschen so zu nehmen, wie sie sind und sie sogar so zu lieben, jeden, wie er z.B. auf der Straße an uns vorübergeht, dann erst kann man das wahre Glück und die innere Ruhe finden, denen wir alle in der heutigen Zeit so nachjagen und sie doch nicht erhaschen.

Ich wünsche Ihnen von Herzen Segen, Sie tun mir leid.
Denn auch von Ihnen wird Gott dereinst mal Rechenschaft verlangen.

Freundliche Grüße

Zuschrift an eine Kölner Kunst- und Buchhandlung, Nov. 1972

Repräsentativ-Umfrage zur Wirkung von zwei Wahlplakaten

Die Daten entstammen einer repräsentativen Mehrthemenumfrage der Infratest-IDV Verhaltensforschung GmbH Heidelberg und München im April 1973 (fünf Monate nach der Bundestagswahl) und wurden von Ulrich Morasch zur Verfügung gestellt.
Im Rahmen einer Umfrage sollte untersucht werden, wie viele Personen in der Bundesrepublik und Westberlin von den Plakaten Klaus Staecks während des Bundestagswahlkampfes erreicht worden waren. Weiterhin sollte in Erfahrung gebracht werden, welcher Quelle die Informationen von Staeck zugeordnet wurden.

Es wurden zwei Plakate untersucht:
1. Die Reichen müssen noch reicher werden. Wählt christdemokratisch

2. Deutsche Arbeiter! Die SPD will euch eure Villen im Tessin wegnehmen

In einem ersten Befragungsschritt sollten die Befragten angeben (quasi als nur verbal gestützte Spontanantworten), ob sie sich an die jeweilige Aussage erinnern könnten und wenn ja, wo und in welcher Form sie dieser Aussage begegnet seien.

Es ist hier auf eine grundlegende Befragungsproblematik aufmerksam zu machen: In der Regel neigt man dazu, den Spontanantworten mehr zu vertrauen. Andererseits zeigt sich häufig, daß – bedingt auch durch den relativ großen zeitlichen Abstand der Wahlkampagne – die Erinnerung der Befragten recht diffus ist und sie kaum noch in der Lage sind, exakte Angaben zu machen. Deshalb wurden in einem zweiten Schritt die Plakate in Postkartenform vorgelegt in der Annahme, daß durch die konkrete Vorlage das Erinnerungsvermögen der Befragten besser sei bzw. die Angaben präzisiert werden könnten. Dabei konnten andererseits alle jene Befragten nicht berücksichtigt werden, die die Slogans zwar gehört, aber nicht in Plakatform gesehen hatten.
Zur Befragungsmethode sei noch vermerkt, daß auch solche Medien vorgegeben und abgefragt werden mußten, in denen die genannten Slogans überhaupt nicht erschienen sind. So läßt sich noch am ehesten

ein Urteil über die Genauigkeit der Erinnerungen und die Wahrscheinlichkeit ihrer Richtigkeit fällen.
Eine differenzierte Auswertung (Auszählung nach verschiedenen soziodemographisch definierten Gruppen) versuchte, weitere Aufschlüsse zu bringen.

Die Anlage der Stichprobe
Grundgesamtheit:
Gesamtbevölkerung ab 14 Jahre in der BRD und in Westberlin (für personenbezogene Ermittlungen) oder Privathaushalte in der BRD und in Westberlin (für haushaltsbezogene Ermittlungen)
Stichprobenumfang: 2026 Fälle

Auswahlverfahren:
Random-Stichprobe mit Vorgabe fester Adressen (mehrstufige, geschichtete Wahrscheinlichkeitsstichprobe), Bestimmung der Zielperson durch Zufalls-Auswahlschlüssel

Erhobene demographische Merkmale:
1. der Zielperson:
Geschlecht, Alter, Familienstand, Berufstätigkeit, Beruf, Schulbildung

2. des Zielhaushaltes:
Beruf des Haushaltungsvorstandes, Anzahl der Personen im Haushalt, Netto-Haushaltseinkommen, Anzahl der Personen im Haushalt mit eigenem Einkommen, Bundesländer, Gemeindegrößenklassen

Von diesen Merkmalen wurden einige, nämlich Geschlecht, Alter, Berufstätigkeit, Schulbildung und Netto-Haushaltseinkommen mit den Plakatfragen kombiniert. Außerdem wurde in diesem Zusammenhang auch danach gefragt, welche Partei die Befragten wählen würden, falls am nächsten Sonntag Bundestagswahl wäre.

Frage 1
Der letzte Wahlkampf wurde ja zum Teil sehr heftig geführt. Es gab eine Fülle von Aussagen, Plakaten und Aktionen, von denen man nicht immer wußte, woher sie stammen. Kennen Sie die Aussage
Die Reichen müssen noch reicher werden. Wählt christdemokratisch
(Basis 2026 [Personen gewichtet])

	total	Prozent
ja	293	14
nein	1476	73
bin nicht sicher	180	9
wahrscheinlich/k. A.	109	

Frage 2
Können Sie sich erinnern, wo Sie dieser Aussage begegnet sind und in welcher Form sie dargestellt wurde?

	total
Plakate, Plakatsäulen	90
Anzeigen in Illustrierten/Zeitschriften	3
Anzeigen in Fachzeitschriften (SPD-Information, Arbeitgeberzeitschrift etc.)	1
Anzeigen allgemein	3
im Fernsehen	22
im Radio	1
Aufkleber in oder am Auto	7
Flugblatt	111
in der Wohnung von Bekannten Fotos gesehen	0
Artikel (im *Stern, Spiegel* etc.)	10
Aufkleber an Laternenmasten	4
Debatten, Diskussionen, Gespräche	9
Sonstiges	14
nein, weiß nicht mehr	108
k. A.	1

Frage 3
Und haben Sie schon einmal folgende Aussage gehört oder gesehen: Deutsche Arbeiter! Die SPD will euch eure Villen im Tessin wegnehmen

	total	Prozent
ja	237	12
nein	1606	79
bin nicht sicher	107	5
wahrscheinlich/k. A.	0	0

Frage 4
Können Sie sich erinnern, wo Sie dieser Aussage begegnet sind, in welcher Form sie dargestellt wurde?

	total
Plakate, Plakatsäule	73
Anzeigen in Tageszeitungen	19
Anzeigen in Illustrierten/Zeitschriften	15
Anzeigen in Fachzeitschriften (SPD-Informationen, Arbeitgeberzeitschrift)	1
Anzeigen allgemein	2
im Fernsehen	10
im Radio	5
Aufkleber auf oder im Auto	3
Flugblatt	5
in der Wohnung von Bekannten Fotos gesehen	1

Artikel gelesen	27
Aufkleber an Laternenmasten	5
Debatten, Diskussionen, Gespräche	8
Sonstiges	12
weiß nicht mehr	48
k. A.	8

Frage 5
Ich lege Ihnen jetzt die Aussage in Postkartenform noch einmal vor, da man ja nicht alles im Kopf haben kann und sich manchmal dadurch deutlicher erinnert.
Haben Sie so ein Plakat schon einmal gesehen?
[«Die Reichen . . .»]

	total	Prozent
ja	218	10,7
nein	1717	84,7
k. A.	17	0,8

Frage 6
Haben Sie dieses Plakat schon einmal gesehen?
[«Deutsche Arbeiter . . .»]

	total	Prozent
ja	184	9,1
nein	1760	86,8
k. A.	8	0,4

Frage 7
Von wem, glauben Sie, stammt die erste Aussage «Die Reichen müssen noch reicher werden. Wählt christdemokratisch»?

	total	Prozent
CDU/CSU	312	15,4
SPD	261	12,9
FDP	12	0,6
NPD	109	5,4
DKP	300	14,8
aus Industriekreisen, die der CDU/CSU nahestehen	105	5,2
aus Wählerinitiativen, die der SPD nahestehen	285	14,1
Sonstiges	347	17,1
keine Angaben	225	11,1

Frage 8
Von wem, glauben Sie, stammt die zweite Aussage «Deutsche Arbeiter! Die SPD will euch eure Villen im Tessin wegnehmen»?

	total	Prozent
CDU/CSU	350	17,3
SPD	160	7,9
FDP	19	0,9
NPD	155	7,6
DKP	294	14,5
aus Industriekreisen, die der CDU/CSU nahestehen	169	8,4
aus Wählerinitiativen, die der SPD nahestehen	136	6,7
Sonstiges	436	21,5
k. A.	237	11,7

Frage 9
Und nun ein ganz anderes Thema:
Haben Sie in den letzten 4 Wochen Pfefferminzbonbons gegessen?

	total	Prozent
ja	669	33
nein	1357	67

Zwar gibt es viel mehr Pfefferminzbonbon-Esser als Leute, die Plakate von Klaus Staeck gesehen haben und sich daran erinnern, aber die Zahl von 10,7% (bzw. 9,1%) aller befragten Personen ist doch noch erstaunlich hoch, wenn man bedenkt, daß viele Markenartikel nach jahrelanger aufwendiger Werbung nur etwa 5% der Bevölkerung bekannt sind (bzgl. der Ergebnisse siehe nachfolgende Tabellen).
Die differenzierte Auswertung, in der eine Auszählung nach verschiedenen soziodemographisch definierten Gruppen vorgenommen wurde, erbrachte u. a., daß viel mehr Männer (13,3%) als Frauen (8,5%) das Reichen-Plakat gesehen hatten. An das Arbeiter-Plakat konnten sich sogar doppelt so viele Männer wie Frauen erinnern. Dieses Ergebnis entspricht letztlich den allgemeinen Rollenvorstellungen vom Mann als dem politisch Bewußteren und infolgedessen auch Wahrnehmungsfähigeren, der einen höheren Interpretationsanspruch hat. Zu fragen wäre, ob Männer nicht auch weniger gerne zugeben, etwas Wichtiges übersehen zu haben.
Der mittleren Altersgruppe sind beide Plakate eher bekannt als z. B. den Älteren und der jüngsten Altersgruppe. Leute mit besserer Schulbildung hatten die Plakate häufiger gesehen. Die Frage nach der Berufstätigkeit ergab, daß Beamte die Plakate am häufigsten kannten (16,2% der Beamten das Reichen-Plakat und 13,9% das Arbeiter-Plakat). Ihnen folgt die Gruppe der Angestellten mit 14,4% bzw. 12,4%,

während von den Selbständigen nur 4,9% bzw. 6,6% die Plakate gesehen hatten. Die Arbeiter lagen mit 8,6% (das sind, bezogen auf die Gesamtzahl aller Arbeiter in der Bundesrepublik etwa 1,1 Millionen) zwischen diesen Gruppen.
Eine Aufschlüsselung nach dem Einkommen ergab, daß die Befragten, die über ein Einkommen von mehr als 1500 bis zu 3000 DM verfügen, die Frage nach den Plakaten öfter bejahten als die Gruppen mit niedrigeren und höheren Einkommen. Für das Reichen-Plakat stieg der Anteil derjenigen, die das Plakat kannten, bei den mehr als 4000-DM-Verdienern jedoch wieder an – offensichtlich hatten sie sich hier als Betroffene angesprochen gefühlt – während das Arbeiter-Plakat niemand kannte.
Die Leute, die, falls am nächsten Sonntag Bundestagswahl wäre, die CDU/CSU wählen würden, konnten sich von allen Wählern am wenigsten daran erinnern, die Plakate schon gesehen zu haben, gegenüber doppelt so vielen potentiellen SPD-Wählern und etwa dreimal so vielen künftigen FDP-Wählern (20,5% das Reichen-Plakat und 15,9% das Arbeiter-Plakat).
Die Frage nach der Zuordnung der Staeck-Plakate brachte eine breit gestreute Zuordnung zu allen aufgeführten Gruppen. Immerhin 15,4% aller Befragten hielten das Reichen-Plakat für eine Selbstaussage der CDU – die Furcht dieser Partei vor der Wirksamkeit der Plakate von Klaus Staeck ist offenbar berechtigt. Allgemein spiegelt sich in den Ergebnissen eine starke Verunsicherung über die Quelle der Plakate wider, sie zeigen den intendierten Irritationseffekt. Die Leute sollten mit dem in den Plakaten angesprochenen Problemen konfrontiert werden. Das geschah u.a. durch die Verunsicherung über die Quelle, die vermutlich sehr häufig zu politischen Diskussionen geführt haben mag; das wäre bei einer eindeutigen Zuordnung sehr viel weniger möglich gewesen.

Frage 5 und 6:

Ich lege Ihnen jetzt die Aussagen in Postkartenform noch einmal vor, da man ja nicht alles im Kopf haben kann und sich manchmal dadurch deutlicher erinnert.
Haben Sie so ein Plakat schon einmal gesehen?

Frage 5: «Die Reichen . . .»	nein	ja	Frage 6: «Deutsche Arbeiter . . .» total	nein	ja
		in %	abs. Zahl	in %	
Gesamt	84,7	10,7	2026	86,8	9,1
Männer	82,7	13,3	943	83,6	12,6
Frauen	86,5	8,5	1083	89,7	6,0
14 – 19 Jahre	88,1	9,7	211	88,9	8,9
20 – 29 Jahre	76,1	19,2	335	79,9	15,3
30 – 39 Jahre	86,2	9,4	395	85,7	11,0
40 – 49 Jahre	85,1	10,8	325	87,3	9,3
50 Jahre u. darüber	86,7	7,9	762	89,7	5,2
Volksschule	87,0	9,1	1621	89,8	6,2
Mittlere Reife	80,9	16,7	241	76,3	17,4
Abitur	77,1	17,4	109	75,2	19,2
Hochschulabschluß	76,6	17,3	45	68,2	26,7
Selbständig	92,2	4,9	224	91,2	6,6
Angestellter	79,9	14,4	642	81,6	12,4
Beamter	76,7	16,2	130	79,6	13,9
Arbeiter	87,7	8,6	626	90,3	6,2
Sonstige (Ausbildung)	85,5	10,3	177	83,4	12,4
Hausfrau	84,0	8,8	39	92,7	6,2
Netto-Einkommen der Haushalte:					
unter DM 600,—	89,7	7,3	105	88,7	7,9
bis DM 1000,—	88,2	7,5	289	90,2	5,9
bis DM 1500,—	85,4	9,4	560	88,8	6,8
bis DM 2000,—	81,6	14,3	482	84,8	11,3
bis DM 3000,—	82,8	12,4	428	82,7	13,2
bis DM 4000,—	87,2	7,0	109	85,4	8,4
mehr als DM 4000,—	87,6	11,3	54	98,9	0,0
Der Befragte würde, falls am nächsten Sonntag Bundestagswahl wäre, wählen:					
CDU/CSU	92,0	7,6	597	93,6	5,7
SPD	83,4	15,0	768	86,8	12,9
FDP	78,8	20,5	131	83,8	15,9
NPD	100,0	0,0	9	58,0	42,0
DKP	71,9	28,1	9	74,8	25,2

Frage 7:

Von wem, glauben Sie, stammt die erste Aussage «Die Reichen müssen noch reicher werden. Wählt christdemokratisch»?

	keine Angaben	Sonstiges	Aus Wählerinitiativen, die der SPD nahestehen
			in %
Gesamt	11,1	17,1	14,1
Männer	8,2	15,2	16,4
Frauen	13,6	18,9	12,0
14 – 19 Jahre	6,9	13,6	12,0
20 – 29 Jahre	3,6	16,3	18,7
30 – 39 Jahre	10,5	14,8	16,4
40 – 49 Jahre	11,9	16,5	14,3
50 Jahre u. darüber	15,5	20,0	11,3
Volksschule	12,9	17,3	11,8
Mittlere Reife	3,1	12,9	14,1
Abitur	2,8	15,6	33,9
Hochschulabschluß	6,7	17,8	48,9
Selbständig	8,5	20,8	18,7
Angestellter	9,2	14,6	15,2
Beamter	7,4	10,1	23,4
Arbeiter	13,0	17,3	9,2
Sonstige (Ausbildung)	5,7	14,3	16,6
Hausfrau	10,4	27,7	17,1
Netto-Einkommen der Haushalte:			
unter DM 600,—	22,8	20,1	13,1
bis DM 1000,—	15,4	21,0	10,0
bis DM 1500,—	11,9	15,6	15,0
bis DM 2000,—	10,6	15,5	12,9
bis DM 3000,—	6,1	20,1	15,0
bis DM 4000,—	6,9	14,9	18,6
mehr als DM 4000,—	8,6	2,6	22,0

Aus Industriekreisen, die der CDU/CSU nahestehen	DKP	NPD	FDP	SPD	CDU/CSU
5,2	14,8	5,4	0,6	12,9	15,4
5,4	17,4	6,6	0,8	13,5	13,5
5,1	12,6	4,3	0,5	12,4	17,0
10,5	10,4	6,7	1,0	14,3	23,2
6,8	13,5	5,8	0,6	16,2	15,0
5,4	14,4	8,0	1,0	11,7	15,2
3,2	16,6	5,2	0,0	15,5	14,2
3,7	16,0	3,6	0,6	10,5	14,0
5,7	13,4	5,9	0,6	12,0	16,7
3,5	21,6	3,7	0,7	21,2	12,9
4,4	17,4	1,6	0,7	11,0	7,3
0,0	11,1	3,3	0,0	6,7	1,0
5,0	17,1	2,9	0,3	13,3	11,4
4,3	16,7	4,8	0,6	14,4	15,1
3,7	21,6	5,1	0,0	15,7	7,5
5,9	13,2	7,6	0,9	11,8	18,2
7,3	13,0	6,4	1,2	12,1	20,1
6,2	16,6	4,1	0,0	2,3	14,5
2,6	10,5	3,0	1,3	9,9	13,6
5,4	9,5	5,3	0,6	11,7	17,9
6,3	12,9	6,0	0,6	12,5	15,3
4,8	16,1	5,0	0,7	15,4	16,4
5,2	15,9	7,3	0,6	11,2	15,2
4,4	21,4	0,0	0,0	15,0	12,9
3,1	38,8	3,9	0,0	16,2	3,6

Frage 8:

Von wem, glauben Sie, stammt die zweite Aussage «Deutsche Arbeiter, die SPD will euch eure Villen im Tessin wegnehmen»?

	keine Angaben	Sonstiges	Aus Wählerinitiativen, die der SPD nahestehen
			in %
Gesamt	11,7	21,5	6,7
Männer	8,5	20,3	7,3
Frauen	14,5	22,6	6,2
14 – 19 Jahre	6,0	16,7	6,9
20 – 29 Jahre	4,5	20,3	10,2
30 – 39 Jahre	10,4	17,9	6,7
40 – 49 Jahre	12,2	19,9	5,3
50 Jahre u. darüber	16,9	25,9	5,8
Volksschule	13,7	22,2	5,6
Mittlere Reife	4,6	16,6	8,7
Abitur	1,8	24,8	12,8
Hochschulabschluß	11,1	20,0	24,4
Selbständig	8,0	8,0	5,5
Angestellter	9,5	9,5	8,9
Beamter	11,3	11,3	7,4
Arbeiter	13,1	13,1	4,0
Sonstige (Ausbildung)	4,6	16,6	7,3
Hausfrau	15,2	34,1	15,0
Netto-Einkommen der Haushalte:			
unter DM 600,—	23,4	24,8	9,0
bis DM 1000,—	15,4	25,6	6,5
bis DM 1500,—	13,5	22,8	6,1
bis DM 2000,—	10,4	20,0	6,9
bis DM 3000,—	6,1	21,6	6,8
bis DM 4000,—	10,3	13,2	4,4
mehr als DM 4000,—	9,3	9,5	12,2

Aus Industrie-kreisen, die der CDU/CSU nahestehen	DKP	NPD	FDP	SPD	CDU/CSU
8,4	14,5	7,6	0,9	7,9	17,3
9,0	16,1	8,6	0,8	8,8	17,3
7,8	13,1	6,8	1,0	7,1	17,2
11,9	11,7	9,2	1,3	11,4	22,7
9,9	12,6	7,8	2,3	11,6	17,2
8,7	16,7	10,6	0,2	5,6	19,9
10,9	17,1	7,3	0,0	8,5	16,6
5,5	13,9	5,7	1,0	6,2	14,7
8,0	13,9	7,8	1,0	7,6	15,2
6,6	18,3	7,5	1,0	13,3	17,0
17,3	15,6	4,8	1,3	4,1	14,7
11,1	6,7	8,9	0,0	0,0	8,9
8,7	15,9	6,2	0,6	9,9	15,3
8,1	15,2	9,7	0,9	7,5	17,8
11,9	15,5	7,3	0,6	8,8	11,2
6,1	16,3	7,6	1,3	7,7	18,4
14,4	13,0	7,8	1,5	7,2	23,4
7,1	5,0	3,5	0,0	3,6	15,4
5,7	6,3	5,1	0,6	8,6	13,7
7,1	11,4	6,8	1,1	6,9	15,7
8,5	14,2	6,9	0,8	7,6	15,9
6,8	14,9	9,2	1,5	7,7	20,1
9,7	15,1	8,2	0,5	8,1	19,8
17,2	16,3	10,4	1,3	11,2	9,8
4,8	38,9	1,4	0,0	7,2	15,5

Kunst und Kunstmarkt

Neben der Beschäftigung mit aktuellen politischen Problemen hat sich Staeck auch viel mit Kunst und Kunstmarktpolitik kritisch auseinandergesetzt. Dabei übte er Krtik sowohl an den überkommenen bürgerlichen Kunstbegriffen und den traditionellen Künstlern als auch an der Vermittlung und Verteilung von Kunst durch den Kunstmarkt und elitäre Kunstmessen.

Ein erster Versuch, ein Gegenmodell zu entwickeln, war «Intermedia '69». Zusammen mit Jochen Goetze (später kam noch Friedrich Gerling hinzu) lud Staeck im Mai 1969 etwa 60 Aktions- und Objektkünstler aus dem In- und Ausland für drei Tage auf das Gelände der Heidelberger Studenten-Hochhäuser am Klausenpfad ein. Die aus dem Programm der Documenta 4 wieder völlig gestrichene Aktionskunst sollte modellhaft mit einer vorwiegend jugendlichen Öffentlichkeit konfrontiert werden. Eingeladen wurden u. a. Beuys, Christo (Verpakkung des Heidelberger Amerikahauses), Spoerri, Rinke, LIDL, Uekker, K. P. Brehmer, Hödicke, Diter Rot, Böhmler, Tony Morgan, Filliou, Wortelkamp, Weseler, Distel, Kohlhöfer, Palermo. Finanziert wurde die Veranstaltung aus dem Eintrittsgeld der 6000 Besucher und wenigen privaten Spenden.

Staecks Intermedia-Beitrag war eine Waschmaschinen-Aktion.

Heidelberger Schloß – gekocht, Offset, 1969
Postkarte und Eintrittskarte für «Intermedia '69»

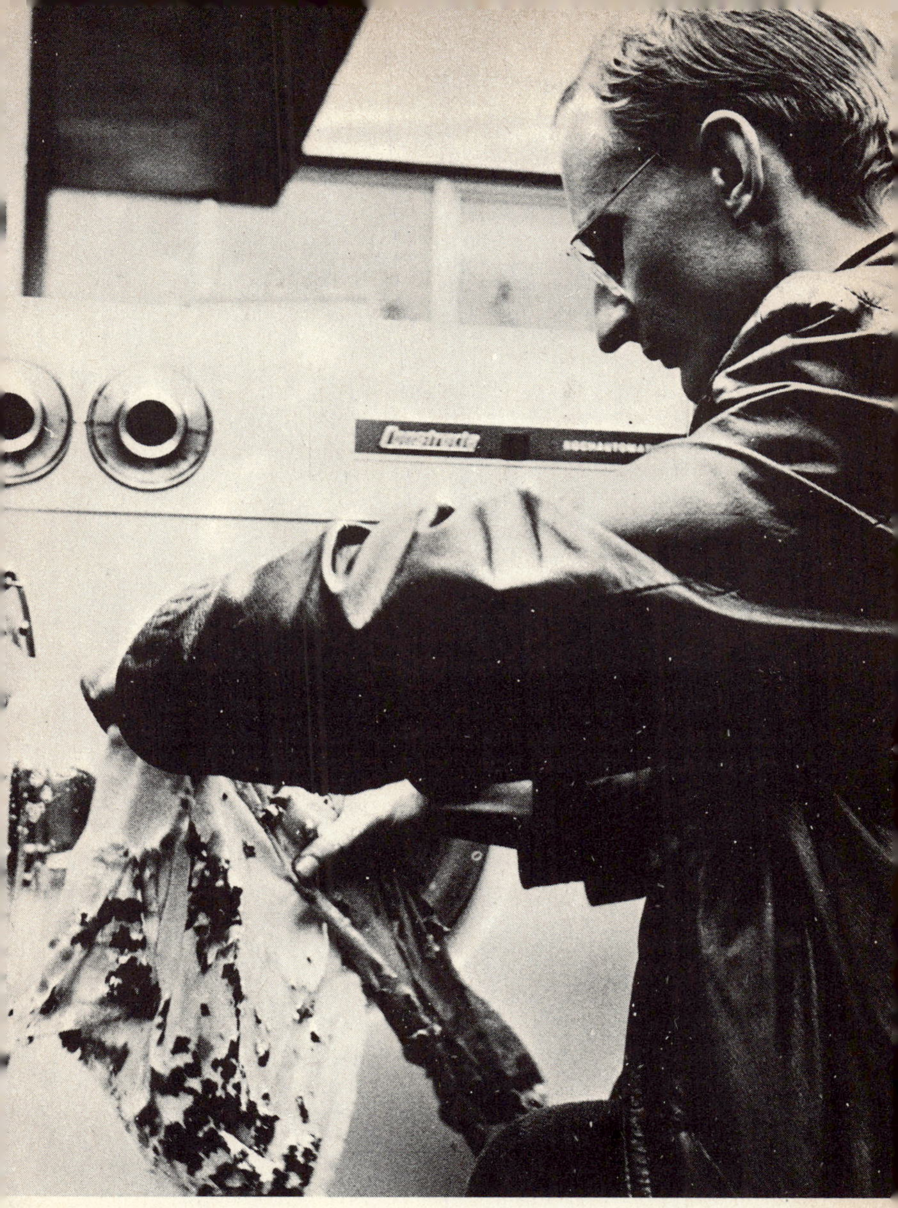

Waschmaschinenaktion: ein bei Karstadt gekauftes Dutzend-Kaufhausbild (Öl) wurde einem vollen Waschprogramm einer Constructa-Waschmaschine unterzogen. Nach 90 Minuten Waschzeit hatten sich die letzten Farbreste von der Leinwand gelöst. Diese Methode wurde allen Museen, Galerien und Kaufhäusern zur Nachahmung empfohlen.

PRESSEERKLÄRUNG

Betr.: Die Umstände bei der Preisverleihung des Heinrich-Zille-Preises durch den Reg. Bürgermeister Schütz in Berlin am 27.Februar 1970

Das Handschellen-Mißverständnis

Als ich vor einigen Tagen in Berlin den diesjährigen Zille-Preis in Handschellen entgegennahm, wurde diese "Kunstmeldung" nicht wie üblich im Kulturghetto der Feuilletons gebracht, sondern die meisten Zeitungen öffneten dieser Botschaft ihre allegmeinen Spalten. Das sind die Sternstunden, in denen auch BILD beginnt, sich der Kunst anzunehmen. Dieser stumme Protest gab Anlaß für allerlei Spekulationen, Mißverständnisse und Vorwürfe, die der Klärung bedürfen.

Das "protestieren und gleichzeitig 6.000,- einstecken" hat mir von vielen Seiten die Rüge der Inkonsequenz eingetragen. Mein freimütiges Bekenntnis, das Geld selbstverständlich anzunehmen, weil ich es für die Finanzierung meiner weiteren Arbeit brauche, hat viele arg verschreckt. Darüberhinaus vermochte ich keine wohltätige Sache anzugeben, der mein Preis zufließen sollte. Leider kann ich mir die Geste des reichen oder arrivierten Künstlers nicht leisten, um den Erwartungen der Gesellschaft gerecht zu werden.

Nach meinen Erfahrungen hätte weder die kommentarlose Annahme noch die Ausschlagung des Preises auch nur irgendjemanden erregt, weil beides scheinbar konsequent ist. Leider wird bei der Sache übersehen, daß die ganze Preisverleiherei wohl die inkonsequenteste Kunstförderung ist, und sich die meisten nur immer noch darum bewerben, weil bisher nicht Besseres an die Stelle getreten ist . Die Zahl der Arbeitsstipendien etwa ist im Vergleich zu der Preisinflation mehr als gering. Die zahlreichen Ausschlagungen von Preisen in der letzten Zeit vermochten bisher strukturell so gut wie nichts zu verändern: es wird weiter landauf und landab gepreist und gepriesen. Das Dilemma wird offenkundig, wenn man erkennt, daß z.Zt. eine Ablehnung durchaus systemimmanent ist, wie schön man die Verweigerung auch begründen mag.

Ein Preis bedeutet in erster Linie Publizität (=Steigerung des Marktwertes) und erst dann Bargeld. Eine Ausschlagung garantiert dem "Preisträger" in jedem Falle ein Übermaß an Publicity gegenüber der Annahme. Die letztere bringt eine Dreizeilenmeldung unter der Rubrik NOTIZEN; mit der Ausschlagung eröffnet man sich mindestens eine ganze Spalte.

Solange man Veränderungen will und Preise das wichtigste Instrument der Kunstförderung bleiben, läßt sich das Problem nicht durch eine scheinbare individuelle Konsequenz lösen. Für mich ist Sozialkritik in ersterLinie das aufzeigen von Widersprüchen - auch im Bereich der Kulturpolitik - was in der Regel nur durch Verschärfung dieser Widersprüche zu erreichen ist. Da die Kulturkonsumenten nach einem Gewöhnungs/prozeß Annahme wie Ausschlagung gleichermaßen akzeptieren, ist über diesen Weg die Diskussion kaum noch zu beleben.

Mein Protest setzte daher beim Verleihungszeremoniell, dem Ritual an einem der wesentlichsten Bestandteile jeder Preisverleihung. Im Zeremoniell spielt der "Preisträger" nur die Rolle Händeschüttlers bzw. Geschüttelten. Durch Anlegen von Handschellen habe ich mich dieser Rollenerwartung durch die Flucht in technische Unmöglichkeit entzogen. Diese Verweigerung hatte mit der Person von Bürgermeister Schütz recht wenig zu tun. Alle Spekulationen in dieser Richtung gehen am Problem vorbei.

Schade, daß die Stifter für ihre sehr ehrenwerte Absicht, eine sonst geschmähte Kunstrichtung zu unterstützen, noch keine anderen Wege der Förderung gefunden haben. Die Handschellen dokumentierten auch gleichzeitig ein Stück Ohnmacht, in der man sich befindet, wenn man in unserer Gesellschaft die Kunst als Mittel der Sozialkritik einsetzen will.

Klaus Staeck

Heidelberg, 4.3.70

Klaus STAECK 69 Heidelberg 1 Theaterstr. 9 tel. 06221/ 2 61 30

Preisträger in Handschellen

Ohne Händedruck ließ der „gefesselte" Preisträger Klaus Schütz

rb. **Berlin, 28. Februar**
Aus Protest gegen das „bürgerliche Zeremoniell" bei der Preisverleihung der Heinrich-Zille-Stiftung für sozialkritische Graphik 1970 erschien der erste Preisträger Klaus Staeck gestern in Handschellen.

In Handschellen erschien Klaus Staeck gestern zur Preisverleihung

Nur die Buchsbäumchen hätten noch gefehlt, meinte der Maler und Graphiker und verzichtete darauf, dem Regierenden Bürgermeister Klaus Schütz die Hand zu geben.

Trotz des belästerten Zeremoniells war der Künstler jedoch einverstanden, die mit dem Preis verbundene Geldprämie in Höhe von 6000 Mark entgegenzunehmen. Er brauche Geld, erklärte Staeck.

Bild-Zeitung, 28. 2. 1973

Handschellenaktion: 1970 erhielt Staeck den 1. Preis der Heinrich-Zille-Stiftung für sozialkritische Graphik. Er nahm den Preis aus der Hand des Regierenden Bürgermeisters von Berlin in Handschellen entgegen (siehe «Das Handschellenmißverständnis» oder Presseerklärung).

Requiescat in Ludwig, Objekt (Originalkatalog durchbohrt mit Metallplatte, graviert). Der pompöse Prachtband ‹*Kunst der sechziger Jahre*› (visualisiert von Vostell) der Sammlung des Aachener Schokoladenfabrikanten Ludwig gehört zum Inventar jedes modernen Kunsthaushalts.

Schild für «Künstlerkäfig», Environment, Mai 1971. Während der Experimenta 4 wurde im Frankfurter Kunstverein parallel zur Aktion «Inflationsgerede» ein 3x3x2 m großer Drahtkäfig ausgestellt, um die Ghettosituation der meisten Künstler darzustellen. In dem Käfig befanden sich eine Staffelei, Mal- und Künstlerutensilien, Stroh, Almosen und Mohrrüben. Ursprünglich sollte ein Käfig im Frankfurter Zoo belegt werden.

Staeck's Große Kunstausstellung *

* das Kunstereignis des Jahres!

Kunstdrucksache

15. – 27. Juni '71

geöffnet Die, Do, Fr. 10-18, Mi 10-20, Sa/So 10-16 Uhr

Aufbau Dienstag 15. Juni '71

Württembergischer Kunstverein
Stuttgart Kunstgebäude a. Schloßplatz
Telefon (0711) 290190, 295566

Staeck's Große Kunstausstellung

Antikunst	kunstbeflissen	Kunstfaserteppich	Kunsthaus	Kunstmarmor	Kunstschaffen	Kunstverstand
Auftragskunst	Kunstbegeisterung	Kunstfehler	Kunstherz	Kunstmarkt	Kunstschatz	Kunstvertrieb
Besitzkunst	Kunstbein	Kunstfeind	Kunsthistoriker	Kunstmesse	Kunstschau	kunstvoll
Bildkunst	Kunstbeirat	Kunstflieger	Kunsthistorikertagung	Kunstmetropole	Kunstschmied	Kunstwein
Blumensteckkunst	Kunstbericht	Kunstflug	Kunstholz	Kunstmäzen	Kunstschmiedeeisen	Kunstwerk
Buchkunst	Kunstbeschauer	Kunstförderung	Kunsthonig	Kunstmieze	Kunstschule	Kunstwerk, Das
Capitalkunst	kunstbesessen	Kunstform	Kunstingenieur	Kunstmittel	Kunstseide	Kunstwerk, lebendes
Dichtkunst	Kunstbesitz	Kunstfreund	Kunstjahrbuch	Kunstmuseum	kunstsinnig	Kunstwissenschaft(ler)
Erziehungskunst	Kunstbetrachtung	Kunstführung	Kunstjury	Kunstnachrichten	Kunstskandal	Kunstwort
Fahrkunst	Kunstbetrieb	Kunstgalerie	Kunstkabinett	Kunstobjekt	Kunstsoziologe	Kunstzeitschrift
Fechtkunst	Kunstbibliothek	Kunstgattung	Kunstkalender	Kunstpapst	Kunstspeiseeis	Kunstzentrum
Filmkunst	Kunstbildband	Kunstgegenstand	Kunstkauf	Kunstpause	Kunstspringen	Lebenskunst
Gebrauchskunst	Kunstblumen	Kunstgenuss	Kunstkenner	Kunstpolitik	Kunststein	Liebeskunst
Gegenwartskunst	Kunstbrief	Kunstgeschichte	Kunstkniff	Kunstpostkarte	Kunststoff	Plakatkunst
Gesangskunst	Kunstbrille	Kunstgeschmack	Kunstkommission	Kunstpräsentation	Kunststoff-Fibel	Prozesskunst
Griffelkunst	Kunstbuch	Kunstgespräch	Kunstkompass	Kunstpreis	Kunststoffolie	Puppenspielkunst
Handlesekunst	Kunstdarm	Kunstgewerbe	Kunstkonsument	Kunstprodukt	kunststopfen	Raumkunst
Höhlenkunst	Kunstdenkmal	Kunstghetto	Kunstkreis	Kunstproduzent	Kunststudent	Rechenkunst(stück)
Holzschnittkunst	Kunstdiebstahl	Kunstglas	Kunstkritik	Kunstpsychologe	Kunststudium	Redekunst
Ideenkunst	Kunstdorf	Kunstglaserei	Kunstkritiker	Kunstpublizistik	Kunststück	Sakralkunst
Kaufhauskunst	Kunstdruck	Kunstglied	Kunstladen	Kunstquartal	Kunstszene	Schauspielkunst
Kleinkunst	Kunstdruckpapier	Kunstgras	Kunstlandschaft	Kunstradfahren	Kunsttheorie	Schießkunst
Kochkunst	Kunstdünger	Kunstgriff	Kunstleben	Kunstrasen	Kunstturnen	Schriftkunst
Kunst	Kunsteisbahn	Kunstgutachten	Kunstleder	Kunstrat, Deutscher	Kunstübung	Straßenkunst
Kunst, Adolf	Kunstentwicklung	Kunsthaar	Kunstlicht	Kunstraub	Kunstumschlagplatz	Totalkunst
Kunst, Maria	Kunsterlebnis	Kunsthändler	Kunstliebhaber	kunstreich	Kunstunterricht	Überredungskunst
Kunstadressbuch	Kunsterzieher	Kunsthändler, progr	kunstlos	Kunstreich, Martin	Kunstversand	Verwandlungskunst
Kunstakademie	Kunstexperte	Kunsthallendirektor	Kunstlunge	Kunstreiter	Kunstverständnis	Volkskunst
Kunstauktion	Kunstfabrik	Kunsthandel	Kunstmacher	Kunstrichtung	Kunstvereinsdirektor	Vortragskunst
Kunstausschuss	Kunstfälschung	Kunsthandlung	Kunstmaler	Kunstsalon	Kunstvereinseröffnungsrede	
Kunstausstellung	Kunstfahrt	Kunsthandwerk	Kunstmanager	Kunstsammler	Kunstvereinsgruppenfahrt	
Kunstbasar	Kunstfaser	Kunstharzlack	Kunstmappe	Kunstsauer	Kunstvereinsjahresgabe	

Die Weltkunstpresse urteilt: "... wohl eine der umfassendsten Kunstausstellungen des Jahres"

Achtung! Umfangreicher Katalog zu Staeck's Großer Kunstausstellung in Vorbereitung. Rechtzeitig vorbestellen!

Kunst – Antikunst, Objekt (Kunst- und Bienenhonig in Metallgehäuse), 1971
Alle auf der Einladung zu «Staeck's Großer Kunstausstellung» aufgeführten Kunst-Verbindungen waren in der Ausstellung durch realistische oder ironische Beispiele belegt. So wurden z. B. die Begriffe Kunst durch einen Becher Kunsthonig und Antikunst durch ein Glas Bienenhonig dargestellt.

Die Künstler der Welt in Erwartung einer Einladung zur Documenta 72 in Kassel, Siebdruck (Plakat) und Offset (Postkarte), 1970. Montage einer unübersehbaren Menschenmenge (Woodstock), dem Kasseler Herkulesdenkmal und viel blauem Himmel. Spätestens seit der Wahl Harald Szeemanns zum Generalsekretär der Documenta 5 in Kassel war in Künstlerkreisen die meistdiskutierte bange Frage: Wer wird zur d 5 eingeladen? Das von Szeemann ursprünglich vorgelegte Konzept sah gar keine .Künstlerliste vor. Geplant war vielmehr eine thematische Ausstellung. Schließlich kehrte dann doch wieder «die Kunst zu sich selbst zurück» (Szeemann) mit all ihren reaktionären Konsequenzen wie Künstler- und Händlerquerelen, Ein- und Ausladungen als Vorspiel. Staeck hat über den mehrfachen Gesinnungswandel mit Szeemann eine umfangreiche Korrespondenz geführt (abgedruckt in ‹*Befragung der Documenta*›, herausgegeben von Klaus Staeck, neben Beiträgen von Peter Gorsen, Georg Jappe, Jürgen Schmidt und den beteiligten Künstlern).

Deutsches Kunstsiegel, Offset, 1972, Aufkleber (selbstklebend)
links: Dr. Harald Szeemann, Generalsekretär der Documenta 5, rechts: Dr. Willi Bongard, Erfinder des Kunstkompaß (Künstlerbestsellerliste)

Deutsches Weinsiegel

INSTITUT FÜR FREIE KUNSTFORSCHUNG

69 HEIDELBERG · POSTFACH 471

Presseinformation

In jüngster Zeit mehren sich bei der Betrachtung zeitgenössischer Kunstwerke die Zweifel über die Echtheit, formale Aussagekraft und kultureller Bedeutung. Die jahrhundertealte Frage "Ist das noch Kunst" taucht bei Galeristen, Kunstsammlern und der interessierten Bevölkerung wieder verstärkt auf. Die Unsicherheit über den Wert eines Kunstwerkes (sowohl in finanzieller als auch ästhetischer Hinsicht) wächst und kann wohl objektiv nur noch von Fachleuten ersten Ranges bestätigt oder zerstreut werden.
Nach jahrelanger Forschungsarbeit und Auseinandersetzung mit Kunstmarkt, Künstlern und Wissenschaftlern aus aller Welt erscheint in diesen Tagen das "Deutsche Kunstsiegel".
Das Kunstsiegel ist ein von Fachleuten des In- und Auslandes geschaffenes Wertsiegel, welches dem betreffenden Künstler und seinem Werk höchste Qualität und Echtheit bescheinigt. In regelmäßigen Abständen tritt ein Gremium führender Wissenschaftler zusammen, um nach eingehender Prüfung das Siegel jenen Künstlern zu verleihen, die durch uneigennützigen Einsatz ihres Geistes unvergängliche Werke schaffen, die da einst für die Kultur der Völker stehen werden. Das "Deutsche Kunstsiegel" garantiert unter anderem die 100%ige Handarbeit an den betreffenden Werken, die geschmackvolle Wahl der Farben, bei Gemälden elegante Pinselführung, Preissteigerungen um das Vielfache innerhalb weniger Jahre, Prestigegewinn und öffentliche Belobigung des betreffenden Besitzers usw.
Diese wenigen Auszüge aus einem langen Kriterienkatalog zeigen schon, mit welcher Sorgfalt bei der Verleihung des Siegels vorgegangen wurde und wird.

Das Institut für freie Kunstforschung beehrt sich, Ihnen mitteilen zu dürfen, daß das "Deutsche Kunstsiegel" zunächst an folgende Künstler verliehen wurde: Friedensreich Hundertwasser, Dali (für das Spätwerk), Friedrich Meckseper, Victor Vaserely, HAP Grieshaber und Axel Dick. Die Verleihung an diese Personen fand anläßlich des Jubilate-Festes am 24.4.1972 im Rahmen einer kleinen Feierstunde in der Schloßkirche zu Bückeburg statt, bei der neben Persönlichkeiten aus Regierung und Wirtschaft auch die geehrten Künstler anwesend waren.

Institut für freie Kunstforschung

Klaus Staeck	Gerhard Steidl
(Präsident)	(1.Sekretär)

Über das Deutsche Kunstsiegel berichteten außerdem:
Süddeutsche Zeitung, 19.5.1972
Stuttgarter Nachrichten, 19.5.1972
Mannheimer Morgen, 19.5.1972
Heidelberger Tageblatt, 19.5.1972
Schwetzinger Zeitung, 19.5.1972
Fellbacher Zeitung, 19.5.1972
Rheinische Post, 20.5.1972
Backnanger Kreis-Zeitung, 24.5.1972
Filder-Zeitung, Stuttgart-Vaihingen, 24.5.1972
Kreiszeitung Böblinger Bote, 24.5.1972
Der Teckbote, Kirchheim, 24.5.1972
Schwäbische Donau-Zeitung, Ulm, 24.5.1972
Saarbrücker Zeitung, 26.5.1972
Kölner Stadt-Anzeiger, 3.6.1972
Deutsches Allgemeines Sonntagsblatt, Hamburg, 11.6.1972
Hildesheimer Allgemeine Zeitung, 13.6.1972
Capital Nr. 6, Juni 1972
Bayern-Kurier, München, 7.10.1972
Der Spiegel, Nr. 43, 16.10.1972
Rhein-Neckar-Zeitung, 19.10.1972
Alb-Bote, Waldshut, 25.10.1972
Bayern-Kurier, 4.11.1972
Kunstjahrbuch 3, Hannover, 1973

Das Deutsche Kunstsiegel, gezielt irregeführt

HEIDELBERG, 10. Mai (ddp). Nach jahrelanger Forschungsarbeit und Auseinandersetzung mit Kunstmarkt, Künstlern und Wissenschaftlern aus aller Welt ist jetzt das „Deutsche Kunstsiegel" geschaffen worden, das den Wert eines Kunstwerkes bescheinigen soll. Das Institut für freie Kunstforschung teilte am Mittwoch in Heidelberg mit, ein Gremium führender Wissenschaftler trete in regelmäßigen Abständen zusammen, um über die Verleihung der Kunstsiegel zu entscheiden. Das Siegel bescheinige Echtheit, höchste Qualität und garantiere den betreffenden Werken unter anderem Preissteigerungen um das Vielfache innerhalb weniger Jahre.

Meldung des Deutschen Depeschen-Dienstes vom 18. 5., 5.26 Uhr)

*

HEIDELBERG, 19. Mai (ddp). Einem verspäteten Aprilscherz über ein „deutsches Kunstsiegel" ist der Deutsche Depeschen-Dienst am Donnerstag aufgesessen. Ein „Institut für freie Kunstforschung" hatte am Morgen in Heidelberg bekanntgegeben, nach jahrelanger Forschungsarbeit und Auseinandersetzungen mit Kunstmarkt, Künstlern und Wissenschaftlern aus aller Welt sei jetzt das „Deutsche Kunstsiegel" geschaffen worden, das den Wert eines Kunstwerkes bestimme. Das Siegel bescheinige Echtheit, höchste Qualität und garantiere den betreffenden Werken Preissteigerungen um das Vielfache innerhalb weniger Jahre.

Am Nachmittag klärte sich der Hintergrund der Meldung auf, die als „Presseinformation" und unterzeichnet von Klaus Stäck als Präsident und Gerhard Steidl als 1. Sekretär des „Instituts" versandt worden war. Stäck sagte, es habe sich um einen verspäteten Aprilscherz gehandelt, der für die Feuilletonredaktionen der Zeitungen bestimmt gewesen sei. Kunst könne ja nicht qualitätsmäßig bestimmt werden. Steidl sagte demgegenüber, das Kunstsiegel gebe es „tatsächlich schon seit langem". Das Heidelberger Institut habe mit seiner Aktion lediglich die „Öffentlichkeit aufmerksam" machen wollen und dabei auch bewußt nicht auf eine gezielte Irreführung der Öffentlichkeit verzichtet.

(Meldung des Deutschen Depeschen-Dienstes vom 18. 5., 16.41 Uhr)

Frankfurter Rundschau
20. 5. 1972

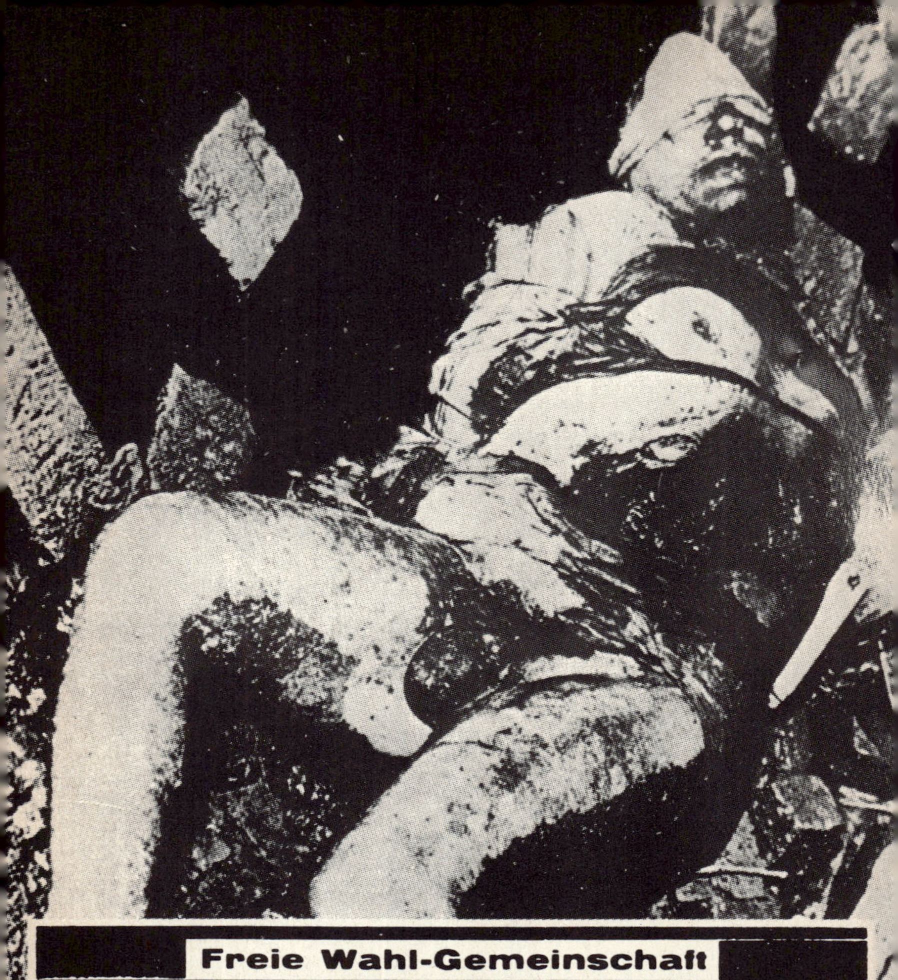

Kunst und Schmutz Siebdruck 1973
Kombination einer Wahlanzeige der FWG Göttingen
(Kommunalwahlen 1973) mit einem Foto aus Bangladesh

1967 wurde vom «Verein progressiver deutscher Kunsthändler» der erste Kölner Kunstmarkt von 18 deutschen Galerien veranstaltet. Der Publikumserfolg ermutigt den Verein, künftig unter sich zu bleiben und nur wenige Auserwählte aus Konkurrenzgründen von Markt zu Markt dazu einzuladen. Die «Progressiven» bauen im Laufe der Zeit mit Hilfe der Stadt Köln den KKM immer mehr zu einer marktbeherrschenden Monopolstellung aus. 1970 fordern Alvermann, Beuys, Staeck, Vostell und Rywelski am Eröffnungstage des 4. KKM mit einer Aktion zum Betreten des Kunstmarktes auf, um die Exklusivität zu beenden. Da die «Progressiven» nach dieser erfolgreichen Aktion ihre Einstellung prinzipiell nicht ändern, verfassen Beuys, Heerich und Staeck einen Aufruf zum Boykott der KKM durch Künstler und Händler.

Aktion «Betreten des Kölner Kunstmarkts», 12. Oktober 1970.
Von links nach rechts: Vostell, Rywelski, Beuys, Staeck

Das Wort zum Montag
Grußwort von Staeck zur Eröffnung
des Kölner Kunstmarkts '70

WIR

haben Ihnen zu danken, hochverehrter Herr Dr. Hackenberg, bei dem wir die kulturellen Belange der altehrwürdigen Domstadt Köln in den besten Händen wissen. Dank gebührt der Kunststadt Köln für die erneute kostenlose Zurverfügungstellung der Kölner Kunsthalle anläßlich des Kunstmarkts von 24 führenden progressiven deutschen Kunsthändlern. Gar zuviel destruktive Kritik wird in diesen – den schönen Künsten gewidmeten – Tagen Ihr Ohr beleidigen, das sicherlich in seiner Liberalität auch dafür offen ist. Aber lassen Sie sich nicht irremachen! Das einmal erreichte hohe progressive Niveau darf nicht durch demokratischen Firlefanz in Zweifel gezogen werden, indem jeder dahinwurstelnden Kleinstgalerie vom platten Lande oder gar Ausländern der Einzug gestattet wird. Wissen wir uns doch einig, daß es Daseinsbereiche gibt, in denen die ordnende Hand wohlverstandener Autorität die Schafe von den Böcken scheiden muß. Es kann und darf in diesen wirren Zeiten nicht Aufgabe und Sinn dieses Kunstmarkts sein, durch Herumexperimentieren von dazu nicht Berufenen, Unruhe zu stiften. Die Jahre der Bewährung werden ohnehin offenbaren, wer dereinst bleibt und den Kreis der Progressiven Kunsthändler e.V. wird ergänzen dürfen.

Nachdem nun alles wieder zum besten geordnet ist, bleibt uns jetzt nur noch ein stilles Gebet für einen stürmischen Umsatz. Und so ist es mir persönlich ein tiefes Bedürfnis, dafür ein sichtbares Zeichen zu setzen, indem ich täglich in einem stillen Winkel des Vorhofes der Kunsthalle beim feierlichen Abbrennen einer Kerze im Gebet verharre. Tief gerührt wäre ich, wenn Sie sich unserer Fürbitte anschlössen, damit auch wirklich alles getan ist, um einen neuen Umsatzrekord zu erreichen.

Aus großherzigen Spenden stehen Kerzen kostenlos bereit.

Einigkeit macht stark!

Köln am Rhein, 12. Oktober '70

Staeck

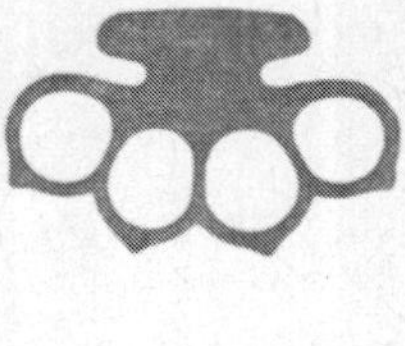

staeck-brief Nr. 3 Verantw.: klaus staeck 69 heidelberg 1 postfach 471

AUFRUF

Als im Oktober 1970 einige Künstler und Galeristen durch eine gezielte Aktion die Exklusivität des Kölner Kunstmarkts beenden wollten und die vorzeitige Öffnung der Kunsthalle erzwangen, wurde der Anfang gemacht, der Bevormundung der interessierten Bevölkerung und der Abhängigkeit der Künstler von den im „Verein progressiver deutscher Kunsthändler" zusammengeschlossenen Galeristen ein Ende zu setzen.

Die Adressaten sahen in der Künstleraktion allerdings wohl mehr ein Eintags-Happening einiger querulanter Artisten als einen Anlaß, einen Umdenkungsprozeß einzuleiten. Die neuerliche Umsatzsteigerung während des letzten Kunstmarkts war der Einführung von demokratischeren Denkstrukturen auf seiten der „Progressiven" und der Veranstalter der nach gleichem Prinzip organisierten exklusiven Kunstmärkte auch nicht gerade förderlich. So bleibt zu erwarten, daß auch in Zukunft

- die „progressiven Kunsthändler" unter sich bleiben und ihren marktbeherrschenden Einfluß mit repressiven Mitteln weiter ausdehnen werden,
- die Städte Köln und Berlin diese kartellartigen Gebilde weiterhin einseitig begünstigen werden,
- die Künstler in immer größere Abhängigkeit geraten werden,
- das einseitige Interesse an immer höherem Umsatz auch die letzten Reste von Information verdrängen wird,
- hypertrophes Gewinnstreben über absolute Sterilität zu peinlicher Senilität führen wird.

Die Unterzeichner dieses Manifests sind nicht länger bereit, diese – auch in einem kapitalistischen Wirtschaftssystem einzigartigen – monopolistischen Bestrebungen weiterhin zu unterstützen.

Solange die Veranstalter der Kölner und Berliner sowie aller gleich strukturierten Kunstmärkte nicht bereit sind, diese Kunstmärkte zugunsten eines freien Kunstmarktes zu öffnen, verweigern wir als Produzenten jegliche direkte und indirekte Unterstützung der daran beteiligten Galerien.

Wir fordern einen freien Kunstmarkt, der dem Informationsbedürfnis der Bevölkerung gerecht wird. Wir fordern die kostenlose Überlassung der Kölner Kunsthalle und der Berliner Kunstakademie für eine freie Produzentenmesse.

Es ist schizophren und unaufrichtig, wenn Künstler, die mit ihren Produkten und Ideen ständig für eine Bewußtseinsveränderung und eine freiere Gesellschaftsordnung eintreten, erstarrte repressive institutionelle Erscheinungen wie die konservativ strukturierten Kölner und Berliner Kunstmärkte weiter mit ihren Produkten beliefern und unterstützen. Wir fordern alle Produzenten auf, dieses Prinzip aufzuheben und derartige Märkte nicht mehr mit ihren Produkten zu beliefern.

Joseph Beuys　　Erwin Heerich　　Klaus Staeck

Düsseldorf, den 10. Februar 1971

Ich schließe mich diesem Aufruf an und bin bereit, an der Verwirklichung eines freien Kunstmarktes mitzuarbeiten und mich einer Aktionsgemeinschaft zur Verfügung zu stellen, die das Prinzip freier Kunstmarkt beispielhaft darstellt.

Name ______________________ Telefon ______________________

Anschrift ____

Datum ______________________ Unterschrift ______________________

Nach dem 1. April werden wir der Öffentlichkeit mitteilen, wer sich diesem Aufruf angeschlossen hat.

Diesen Abschnitt bitte zurück an einen der drei Unterzeichner des Aufrufs.

Joseph Beuys, 4 Düsseldorf, Staatl. Kunstakademie, Eiskellerstraße 1

Erwin Heerich, 4 Düsseldorf, Staatl. Kunstakademie, Eiskellerstraße 1

Klaus Staeck, 69 Heidelberg 1, Postfach 471, Ingrimstraße 3

Diesen Aufruf haben bisher unterzeichnet:
So far, this call to action was signed by:

Vito Acconci
Peter Ackermann
Heinz Altschäffel
H. P. Alvermann
Lucio Amelio
Frank Andermahr
Erik Andersch
Eric Andersen
Carl Andre
Arakawa
K. M. Assmann
Walter Aue
Michael Badura
I. Baldini
Joachim Bandau
Stella Baum
Thomas Bayrle
Bernhard Becher
Gerlinde Beck
Horst Bingel
Buja Bingemer
Anastasia Bitzos
G. Bodo Boden
H. U. Bodenmann
Gerhard Bodenstein
Heinrich Böll
Klaus Böttger
Bram Bogart
Dr. Hugo Borger
Udo Breger
H. J. Breuste
David Briers
Germano Celant
Mario Ceroli
Henning Christiansen
Ursula Renter Christiansen
Constant
Johannes Constantinides
Hellmuth Costard
Piet van Daalen
K. F. Dahmen
Bruno Demattio
Axel Dick
Herbert Distel
Jan Donia
David Drummond-Milne
Peter-M. Dürr
Alfred Eckhardt
Walter vom Endt
Edition Kölling
Edition Rottloff
Anita Ferraris
Robert Filliou
Klaus Jürgen-Fischer
Isi Fiszman
Angela Flowers
Ernst Föll
Matteo Fonti
Terry Fox
Ken Friedman
Galerie René Block
Galerie Cornels
Galerie Dibi Däbi
Galerie John Gibson
Galerie Grafikmeyer
Galerie Jürgen Jesse
Galerie im Kolpinghaus
Galerie Kümmel
Galerie Albert Schiessel
Galleria Toselli
Galerie im Westen
Gaul
Jochen Gerz
Glasmacher
Helmut Goettl
Lo Grigat
Hans van der Grinten
Klaus Groh
Hans-J. Grollmann
Jürgen Grosch
Ricardo Guarneri
Jonas B. Hafner
O. H. Hajek
Gerard Hemsworth
Jan Herman
Friedrich Heubach
Reinhard Hippen
Harald K. Hülsmann
Heribert Hummel
Luciano Inga-Pin
Julius Kaesdorf
Romane Holderried Kaesdorf
Hans Werner Kalkmann
Hermann Kern
Ed Kiënder
Per Kirkeby
Bengt af Klintberg
Annalies Klophaus
Folkmar v. Kolczynski
Jürgen Kramer
Hartmut Kraft
S. C. H. Krauss
Derck Kremer
Ernst-Otto Kröger
J. Leering
Barbara & Michael Leisgen
Leo Leonhard
Jacques Lepage
Dr. Udo Liebelt
R. R. Linck
Reinhold Lindemann
Manfred Lohse
Boris Lurie
Peter Mell
Klaus Menzel
Mario Merz
Rune Mields
Martin Minde
Missmahl
Philippe Mora
Olivier Mosset
Ha. Jo. Müller
Norman Ogue Mustill
Maurizio Nannucci
Neuenhausen
Carl Nissen
Werner Nöfer
Jeff Nuttall
Thomas Orthmann
Saul Ostrow
Panamarenko
Alistair Park
Thomas Peiter
Tom Phillips
Dieter Reick
Peter Reus
Christian Richter
L. Rinn
Jan Roewer
Karin Rost
Klaus Rost
Dr. Michael Rotmann
Helmut Rywelski
Bernhard Sandfort
Sarkis
Scherer
Lutz Schirmer
Felix Schlenker
W. R. Schlue
Jürgen Schmidt
Helmut Schmitt-Siegel
Dieter Schnebel
HA Schult
Detlev Schulte
Karl Otto Schwarz
F. Schwegler
Klaus J. Schwehn
Michael Siebrasse
Nikolaus Sievers
Gianni-Emilio Simonetti
Helke Singer
Keith Sonnier
Giangiacomo Spadari
Dr. Reiner Speck
Attilio Steffanoni
Gerhard Steidl
Rodolpho M. Stocker
Günter Stöberlein
Johannes Stüttgen
Stefan Szczesny
Walter Tafelmaier
André Thomkins
Dr. Hans Peter Thurn
Günter Tollmann
Ursula Tollmann
Tommaso Trini
Timm Ulrichs
Luca M. Venturi
Shorty Verhuven
Verlag Klaus Bär
Jürgen Vogdt
Ingrid Vogel / art in progre
Peter Vogel
Günter Vossiek
Dr. Walter Warnack
Wortelkamp
Louwrien Wyers
Justus Zedelius

Mit Einschränkungen:
With certain restrictions: Dietrich Albrecht Chotjewitz Jost Herbig Jens Jahn Dieter Koepplin

Die Unterschriftenaktion läuft weiter. Es wird noch einmal ausdrücklich darauf hingewiesen, daß selbstverständlich auch Galerien, Editionen und Künstlergenossenschaften sich diesem Aufruf anschließen können.

Eine Verwirklichung des angestrebten freien Kunstmarktes wird vorbereitet. Es sind bereits konkrete Verhandlungen eingeleitet, über deren Verlauf rechtzeitig informiert wird.

Signatures are still being collected. We wish to make it clear once again that galleries, art publishers and artists' associations may also support this appeal.

Preparations are in hand to set up the free art market which is our aim. Negociations have been started, and we shall keep you informed about their progress.

Düsseldorf, 25. April 1971

AUFRUF!

LIEBER KLAUS STAECK - DEINEN AUFRUF DEN KUNSTHANDEL ZU BOYKOTTIEREN IST GUTE REKLAME- DENN JEDER POSTBOTE KANN BEI DIR ETWAS KAUFEN UND DANN DEN HANDEL BELIEFERN.BOYKOTT IST KEIN BOYKOTT !

SCHENKEN!

ICH FORDERE ALLE KUNSTSCHAFFENDE,KUNST-WISSENSCHAFTLER,KUNSTHISTORIKER,KUNST-PSYCHOLOGEN,KUNST-JOURNALISTEN UND KUNST-INGeNIEURE AUF,;;;die KUNSTHAENDLER ZU BESCHENKEN.!

Schenkt IHNEN Sicherheit,Villen,
Einflussbereiche,Presse,Informationen,Wissen,Tickets nach U.S.A.
Straende,Wolken,Werke,Liebe,Zuneigung,Kordel,
Warnlampen,Versandrollen,Tesafilm,Telefon und Adressen-Verzeichnisse

H

KEIN BOYKOTT-RETTET DEN DEUTSCH-AMERIKANISCHEN KUNSTHANDEL.!

VOSTELL, BERLIN, 7.4.1971

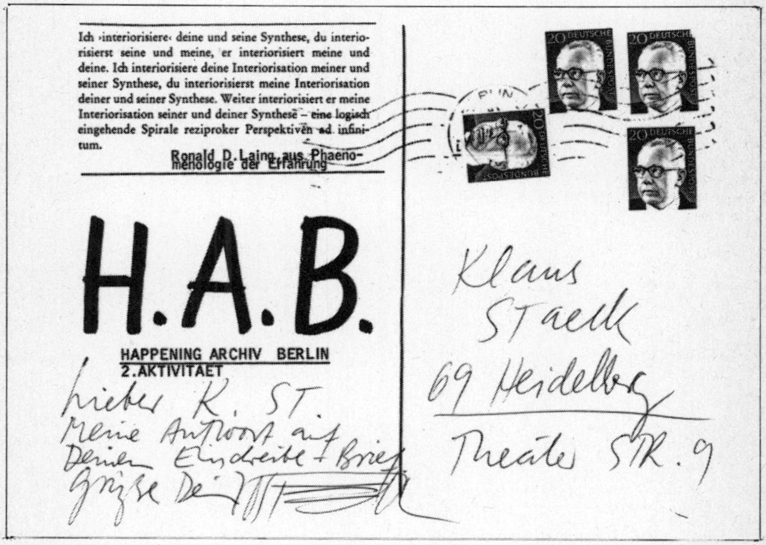

Ich ›interiorisiere‹ deine und seine Synthese, du interiorisierst seine und meine, er interiorisiert meine und deine. Ich interiorisiere deine Interiorisation meiner und seiner Synthese, du interiorisierst meine Interiorisation deiner und seiner Synthese. Weiter interiorisiert er meine Interiorisation seiner und deiner Synthese – eine logisch eingehende Spirale reziproker Perspektiven ad. infinitum.

Ronald D. Laing aus Phaenomenologie der Erfahrung

H.A.B.

HAPPENING ARCHIV BERLIN
2.AKTIVITAET

Lieber K. ST.
Meine Antwort auf
Deinen Einschreibe + Brief
Grüße Dein

Klaus
Staeck
69 Heidelberg
Theater STR. 9

Antwort Vostells auf die Aufforderung, sich als Teilnehmer der Aktion «Betreten des Kunstmarkts» (1970) dem Boykottaufruf anzuschließen. Als Verleger Gerhard Steidl darauf schriftlich auf Vostells eigenes Schenkungsangebot zurückkommt und ihn bittet, ihm einige Graphiken, Kordel und vor allem Tesafilm zu schenken, schickt Vostell nur einige Prospekte.

Von Beginn an war geplant, es nicht bei einem Boykottaufruf bewenden zu lassen, sondern das Prinzip freier Kunstmarkt als Gegenmodell zur Exklusivität zu realisieren. Um Möglichkeiten einer Verwirklichung zu beraten, fand im September 1971 in Heidelberg das Internationale Meeting Freier Kunstmarkt statt.

Meeting Freier Kunstmarkt Heidelberg. Von links: Kounellis, Lucio Amelio, Germano Celant, Beuys, Staeck

Pressekommuniqué

Am 6. und 7. September 1971 fand in Heidelberg das Internationale Meeting Freier Kunstmarkt statt. Vorausgegangen war der von Beuys, Heerich und Staeck initiierte Aufruf zum Boykott des Kölner Kunstmarkts. Es nahmen teil

die Künstler Joseph Beuys, Daniel Buren, Herbert Distel, Jochen Gerz, Erwin Heerich, Jannis Kounellis, Mario Merz, Siegfried Neuenhausen, Panamarenko, Klaus Staeck;

die Galeristen Lucio Amelio, Yvon Lambert, M. Siebrasse, Folker Skulima;

die Kritiker Germano Celant, Jan Donia, Henk Elenga, Jean-Marc Poinsot, Tommaso Trini.

Die Teilnehmer waren sich einig, daß man die bisherige repressive Praxis der Kunstmärkte wie z.B. Köln und Berlin bekämpfen muß. Es wurde beschlossen, den bestehenden Märkten nicht noch einen ähnlich strukturierten hinzuzufügen. Das neue Modell sieht vor, ein Bild des Kunstmarkts in seiner komplexen Struktur zu vermitteln – mit allen seinen kulturellen, ökonomischen, soziologischen, praktischen und sozialen Aspekten – und den Markt in integrierten Analysen durchsichtig zu machen. Es geht um die Darstellung der Wirklichkeit des Kunstmarktes. Bestandteile dieser Wirklichkeit sind Personen, Arbeiten, Theorien, Ideen, Galerien, Kommunikationssysteme. Auf kollektiver Basis sollen in weiteren Arbeitssitzungen diese Vorstellungen konkretisiert und mögliche Formen der organisatorischen und finanziellen Realisierung erarbeitet werden. Alle hieran Interessierten sind aufgefordert, an der Lösung dieser Aufgabe mitzuarbeiten.

2. Meeting in der Düsseldorfer Kunsthalle, 6. Oktober 1971. Von links: Schmela, Weihe, Heerich, Beuys, Schirmer, Staeck, E. de Levie

Deutsches Adelsblatt
Mitteilungsblatt der Vereinigung der Deutschen Adelsverbände

Anzeigenverwaltung:
A.V.I. ALLGEMEINE VERLAGS-
UND INFORMATIONSGESELLSCHAFT M. B. H.
3 HANNOVER · ESCHERSTRASSE 23 · POSTFACH 5909
RUF 1 32 40 · FERNSCHREIBER ÜBER 09 22 515
DRESDNER BANK A. G. HANNOVER 1 001 280
LANDESBANK HANNOVER 2989
POSTSCHECK HANNOVER 91 09 - 3 08

Galerie Staeck

6900 Heidelberg
Ingrimstr. 3

Hannover, den 29. Mai 1973

" Kunst ist die schönste aller Kapitalanlagen "

Diese These, formuliert von dem amerikanischen Ölmilliardär Paul Getty, hat bei deutschen Adelsfamilien schon seit Jahrhunderten ihre Gültigkeit.

Es hat sich daraus sogar ein besonderes Bewußtsein entwickelt, wertvolles Kulturgut zu sammeln, zu pflegen und zu bewahren. Das beschränkt sich nicht nur auf Antiquitäten, sondern vielmehr auf zeitgenössische Kunst, die der Nachwelt erhalten bleiben soll.

Daher ist der deutsche Adel für Sie eine der wichtigsten Zielgruppen. Kaufkräftig und ausgestattet mit dem besonderen Kulturbewußtsein wird er auch in Zukunft als Bewahrer europäischen Kunstschaffens in Erscheinung treten.

Direkt und ohne Streuverluste ansprechen können Sie den Adel durch das " Deutsche Adelsblatt ".

Eine Insertion in dieser Zeitschrift ist für Ihr Haus die richtige Kontaktstelle.

Mit freundlichen Grüßen

A. V. I. Allgemeine Verlags- und Informationsgesellschaft m. b. H.

(Dr. Neemann)

PS: Anzeigenschluß für die nächste Ausgabe ist der 2o. Juni 1973

Geschäftsführung: Friedrich Battmer, Dr. Hermann Neemann
Handelsregister: Amtsgericht Hannover Abt. B Nr. 5189

Zur Erinnerung an die Jahreshauptversammlung des Vereins progressiver deutscher Kunsthändler e. V., Siebdruck, 1972.
Montage des Kölner Doms bei Nacht mit Erinnerungsfoto von Al Capone-Festspielen in London (Ähnlichkeiten mit lebenden Personen sind rein zufällig).

Zur Entstehung eines Plakates
Beispiel: Eigentum verpflichtet

1. Grundgesetz für die Bundesrepublik Deutschland, Artikel 14

Absatz 1: Das Eigentum und das Erbrecht werden gewährleistet. Inhalt und Schranken werden durch die Gesetze bestimmt.

Absatz 2: Eigentum verpflichtet. Sein Gebrauch soll zugleich dem Wohle der Allgemeinheit dienen.

Absatz 3: Eine Enteignung ist nur zum Wohle der Allgemeinheit zulässig. Sie darf nur durch Gesetz oder auf Grund eines Gesetzes erfolgen, das Art und Ausmaß der Entschädigung regelt. Die Entschädigung ist unter gerechter Abwägung der Interessen der Allgemeinheit und der Beteiligten zu bestimmen. Wegen der Höhe der Entschädigung steht im Streitfalle der Rechtsweg vor den ordentlichen Gerichten offen.

2. Zugrundeliegender Sachverhalt

Wer am Münchener Stachus ein Grundstück kaufen will, muß jeden Quadratmeter mit 12 Lagen von Zehnmarkscheinen auslegen (14 160,– DM), bevor er den Boden bekommt. Diese enormen Summen fließen in die Taschen einer kleinen, radikalen Minderheit von Spekulanten und Unternehmern innerhalb unserer freien Marktwirtschaft. Skrupellos werden mit Hilfe cleverer Lobbyisten die eigenen Interessen über die des Allgemeinwohls gestellt. In allen Städten das gleiche Problem: Wird in der City ein Grundstück angeboten, so siegt nach allen Regeln der «sozialen Marktwirtschaft» nicht die Kommune, die darauf einen Kindergarten bauen will, oder der Wirt, der eine Kneipe einrichten möchte. Sieger über das Allgemeinwohl bleibt die Großbank, die Versicherung oder der Industriekonzern. In einer Befragung des Städtebauinstitutes Nürnberg unter den Bewohnern alter Stadtviertel wurde auf die Frage, was ihnen in ihrem Wohnviertel besonders gefalle, zur Antwort gegeben «die Nähe des Stadtkerns, die bunte Zusammensetzung der Bevölkerung, nette kleine Läden und Kneipen». Diese Idealvorstellung von einem menschenwürdigen Leben, wie sie die Mehrheit der Stadtbewohner hat, steht im krassen Gegensatz zu den Interessen der Bürger, die ihr Eigentum an Grund und Boden rücksichtslos dazu nutzen, Kaufhäuser, Verwaltungsbauten usw. in natürlich gewachsene Stadtkerne zu setzen, um einen möglichst großen Profit zu erwirtschaften. Diese Minderheit samt ihrer Lobby fängt laut an zu schreien, wenn man die heilige Kuh «Eigentum» antastet – da wird aus dem Grundgesetz Artikel 14 Absatz 1 herbeizitiert: «Das Eigentum und das Erbrecht werden gewährleistet.» Absatz 2 fällt in der Regel unter den Tisch: «Eigentum verpflichtet. Sein Gebrauch soll zugleich dem Wohle der Allgemeinheit dienen.»

3. Zur Plakatidee

Die Ausbeutung der Mehrheit der Bevölkerung durch das Eigentum der Besitzenden findet natürlich nicht nur im Bereich Städtebau/Bodenrecht statt. Die gleichen Symptome sind in Betrieben zu finden, wo z.B. der Arbeiter einen menschenunwürdigen Arbeitsrhythmus an einer Maschine auferlegt bekommt, um so einen möglichst hohen Ertrag für den Unternehmer zu erwirtschaften. Für das Plakat wurde trotzdem die Misere der Städte als Thema genommen, da diese spezielle Thematik wohl am deutlichsten die ungerechte Ausbeutung durch das Kapital beschreibt.

4. Zur Realisierung der Plakatidee

a) Formulierung des Slogans

Um auf dem Plakat die gewünschte Aussage zu machen, wurde zunächst der Slogan geprägt. Die im Sprachgebrauch geläufige Aussage des Grundgesetzes «Eigentum verpflichtet» wird durch die Ergänzung «zur Ausbeutung» zu einer absurden Einheit, die jedoch die Realität unserer «sozialen Marktwirtschaft» exakt umschreibt. Die Formulierung dieser Realität wird perfekt durch die kleine Unterzeile «Grundgesetz Artikel 14 (Neufassung)» – ein Bestandteil des Grundgesetzes wird durch die Praxis der Besitzenden eigenmächtig abgeändert.

b) Bildliche Gestaltung

Nach der Formulierung des Slogans wurde eine möglichst wirksame bildliche Gestaltung gesucht, die die Aussage in direktem Bezug zum Thema «Misere des Städtebaus» konkretisiert.
Zunächst wurde daran gedacht, die Gebäudefassaden des Großkapitals für sich sprechen zu lassen, allerdings hätte diese Lösung nur einen sehr allgemeinen Bezug zu den Machenschaften der Kapitalvertreter hergestellt (Abb. 1).

Abb. 1

Abb. 2

Um zum Ausdruck zu bringen, daß das eigennützige Interesse einer kleinen Minderheit, Verwaltungsbauten mitten in gewachsene Wohnsiedlungen zu stellen, gegen die Wünsche der Allgemeinheit verstößt, wurde in einer anderen Entwurfsskizze vor die Hochhausfassaden eine Kette von winzigen alten Wohnhäusern gesetzt, die durch die wuchtigen Betonmassen geradezu erdrückt werden (Abb. 2).
Beim Durchsehen von Architekturfachblättern wurde die eigentliche Form der Visualisierung gefunden. Eine Gruppe von Männern mit Entscheidungsgewalt (Anzüge, seriöse Umgebung) ist über das Modell einer Wohnsiedlung gebeugt, um hier, am Schreibtisch und ohne eine Anhörung der Betroffenen vorzunehmen, Beschlüsse über Bebauungspläne zu fassen (Abb. 3).

(Titelseite aus *Gasverwendung* 15. Jahrgang, Heft 1 – Thema ‹*Vorbildliche Wohnsiedlungen*›)

Abb. 3

Das Foto auf der Titelseite der Zeitschrift weist allerdings für ein Plakat zu viele verwirrende Details auf, so daß eine direkte Verwendung nicht in Frage kommt. Es wird eine Fotoserie im Studio angefertigt: die Gruppe der Kapitaleigner ist reduziert auf eine Person, das Modell der Wohnsiedlung (hier ein Modell der Stadt Göttingen, Altstadtzentrum) ist kleiner und übersichtlicher, das Modell eines Hochhauses wird als zerstörender Komplex in den Vordergrund bzw. über die «unten» wohnenden Menschen gestellt (Abb. 1-3).

 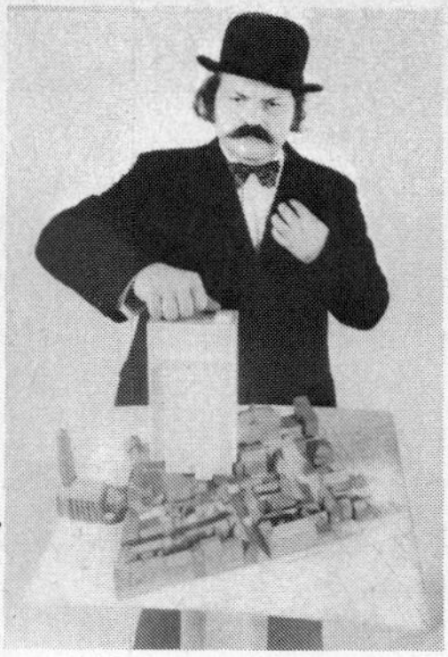 

Abb. 4 Abb. 5 Abb. 6

Während der Arbeit im Fotostudio entstehen spielerisch weitere Varianten (Abb. 7-9).

 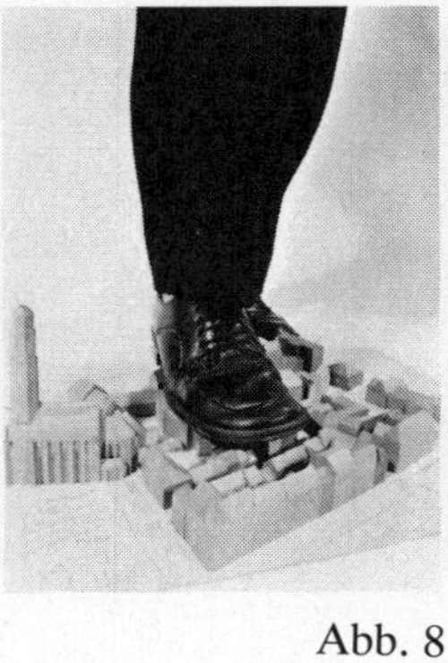 

Abb. 7 Abb. 8 Abb. 9

Aus dem vorhandenen Bildmaterial wird endgültig eine Pose des Darstellers ausgewählt, die die stärkste Unterstreichung des Slogans «Eigentum verpflichtet zur Ausbeutung» garantiert: die lässige Handbewegung des Kapitalisten auf sein Hochhaus symbolisiert die Realität: in unserem Gesellschaftssystem ist es fast selbstverständlich, daß

Eigentum zur Ausbeutung verpflichtet (Abb. 9). Um dem Plakat eine allgemeinere Aussage zu verleihen (es sollte nicht der Eindruck entstehen, daß man die abgebildete Person direkt angreifen will), wird der Kopf wegretuschiert. Der verbleibende Anzug, das weiße Hemd und die Fliege bleiben als Symbol für den «Reichen» erhalten. Das endgültige Foto ist eine Montage aus der Fotografie Abb. 9 (ohne Kopf und Hut) sowie dem Stadtmodell aus Abb. 5 (Abb. 10, 11 und 12).

Abb. 10

Abb. 11

Abb. 12

Der Text wird aus einer möglichst fetten, den Überschriften von älteren Gesetzestexten nahekommenden Schrift abgesetzt (Abb. 13) und zu dem endgültigen typographischen Bild zusammenmontiert (Abb. 14).

Eigentum verpflichtet
zur Ausbeutung
Grundgesetz Artikel 14
(Neufassung)

Abb. 13

Eigentum verpflichtet
zur Ausbeutung
Grundgesetz Artikel 14 (Neufassung)

Abb. 14

Vor dem Druck der eigentlichen Auflage wird ein Andruck im Siebdruckverfahren hergestellt. Nach mehreren Versuchen wurde ein leicht gelblicher Hintergrund (kalte Büroraum-Atmosphäre), rote Schrift sowie ein schwarzer Druck des Bildmotives gewählt.

5. Aufkleber

Wie schon erwähnt, findet eine Ausbeutung durch das in wenigen Händen angesammelte Eigentum nicht nur im Bereich Städtebau/Bodenrecht statt. Es wurde daher ein kleinformatiger Aufkleber gedruckt, der an Maschinen, Fabriktore, protzige Autos und Luxusvillen geklebt werden kann. Bewußt wurde hier nur der Slogan verwendet und auf eine Abbildung bzw. Abbildungen verzichtet: die konkrete Aussage wird durch den jeweiligen «Träger» des Aufklebers herbeigeführt.

Eigentum
verpflichtet
zur
Ausbeutung
Grundgesetz
Artikel 14
(Neufassung)
staeck

Abb. 15

Klaus Staeck

1938 am 28. Februar in Pulsnitz/Kreis Kamenz (Bezirk Dresden) geboren
1939–56 in Bitterfeld (Bezirk Halle/Saale)
1956 Übersiedlung nach Heidelberg (Beschreitung des «Bitterfelder Weges» in umgekehrter Richtung)
1957 Da die schlaue Bundesregierung die DDR-Reifezeugnisse nicht anerkennt, Wiederholung in Heidelberg
Anschließend Bauhilfsarbeiter
1957/58 bis 1962 Jura-Studium in Heidelberg, Hamburg und Berlin
1960 Erste Postkarten
Seit 1960 Plakate für den AStA der Universität Heidelberg
Seit 1. April 1960 Mitglied der SPD
1961 Gründung des «Politischen Arbeitskreises» der Studentenhochhäuser am Klausenpfad, Heidelberg
1962 Referendarexamen; anschließend Referendardienst
1963 Erste Besuche vom Verfassungsschutz, weil die damalige Bundesregierung zwar verbal für Ostkontakte eintrat, jede praktische Betätigung auf diesem Gebiet aber verfolgte (Studentenaustausch zwischen den Universitäten Heidelberg und Leipzig)
1964 Erste Holzschnitte (bis 1967)
1965 Gründung der Edition Tangente (jetzt: Edition Staeck)
Gründung der Zeitung Tangente-Report (mit Peter Knorr und Siegfried Mehnert)
1967 Kunsttutor der Studentenhochhäuser am Klausenpfad bis 1969.
Zusammenarbeit mit Jochen Goetze (Objekte, Fotos)
1967 kandidiert für die SPD für den Heidelberger Stadtrat
Mitglied des Kreisvorstandes der SPD Heidelberg und der Jungsozialisten
1969 Assessorexamen in Stuttgart
1968 Bruder Rainer erhält in Bitterfeld die höchste Arbeitsauszeichnung der DDR «Banner der Arbeit» (Bruder Rolf hätte sie nicht minder verdient)
1969 Zulassung als Rechtsanwalt in Heidelberg und Mannheim
Veranstaltet mit Jochen Goetze und Friedrich Gerling in Heidelberg «Intermedia '69»
1969 Vorsitzender des Ausschusses der SPD Heidelberg zum Problem der Studentenunruhen in Heidelberg (mit Dieter Adelmann)

1970 1. Zille-Preis für sozialkritische Graphik in Berlin erhalten
Kandidiert für den 16köpfigen Beirat des Heidelberger Kunstvereins (19 Kandidaten), erhält ganze 3 Stimmen, die für die große Popularität unter Heidelbergs Bürgerschaft zeugen
Mitbegründer der IKI (Internationale Kunst- und Informationsmesse) Düsseldorf.
Beginn der Zusammenarbeit mit Gerhard Steidl
1971 Aufruf gegen die Exklusivität des Kölner Kunstmarkts (mit Joseph Beuys und Erwin Heerich)
Erste Plakataktion zum Dürerjahr in Nürnberg («Würden Sie dieser Frau ein Zimmer vermieten»)
Gastdozentur an der Gesamthochschule Kassel
1972 kreiert das «Deutsche Kunstsiegel»
Wird wegen seiner Plakate von der CDU in mehrere Prozesse verwickelt
Produziert für den Bundestagswahlkampf etwa 1 Million Plakate, Aufkleber und Postkarten
1973 Vorsitzender des Vereins «Freie Hochschule für Kreativität» (Joseph Beuys)
Anmeldung eines Patents über «Fahrzeugreifenprofilierung»
Lehrauftrag an der Universität Gießen – Fachbereich Kunsterziehung

Einzelausstellungen
1960 Haus Buhl, Veranstalter AStA der Universität Heidelberg
1962 Librairie de l'Etrave, Paris
1963 Galerie Tangente, Karlsruhe
1964 Galerie t, Heidelberg
1965 Galerie Tangente, Stuttgart
Galerie 65, Pforzheim
Galerie Viola, Prag
1966 Studio Galerie, Berlin
Dum Uměni, Brünn ČSR (mit Vostell und K.P. Brehmer)
Galerie D, Prag (mit K P Brehmer und Keusen)
Junge Galerie, Kassel
Galerija Graficki Kolektiv, Belgrad
1967 Galerie Uměni, Karlsbad (mit K.P. Brehmer und Keusen)
SABA-Studio, Villingen
Inter Gallery, Brüssel
University of Oregon, Eugene/USA
Museum of Art, Ithaca/New York
Maison de Heidelberg, Montpellier
Maison de la Culture, Lyon
Divadlo Hudby, Usti n. L., ČSR (mit K.P. Brehmer und Keusen)
Galerie Handschuhsheimer Schlößchen, Heidelberg

1969 Galerie Cornels, Baden-Baden
1970 Atelier NW 8, Beindersheim/Frankenthal
Galerie Lichter, Frankfurt
Kuhn Galerie, Aachen
Galerie Beck, Erlangen
Galerie Logrigat, München
1971 Galerie im Hof, Gießen
Galerie Spektrum, Bochum
Galerie im Centre, Göttingen
Interpress-Produzentengalerie, Oberwinden
1972 Galerie Bischofberger, Zürich

Galerie Magers, Bonn
Galerie Regio, Lörrach
Haus Neuland, Sennestadt
Schauspielhaus Nürnberg (mit Peter Sorge)
Galerie Schnecke, Hamburg
Jugendhaus Sindelfingen (Veranstalter: Jungsozialisten)
HfbK Hamburg (zusammen mit John Heartfield)
«Fabrik» Oberhausen (Organisation: Jungsozialisten)
Fachhochschule Niederrhein, Krefeld (zunächst von der Schulleitung untersagt)
Galerie «Sohle 1», Bergkamen (Wahlplakate durften erst nach dem Wahltermin gezeigt werden)

1973 Volkshochschule Ulm
Kunsthalle Düsseldorf, Göttingen, Ludwigshafen («Plakate abreißen verboten»)
Galerie Zelle, Reutlingen (während des CDU-Parteitages)
Kunstverein Wiesbaden
Das progressive Museum, Basel
Elefanten Press Galerie, Berlin
Galerie Niedlich, Stuttgart
1974 Kunstverein Bremerhaven
Kunstmuseum Bern (Weißer Saal)

Gruppenausstellungen (Auswahl)
1966 Deutsche Miniaturen, Galerie 66, Hofheim/Taunus
Deutscher Holzschnitt, Kunsthalle Baden-Baden
1967 Postkartenbiennale, Galerie Patio Frankfurt und Galerie am Berg, Stuttgart
Deutsche Grafik, Pratt Graphic Center, New York
VII. Internationale Grafik-Biennale, Ljubljana
New Directions in German Graphics, Goethe House New York (Wanderausstellung 1967/68)
10 deutsche Grafiker, Europex Gallery, New York
Collage 67, Städtische Galerie im Lenbachhaus München und Städt. Kunsthalle Recklinghausen
Grafik der Edition Tangente, Galerie Patio, Frankfurt a.M.
Patio-Weihnachts-Backkunst-Messe, Galerie Patio, Frankfurt a.M.
1968 Contemporary German Printmakers, New York (Wanderausstellung)
The Third International Miniature Print Exhibition, Pratt Graphic Center, New York (Pratt Center Prize erhalten)
Politische Kunst, Galerie t, Heidelberg
Sozialkritische Grafik der Gegenwart, Hannover und Berlin
Literarische Messe, Römerhallen, Frankfurt
Politische Kunst, Galerie junge Kunst, Kassel
Zeitkunst im Deutschen Supermarkt, Köln, Zülpicher Platz
Zeichnungen junger deutscher Künstler, Galerie Rothe, Heidelberg
12. und 13. Jahresausstellung der Gesellschaft der Freunde junger Kunst, Kunsthalle Baden-Baden
1969 Zeitkunst im Haushalt, VICE Versand, Wuppertal
Junge Westdeutsche Grafik, Dum Umĕni, Hodonine/ČSR
Liberté de Parole, Paris
Barlissiade '69, Barlissen
Intermedia '69, Heidelberg

XYLON V, Internationale Holzschnitt-Ausstellung, Genf, Berlin, Klagenfurt
Galerija Graficki Kolektiv, Belgrad
1970 Sozialkritische Grafik, Berlin und Hannover (Zille-Preis erhalten)
Zeitgenossen, Ruhrfestspiele Recklinghausen, Kunsthalle
Pop-Sammlung Beck, Bonn, Dortmund und Kunstverein Darmstadt
3. Internationale Grafik-Biennale Krakau, Polen
5. Internationale Grafik-Triennale Grenchen, Schweiz
2. Internationale Grafik-Biennale Bradford, England
Kunst und Politik, Kunstvereine Karlsruhe, Wuppertal, Frankfurt und Kunsthalle Basel
Kasseler Kunstverein, Studio-Galerie, Kassel
Künstlerbund Rhein-Neckar, Jahresausstellung Heidelberg
Miniaturen '70 international, Hofheim, Kassel, München, Gütersloh
Edition 12x12, Galerie Stummer & Hubschmid, Zürich
600 exciting new ideas for better living, White Chapel Art Gallery, London
Beethoven 1970, Neue Galerie Aachen und Museum des 20. Jahrhunderts, Wien
Stadtlandschaften, Galerie von Loeper, Hamburg
1971 Kritischer Realismus, Galerie Poll, Berlin
Menschenbilder '71, Galerie Udo Liebelt Marburg, Ludwigshafen, Kaiserslautern und Wanderausstellung durch Skandinavien
aktiva '71, Haus der Kunst München, Landesmuseum Münster
Galerie 2, Stuttgart
Gewalt, Augenladen Mannheim, Köln
Käfige, Galerie im Hof, Gießen und Atelier NW 8 Beindersheim
Dürer 71, Kunstverein Lindau
Dürer 71, Städtische Kunstsammlungen Nürnberg
Tassensammlung der Pop-Sammlung Beck, Selb/Bayern
Aktion Inflationsgerede, Württembergischer Kunstverein Stuttgart
Experimenta 4, Frankfurter Kunstverein, Frankfurt a.M.
Les Paravents, veranstaltet von Ben Vautier, Vence, Frankreich
7. Biennale de Paris
Neue deutsche Grafik, Galerie «Sohle 1» Bergkamen
Neue Grafik, Neue Galerie Aachen
Krieg und Frieden, Selm/Lüdinghausen
Neue Landschaft, Galerie Herzog, Ladenburg/Mannheim
Kunst und Sozialismus, Kunstverein Gütersloh
Multiples, Philadelphia Museum of Art

1972 Deutsche Grafik, Krakau und Warschau (Veranstalter Folkwang Museum, Essen)
Galerie Bauer & Pietschner, Bochum
Straußmappe, Bonn, Reutlingen, Köln, Berlin, Beindersheim Heidelberg, Göttingen, Hamburg, Marburg, München, Braunschweig, Hannover u.a.
Documenta 5, Kassel, Abteilung Politische Propaganda und vertreten in Distels Schubladenmuseum, Ausstellung Politische Plakate vor dem Museum Fridericianum
Kunst für Kinder, Kunsthalle Köln
Aktion Heidebild, Galerie Falazik, Neuenkirchen/Soltau
Kunst heute, Galerie «Sohle 1» Bergkamen
1. Graphikbiennale Wien (Preis des Österreichischen Verkehrsbüros)
Forum Heidelberg, Kunstverein (Lesung aus Gerichtsurteilen)
Postcards, Image Bank, Vancouver/Canada
Druckgrafik der Gegenwart (Wanderausstellung des AA), Kunsthalle Recklinghausen
Landschaft heute, Staatsgalerie Stuttgart
Galerie Dierks, Århus, Dänemark
Fetisch Jugend – Tabu Tod, Berlin, Leverkusen, Frankfurt a.M.
1973 Kunst im politischen Kampf, Kunstverein Hannover
Multipli, modern art agency, Neapel
Zielscheibe Mattscheibe, Marl, Bergkamen, Köln (Funkhaus)
Reale und irreale Räume, Galerie Falazik, Neuenkirchen/Soltau
Creative postcards, Aalst und Velzeke/Belgien
Grafische Techniken, Neuer Berliner Kunstverein
Mit Kamera, Pinsel und Spritzpistole, Kunsthalle Recklinghausen
Das Politische Plakat der Welt, Deutsches Plakatmuseum, Essen
Kunst im politischen Kampf, Kunstverein Hannover
Intergrafik Berlin-Ost
Multiples, New York
Kunst und Umwelt, JKJ Düsseldorf

Bibliographie Klaus Staeck

1. Bücher

Staeck, Klaus	Konsumgedenktage '68 (Kalender) Heidelberg 1967 (Edition Tangente)
Staeck, Klaus Goetz, Jochen	Intermedia '69 Heidelberg 1969 (Edition Tangente)
Staeck, Klaus	NPD / SIEG / HEIL (Objektbuch) Heidelberg 1969 (Edition Tangente)
Staeck, Klaus	Inflationsgerede - Staeck und Konsorten (12) Aktion: Inflationsgerede - Macht durch Angst. Katalog - Dokumentation, Heidelberg 1971
Staeck, Klaus	Pornografie, Steinbach 1971 (Anabas Verl. Kämpf)
Staeck, Klaus (Hrsg.)	Befragung der Documenta oder Die Kunst soll schön bleiben, Göttingen 1972 (Steidl Verlag)
Staeck, Klaus Karst, Ingeborg (Hrsg.)	Plakate abreißen verboten! Politische Plakate im Bundestagswahlkampf 1972 Göttingen 1973 (Steidl-Verlag)

2. Buchillustrationen

Dürrson/Staeck	«13 Gedichte» mit Holzschnitten Paßgänge VIII, Stierstadt 1965 (Eremiten-Presse)
Wohmann, Gabriele	Der Fall Rufuß. Ein Elternabend Stierstadt 1971 (Eremiten-Presse)
Wallraff, G./Hagen, J.	Was wollt ihr denn, ihr lebt ja noch, Reinbek 1973 (Rowohlt)

3. Beiträge in Büchern und Zeitschriften (Auswahl)

Bongard, Willi Mende, Matthias	Dürer heute, München 1971 (Moos-Verlag)
Dickerhoff, Urs	Ein Journal für bessere Tage, Bern 1973 (DG + R-Edition)
Gorsen, Peter	Sexualästhetik, Reinbek 1972 (Rowohlt)

Groh, Klaus (Hrsg.)	If I had a mind. . . Köln 1971 (DuMont-Verlag)
Gruppe Interfunktion	Documenta-Dokumentation, Interfunktion Nr. 1, Köln 1968
Lischka, G. J.	Idols, Bern 1972 (Zürcher Verlag)
Niggl/d'Orville/Prem	Omnibus News 1, München 1969 (Selbstverlag)
Poinsot, Jean-Marc	Mail Art, Paris 1971 (Edition CEDIC)
Sliwka, Klaus	Aspekte zum Unterrichtsfeld Bildende Kunst - Visuelle Kommunikation, Köln 1971 (DuMont-Verlag)
Tress, Horst	Angst, Köln 1971
Vostell, Wolf	Aktionen, Reinbek 1970 (Rowohlt)
Staeck, Klaus	in Katalog: Kunst und Politik, Badischer Kunstverein Karlsruhe, 1970, und Frankfurter Kunstverein (2. Aufl.) 1971
Staeck, Klaus	in: Art and Artists Nr. 7/Okt. 1970, S. 32
Staeck, Klaus	Beitrag in Kunst-Praxis heute, Hrsg. Karin Thomas, Köln 1972 (DuMont-Verlag)
Diederich, R. Grübling, R. Staeck, K.	Politische Propaganda in: Katalog Documenta 5. Befragung der Realität - Bildwelten heute, Gütersloh 1972, auch als Sonderdruck: Parteiplakate (Bezug durch Autoren)
Staeck/Steidl	Befragung der Documenta, in: Kunst Nr. 46/1972, S. 2793
Staeck, Klaus	Die Litfaßsäule als Galerie, in: Kunst Nr. 49/März 1973, S. 112
Staeck, Klaus	in Katalog: Kunst im politischem Kampf, Kunstverein Hannover 1973
Staeck, Klaus Karst, Ingeborg	Klage nicht ohne Tragik, in: Kunst Nr. 50/1973, S. 12
Staeck, Klaus	Glaube und Schönheit oder das Fest der Insider (Documenta 5), in: Kunstjahrbuch 3, Hannover 1973, S. 26 (Fackelträger-Verlag)

Staeck, Klaus — Interview in Kaktus 1973, Schülerzeitschrift Gymnasium Frankenthal/Pfalz

Staeck, Klaus — Interview in Tendenzen, Sept. 1973

Spektrum Nr. 31, Zürich 1966

Figur 2, Patio-Jahrbuch 2, Frankfurt 1969 (Patio-Verlag)

Eremitenkalender: Basteln + Erfinden, Stierstadt 1971 (Eremiten-Presse)

Capital-Kunst in Capital Nr. 4/1971

Patio-Magazin 2: Fernsehen, Frankfurt 1971 (Patio-Verlag)

4. Veröffentlichungen über Staeck (Auswahl)

Becker, Wolfgang — Dom - Dömer - Am Dömsten, in: Köln 1/1971, S. 30ff

Ebbecke, Frank — Dich machen wir fertig, in: Stern Nr. 40, 24. 9. 1972

Ehmer, H. K. (Hrsg.) — Kunst/Visuelle Kommunikation, Steinbach 1973 (Anabas-Verlag)

Holfeld, Hans — Plakate des Advokaten, Deutsches Allgemeines Sonntagsblatt 29. 10. 1973

Jappe, Georg — Young artists in Germany, in: Studio International Febr. 72, S. 65ff

Jappe, Georg — Kunst die Politiker unruhig macht, in: FAZ 24. 4. 72 u. Basler Nationalzeitung 22. 4. 72

Konkret — Plakate abreißen verboten! in: Konkret Nr. 24, 7. 6. 73

Morschel, Jürgen — Deutsche Kunst der 60er Jahre, Teil II, München 1972 (Bruckmann-Verlag)

Müller, Johann Heinrich — Kunst und Politik, in: Kunst, Nr. 40/1970, S. 2007

Ohff, Heinz — Der Gegenstand als Kunstobjekt. Das Kunstobjekt als Gegenstand. in: Kunst Nr. 42/1971, S. 2249

Reick, Rudi — Leute von heute mit Format - Klaus Staeck, in: Format Heft 1, 9. Jg., Karlsruhe Jan./Febr. 1972

Schröder, Thomas — Alles ordentlich,
in: Der Spiegel Nr. 44, 23. 10. 73

Weiss, Evely — Kunst in Kunst –
Das Zitat in der Pop-Art,
in: Aachener Kunstblätter, Aachen 1971

Winter, Marianne — Dürer, Staeck und eine 6. Klasse,
in: Kunst & Unterricht, Heft 13,
Sept. 1971, S. 42

Winter, Peter — Ohne Holzhammer,
Beispiele kritischer Kunst in der BRD,
in: Kunstjahrbuch 3, 1973,
Hannover, S. 69ff

Winter, Peter — Einweckgehirne und Einwegsprüche,
in: Kunstforum 2/3, 1973, S. 99ff

Dieter Adelmann, 1936 in Eisenach/Thüringen geboren, studierte Philosophie, Literaturwissenschaft und Soziologie. Promotion. Seit 1970 hauptamtlicher Mitarbeiter der Sozialdemokratischen Partei in Baden-Württemberg.
Hanno Reuther, Jahrgang 1934, Studium, journalistische Tätigkeit seit 1958. Seit 1967 Redakteur beim WDR-Hörfunk («Kritisches Tagebuch»).
Lothar Romain, Jahrgang 1944, Studium der Theaterwissenschaft, Kunstgeschichte und Germanistik. Von 1968–1973 verantwortlicher Redakteur für das Abendstudio des Südwestfunks. Seit Juli 1963 Referent für Kulturpolitik beim Parteivorstand der SPD.

Wir danken der «Frankfurter Allgemeinen Zeitung» und Herrn Rechtsanwalt Dr. Helmut Benstz, Heidelberg, für die Abdruckerlaubnis der Briefe (Seite 244ff) und der Schriftsätze (Seite 168ff).

Fotonachweis:
Mara Eggert, Franz Fischer, Bernd Gerling, Jochen Goetze, Brigitte Hellgoth, Barbara Klemm, Wolfgang Lehmann, Müller-Schneck, Gislind Nabakowski, Angelika Simon-Platen, Gerhard Steidl.

das neue buch
rowohlt

Herausgegeben von Jürgen Manthey

Programmschwerpunkte: zeitgenössische Literatur vorwiegend jüngerer deutscher und ausländischer Autoren / Beiträge zu einer materialistischen Ästhetik / Beispiele gesellschaftskritischer Dokumentaristik / Entwürfe für eine neue, unspekulative Anthropologie / Medientheorie und Kommunikationsforschung / Kritik an der «amerikanischen Ideologie»

Peter Rühmkorf
Die Jahre die Ihr kennt
Anfälle und Erinnerungen [1]

Das Mädchen aus der Volkskommune
Chinesische Comics [2]

Sergej Tretjakov
Die Arbeit des Schriftstellers
Aufsätze, Reportagen, Porträts
Hg.: Heiner Boehncke [3]

Hans Christoph Buch
Kritische Wälder
Essays, Kritiken, Glossen [4]

Tom Wolfe
Radical Chic und Mau Mau bei der Wohlfahrtsbehörde [5]

David Cooper
Der Tod der Familie [6]

Peter Gorsen
Sexualästhetik
Zur bürgerlichen Rezeption von Obszönität und Pornographie
Mit 81 Abbildungen [7]

Velimir Chlebnikov
Werke
I Poesie
Mit 16seitigem Tafelteil [8]
II Prosa, Schriften, Briefe
Mit 48seitigem Tafelteil [9]
Hg.: Peter Urban

Philip Roth
Unsere Gang
Die Story von Trick E. Dixon und den Seinen [10]

Karla Fohrbeck
Andreas J. Wiesand
Der Autorenreport
Vorwort: Rudolf Augstein [11]

Elfriede Jelinek
Michael
Ein Jugendbuch für die Infantilgesellschaft [12]

R. Buckminster Fuller
Bedienungsanleitung für das Raumschiff Erde und andere Schriften
Hg.: Joachim Krausse
Mit über 100 Abbildungen [13]

Ed Sanders
The Family
Die Geschichte von Charles Manson und seiner Strand-Buggy-Streitmacht [14]

Parteilichkeit der Literatur oder Parteiliteratur?
Materialien zu einer undogmatischen marxistischen Ästhetik
Hg.: Hans Christoph Buch [15]

Hermann Peter Piwitt
Rothschilds
Roman [16]

Carl Einstein
Die Fabrikation der Fiktionen
Gesammelte Werke in Einzelausgaben
Hg.: Sibylle Penkert [17]

Peter Turrini
Erlebnisse in der Mundhöhle
Roman [18]

Harold Pinter
Alte Zeiten
Landschaft
Schweigen
Drei Theaterstücke [20]

Nicolas Born
Das Auge des Entdeckers
Gedichte. Zeichnungen
von Dieter Masuhr [21]

Hartmut Lange
Theaterstücke 1960–72 [22]

James Baldwin
Eine Straße und kein Name [23]

Gruppe Cinéthique
Filmische Avantgarde
und politische Praxis
Hg.: Gloria Behrens,
Leo Borchard, Beatrix Schumacher,
Rainer Gansera
Mit 30 Abbildungen [24]

Ronald D. Laing
Knoten [25]

Michael Schneider
Neurose und Klassenkampf
Materialistische Kritik der
Psychoanalyse [26]

Paul Nizan
Für eine neue Kultur
Aufsätze zu Literatur und Politik
in Frankreich [27]

John Barth
Ambrose im Juxhaus
Fiktionen für den Druck,
das Tonband
und die menschliche Stimme [28]

Ronald Fraser
Im Versteck [29]

William S. Burroughs
Die literarischen Techniken
der Lady Sutton-Smith
Reportagen, Fiktionen, Essays,
Interviews
Hg.: Ralf-Rainer Rygulla [30]

Klaus Stiller
Die Räuber
[31]

Lu Hsün
Der Einsturz der Lei-feng-Pagode
Essays über Literatur und
Revolution in China [32]

Heinz Brüggemann
Literarische Technik
und soziale Revolution
Versuche über das Verhältnis von
Kunstproduktion, Marxismus
und literarischer Tradition
in den theoretischen Schriften
Bertolt Brechts [33]

Ron Padgett
Große Feuerbälle [34]

Hartmut Lange
Die Revolution als Geisterschiff
Massenemanzipation und Kunst [36]

Günter Wallraff / Jens Hagen
Was wollt ihr denn, ihr lebt ja noch
Chronik einer Industrieansiedlung
[37]

Literaturmagazin I
für eine neue Literatur –
gegen den spätbürgerlichen
Literaturbetrieb
Hg.: Hans Christoph Buch [38]

Renate Rasp
Chinchilla
Leitfaden zur praktischen Ausübung
[39]

Klaus Staeck
Die Reichen müssen noch reicher
werden
Politische Plakate [40]

Thomas Pynchon
Die Versteigerung von N° 49
Roman [42]

Maurice Godelier
Anthropologie und Ökonomie
Kritische Analysen zum Begriff
der sozialen Struktur primitiver
Gesellschaften [43]

Gustav von Wangenheim
Da liegt der Hund begraben
und andere Stücke
Mit einem ausführlichen Kommentar
des Autors [44]

John Berger
Picasso [45]

Rolf Hochhuth
Lysistrate und die Nato
Komödie [46]

Günter Wallraff

Industriereportagen

Als Arbeiter in deutschen Großbetrieben

Am Fließband einer Autofabrik, auf der Helling einer Werft, am Hebel einer Rohrschneidemaschine, in der Sinteranlage eines Stahlwerks hat der durch seine kritischen Reportagen von den Kehrseiten des Wirtschaftswunders bekannt gewordene Autor den Arbeitsalltag der Massen geteilt. Wallraff hat mit angesehen, wie an Akkordarbeit Ehen zerbrachen; er hat Kollegen erlebt, die sich bei ihrer Arbeit Staublungen geholt hatten; er hat Aborte ohne Tür benutzen müssen; er hat sich von Vorgesetzten duzen lassen müssen, die mit «Sie» angeredet werden wollten; er hat bürokratische Routineschikanen erlitten. Was Wallraff als Arbeiter und Hilfsarbeiter an rücksichtsloser Ausnutzung der Arbeitskraft selbst erfahren hat, wird in seinen Industriereportagen zu einer Anklage, für die nur Fakten zählen. Die Forderungen nach der Humanisierung des Arbeitsprozesses sind noch nicht erfüllt worden, noch immer werden Arbeiter, meist aus Profitstreben, zu einem bloßen Werkzeug der Fabrikation degradiert.
rororo sachbuch 6723

Günter Wallraff / Jens Hagen

Was wollt ihr denn, ihr lebt ja noch

Chronik einer Industrieansiedlung

Ein Lehrstück mit Originalaussagen, Dokumenten, Songs und Graphiken sowie einem Plakat von Klaus Staeck

Das Gesetz ist ein russisches Messer, so schrieb Karl Marx 1843 in seiner ersten öffentlichen Polemik in der «Rheinischen Zeitung». Er verteidigte das Recht von Bewohnern des Moseltals, in den Wäldern ihrer Heimat Holz zu sammeln. Sie standen deswegen in Koblenz vor Gericht: Eines der letzten kommunalen Rechte mußte privatem Recht weichen. Eine exemplarische Auseinandersetzung zwischen gemeinschaftlichen und privaten Interessen ging soeben zugunsten der privaten Interessen aus: Ein letztes Stück kommunales Freizeitgelände, wo Ruhrkumpel Erholung sammeln konnten, wurde an die Industrie verkauft. Behörden und Käufer haben sich über die massivsten Bürgerinitiativen, die bisher in der Bundesrepublik aufgetreten sind, hinweggesetzt. Die Autoren legen Originalmaterial vor, das Aufschluß darüber gibt, wie die «grüne Lunge» des Ruhrpotts dem Mehrheitsinteresse entfremdet wurde. Da ein solcher Vorgang alle zur Verfügung stehenden Möglichkeiten und Ebenen umschließt, haben Günter Wallraff und Jens Hagen ein Lehrstück geschrieben, das anderen Bürgerinitiativen als Beispiel dienen soll, das dazu anregt, das Exemplarische dieses Falles mit eigenen Erfahrungen zu konfrontieren.
das neue buch 37